国家体育总局体育科学研究所科研资助项目（基本 11-20）

足球运动训练与比赛监控的理论及实证

刘　丹　主编

人民体育出版社

编 委 会

前 言

运动训练的科学监控是提高运动员竞技水平的必要条件，也是进行科学化训练的重要保障。特别是随着竞技水平的发展，国际竞赛的日趋激烈，训练内容的有效性，训练方法的针对性以及训练负荷的适宜性，已成为运动员提高竞技水平的首要条件。因此，对训练过程实施科学监控，即成为实现该首要条件的最重要途径。

足球运动属于同场对抗性球类项目，项目的复杂性决定了对训练过程监控的要求更高。为此，我们在完成了《频繁攻防转换的同场对抗类项目训练理论与实施方案的研究》《我国优秀足球运动员专项体能训练的理论与方法》等奥运攻关课题，并系统总结出版了《球类运动训练理念批判》《足球体能训练》科研成果前提下，又承担了科技部课题《提高我国集体球类项目竞技水平的研究（课题编号：2005BA904B02）》的子课题《男子足球奥运科技攻关与服务》及《女子足球奥运科技攻关与服务》两项研究任务。该课题围绕男、女足备战2008年奥运会的科研攻关与科技服务，从训练与比赛监控的基本理论体系、身体机能监控、运动负荷监控、身体素质与训练效果监控、营养监控、心理监控、比赛负荷监控、比赛跑动能力监控、比赛技战术监控以及高原训练监控等10个方面构筑了足球训练与比赛的监控体系，总结整理出了《足球运动训练与比赛监控的理论及实证》这本专著。

在课题研究和成果总结的梳理过程中，我们始终遵循以下原则：(1)实践性。本书相关内容的研究是围绕备战2008年奥运会开展的，紧密结合了运动实践，对足球训练与比赛的监控方法与手段进行了描述。(2)先进性。课题研究过程是在全面总结国内外先进经验的基础上进行的，尝试了一些新的方法与手段，并进行了实证研究。(3)系统性。本课题研究内容不仅涉及了足球训练与比赛监控的基本理论问题，而且还涉及其他10个方面的监控内容，系统梳理了监控的内容、方法与手段以及专项训练中存在的问题与建议等。(4)可靠性。本课题的研究内容均来自中国国家队的第一手测试材料，这是课题研究者长期跟随运动员开展科技工作的科研总结，数据翔实可靠，内容全面真实。

在对科研成果总结的过程中，我们力争为读者能够深入系统地了解足球训练与比赛监控的模式、方法以及手段提供一本较好的参考书。因此，编写中我们既注重对运动队具体问题的解决，也兼顾了训练监控基本理论问题的研究，使本教材既可以供一线的体育科技工作者、教练员使用，也可以供体育院校的教师、体育专业本科生、研究生使用。

课题在研究过程中，第一次从多个角度对足球项目实施监控，监控的内容广泛、方法多样，项目复杂多变，致使监控实施过程的难度较大，再加上我们的知识水平、经验有限，缺点与错误在所难免，敬请各位同仁不吝赐教，以便在后续工作中补充、修订。

本课题的研究得到了国家体育总局科教司、国家体育总局科研所、足球管理中心及其他相关参与单位领导的大力支持和帮助。在对研究成果的总结梳理以及出版过程中，也得到了很多领导、专家的大力支持。借本书出版之际，我代表全体作者向所有支持和帮助过我们的单位和个人致以诚挚的谢意。

刘　丹

2011 年 6 月

目 录

第一章 导 论

第一节 训练与比赛监控的含义及目的

竞技体育领域中最引人入胜的部分无疑当属运动竞赛，作为竞赛基础的运动训练则在竞技体育活动中占据着重要的地位。随着近年来竞技水平的迅速提高，国际竞争的日益激烈以及科学技术的飞跃发展，人们更加明确地认识到运动训练只有与现代科学技术的发展紧密结合，才有可能不断推动运动水平的发展，才有可能在当代激烈的国际运动竞争中取得比赛的优胜。因此，人们不再满足于仅仅按照师徒相传的经验进行训练，而是纷纷向新理论、新思想、新科技、新器材、新方法以及新手段等方面去探求，去争取运动竞技水平更快的提高。

训练和比赛过程监控是足球运动训练科学化的重要标志和体现，对提高训练水平和训练效率有着极为重要的作用。足球运动的训练和比赛监控主要是通过多种方法和手段监测训练和比赛过程中运动员竞技能力的产生、形成及保持，分析训练效果，纠正训练偏差，保证训练目标的顺利实现。训练和比赛监控是避免过度训练和运动损伤，提高训练效果的重要保证。在运动训练中，科学安排训练负荷对于运动员的身体机能状况的改善至关重要。机体只有在训练中承受足够的运动负荷，达到最大应激状态以及产生良好适应，才能有效地提高运动能力。在训练—恢复—适应这一过程中，训练负荷的安排是否得当、运动员的恢复情况是否良好、运动员机体是否产生适应以及运动员良好的竞技能力是否形成等众多环节，可以通过对运动员的机能水平测试、生理生化指标的变化以及比赛跑动能力等手段进行有效评估。因此，如何借鉴与应用多学科的理论方法和手段指导足球运动进行科学化训练是众多教练员和科研人员致力解决的问题。

近年来，国家体育总局一直十分重视对运动训练和竞赛过程的科学监控。尤其是在北京 2008 年奥运会申办成功以后，科技部和北京市人民政府联合教育部、国防科工委、国家体育总局、中国科学院、中国工程院、中国科协、国家自然科学基金委等有关部门，共同组织实施了《奥运科技（2008）行动计划》，在国家体育总局所报的“运动科技”计划中，把“运动训练的科学监控研究”列为首要问题。为此，国家体育总局还以“训练监控”为重点先后建立了训练监控、运动心理、运动创伤和医务监督、运动营养、信息研究、体能训练与恢复6个重点实验室。

各个球类管理中心也十分重视各级国家队的生理机能评定、生化指标的检查。在国家队大型赛事备战过程中都专门配备了科研攻关团队，协助教练组确定训练内容、安排训练负荷，并利用多种手段监控训练和比赛过程。近年来，我国国家足球队在大赛前的体能训练和运动员竞技状态的调控过程中有过许多失败的教训和经验，如国奥队2003年12月在“三从一大”训练思想下，训练量达到“一天三练，一天一个万米”，但是在奥运会小组赛的下半场体能仍不能与刚集训结束的韩国队相比。国家队曾聘请过国内知名的田径教练员，试图借用田径体能训练的理论、方法及手段指导足球运动员的体能训练，但随后的比赛证明田径运动员体能训练的理论、方法及手段解决不了足球运动员的体能训练问题。这些经验教训表明，我们仍没有真正认识到足球体能训练的规律，没有认清足球的专项体能特征，没有正确掌握足球运动员的体能训练方法。俗语说“失败是成功之母”，我们只有认真总结国家队训练与比赛中的经验教训，不断探索足球体能训练的本质规律，借鉴国外先进的理论与训练方法以及其他学科的科研成果，才能使足球运动员的训练走向科学化的道路。因此，本着实用性、科学性与系统性的原则，对足球运动训练和比赛监控的理论进行综合研究，建立其理论与实践体系，使训练与比赛监控真正起到为比赛成绩保驾护航的作用具有重要意义。

一、训练与比赛监控的定义

（一）训练监控的定义

训练监控是将监控的理论和方法在运动训练领域的运用和实践，是监控的下位概念。有学者从不同的角度对其进行了定义，如冯连世从生理生化的视角将训练监控的定义如下：训练监控就是将运动医学、运动生物力学、运动心理学和运动生理学、运动生物化学等学科的理论和方法应用于训练过程中，应用综合方法和手段研究训练过程和训练效果，其最终目的就是为了帮助教练员不断调整训练计划，使运动员达到体能、心理和技术等最佳状态，从而最大限度提高训练效果和运动能力。我国学者洪平曾经对这一问题进行了深入系统的研究。他认为：首先，训练的可控制性是训练科学化的重要标志；其次，“训练监控”是教练员对训练实施控制的重要方法。由于各种干扰因素的影响，训练控制的实际效果并不能完全达到预定的目标。但是运用训练监控可以发现训练所能达到的实际效果与预期目标的偏离程度，并及时进行纠正、调控，使训练过程能在预定的轨道上进行，保证最佳训练目标的实现。在《运动训练学词解》（田麦久，2002）中，“训练过程控制”被解释为：“通过专门的方法和手段，按既定的方向和目的，以及预先确定的工作方式，对运动训练活动进行把握和调节的行为。”另有研究认为，“运动训练控制”的核心就在于它必须是一个有目的、有方向、有计划的训练过程，无目的、无方向或者目的、方向不明确、计划不完善的训练控制过程，不能称之为运动训练控制。整个训练控制应包括制订科学的计划、有效的训练及生活管理组织、有针对性的训练负荷、科学选材、竞赛的准备、训练控制的科学支持和组织与调控、训练竞赛的后勤保障和医务监督等。

从以上分析可知，训练监控是科学化训练的核心内容，是实现训练科学化的重要标志。不同的研究者从不同的视角对训练监控进行了界定，虽然表述略有差异，但其核心内容却形成了一定的共识。大家普遍认为，从信息论的角度来看，训练监控就是一个对训练信息收集、分析、反馈，并根据反馈信息对受控对象进行训练调节的过程。从控制论的角度来分析，一个完整的训练监控过程包括测量、评价和控制三个过程。测量就是对受控对象的各种训练信息进行收集、整理的过程；而评价则是基于一定原理对收集的信息进行解释和分析得出结论的过程；而控制就是根据得出的结论利用控制论的理论和方法对受控对象的训练过程进行干预和调整的过程，以确保运动训练能够按照预先制订的训练计划进行，保证训练目标的实现。综上对训练监控的分析不难看出，无论从哪个角度去理解训练监控，它们都有着共同的本质特征。

在上述分析的基础上，我们可以将训练监控定义如下：“训练监控”是指在训练过程中，从现实条件出发，以提高竞技能力和取得比赛胜利为目的，运用系统论、控制论和信息论的相关原理和方法，对整个训练过程所实施的科学有效的训练控制过程。训练的监控过程包括训练监测和训练控制两个过程，训练监测是通过对运动员的训练实施情况的检查与评定，获得大量信息的过程。训练控制是通过对训练监测获得的大量信息进行处理、分析，找出训练过程中不符合运动员实际情况的部分并及时加以修正和调节，保证运动员能够顺利进入目标状态的过程。在对运动员的训练进行监控过程中，教练员、运动员都是施控主体，控制的对象则是训练本身。因此，在训练过程中教练员必须及时收集反映训练过程中运动员的各种信息，并根据信息选择控制行为或者对控制行为进行调节和修正，使整个训练在科学监控状态下完成，最后实现成功参加竞技比赛的目标。

（二）比赛监控的定义

在对训练监控进行界定后，根据研究需要，还需对比赛监控进行界定。有研究认为，比赛过程从更长时期来看也属于训练过程的一部分，因为训练过程本身就包括不同形式的比赛训练形式，比赛不仅是一个竞赛过程，也是竞技能力与竞技水平的诊断过程。该观点是一种大训练观的观点，有其自身的道理，但是从监控的模式来看，比赛监控与训练监控的原理、手段和方法有着很大的区别，所以对比赛监控的相关理论和方法进行研究对整个训练比赛监控体系的建立具有一定的现实意义。

纵观训练监控的发展史发现，监控的理论与实践多集中于训练监控，很少有研究涉及到比赛监控。但是，比赛不仅仅是对前一阶段训练效果的最好检验手段，同时运动员在比赛中表现出的竞技能力也是确定新阶段训练目标的最重要依据。然而，比赛监控的缺失使得教练员与运动员在制订新阶段训练目标时就缺少了最重要的依据。因此，在整个竞技运动监控过程中必须把比赛监控提高到同训练监控同样重要的地位。

比赛监控与训练监控同属一个层面的概念，对其界定可以参考训练监控的定义如下："比赛监控"是指在比赛过程中，为了监测运动员竞技能力的发挥与表现，利用特定的方法和手段收集相关的比赛信息，对信息进行即时的或者滞后的分析处理，并形成反馈信息，由施控主体根据反馈信息和比赛的实际情况对比赛进行调整和控制的过程。

由于比赛的特殊性，所以比赛监控不同于训练监控，因此需要对比赛监控的界定作如下说明。第一，比赛监控的目的是监测运动员竞技能力的表现和发挥情况，主要包括比赛中运动员的机能，比赛中运动员的跑动能力和运动员的技战术运用情况等。第二，由于受技术因素和比赛条件的限制，目前的信息反馈是滞后的，但仍可以通过比赛监控获得的信息对赛前训练阶段的效果进行评定，从而为下一阶段训练计划的制定提供重要依据。第三，比赛监控过程主要包括两种形式，除了临场的监控外，通过赛后信息处理获得信息反馈并作用于新训练阶段也是一种监控形式。

二、训练与比赛监控的目的

（一）保证运动员具备良好的身体机能状态，预防过度疲劳与损伤

在运动训练中，运动员的机能状态是科学安排训练负荷的基础。在一定范围内给予机体一定负荷的刺激，机体会产生一系列的变化，这就是生物体的最基本特征——应激与适应。在运动训练中负荷的量度越大，对机体的刺激越深，所引起的应激越强烈，机体产生的变化越大，人体竞技能力提高得越快。但是机体的生物适应是有一定范围的，当负荷超过了一定程度或者机体受到连续的负荷刺激而无法完成恢复时，不但无法提高运动员的竞技能力，而且机体还会产生过度疲劳。因此，给予机体适宜的负荷刺激是改变机体机能状态和提高竞技能力的根本保证。通过多项生理生化指标的测定与分析，可以准确判断运动员的疲劳程度及恢复情况，对于预防过度训练与运动损伤具有积极的作用。

（二）保证运动负荷与训练方法、手段的合理性及有效性

运动负荷的本质就是一种外部刺激，它会导致机体产生一系列的应答性变化，产生应答性变化的标志就是机体内部脏器及一系列血液、激素等生物化学指标的变化，因此通过测定某些针对性很强的生理生化指标可反映负荷的强度与量的适宜程度，并可以判断训练的效果。监控的过程可以保证运动负荷的合理性与有效性。

（三）保证运动员的心理稳定性

一般讲，在某种程度上控制最佳运动能力的障碍有三种基本类型，即生物学、心理学以及生物力学障碍。生理学障碍限制了能量的产生，生物力学障碍限制了能量的有效利用，心理学障碍限制了对能量的控制。在现实中面对重大比赛时，运动员易出现心理的波动，可能会因为近期成绩不佳导致信心不足，或因为压力过大导致赛前焦虑，或因为长期伤病带来心理阴影等。因此对运动员心理状态进行监控，可以及时了解其心理状态，对其出现的各种问题进行积极的干预，保证其在训练、比赛中有一个稳定的心理状态，从而保证运动员竞技能力的稳定发挥。

（四）评定运动员训练、竞技能力，保证新训练阶段计划的合理性

教练员和科研人员可以根据运动员在比赛过程中的机能特征和规律，制订有针对性的训练计划，选择相应的训练方法提高训练效率。通过身体素质测试、比赛体能表现测试，以及结合训练计划的负荷特征分析可以了解运动训练过程的有效性。通过技战术分析，教练员可以了解运动员及球队技战术能力的变化，并发现存在的问题，进而为下一阶段的安排提供合理的依据。

第二节　训练与比赛监控的研究及应用

一、训练监控的研究与应用

（一）生物学监控的研究与应用

早在 19 世纪，西方国家就开始把生物学测试方法引入到对运动员身体训练机能状况的监测与评定中来。20 世纪 50 年代该项研究进入迅速发展时期，尤其是前苏联与东欧最先开始利用生物学方法对运动员进行监测。人们对运动时机体的供能特征的了解以及对各种代谢系统的深入研究把运动生理学的研究往前推进了一步，这为运动员的机能评定奠定了理论基础。

对于“监控”一词在训练中的出现则要追溯到 20 世纪 60 年代，当时在利用生化方法进行检测和评定运动员机体的代谢规律、机能状态时使用的是“诊断”“生化标准”“调控”等词语。直到 1992 年，乌尔·豪森和金德曼（Urhansen & Kindemann）正式提出了“训练的生化监控”概念。进入 21 世纪，在欧美和前苏联的研究基础上，维尔（Viru. A. & Viru. M.）出版了《运动训练的生化监控》一书，书中涵盖了监控的目的、手段以及实施方法，该书的问世标志着运动训练监控体系的初步形成。

在我国，竞技体育发展和研究兴起于 1958 年。当时运动训练正处于大训练量时期，对运动员的身体机能进行评定成为当时的主要工作，运动员身体机能生理生化与医学评定的开展为大运动量训练提供了科学的参考。近三十年来，运动员的机能评定一直都是运动训练领域的热点，我国先后出版了《优秀运动员机

能评定手册》（浦钧宗等，1987）、《优秀运动员身体机能的生理生化指标的检测与评定系统》（冯连世等，2001）、《运动员身体机能评价常用生理生化指标测试方法与应用》（冯连世等，2002）、《优秀运动员身体机能评定方法》（冯连世等，2003）。系列著作的出版为生理生化监控指标体系的建立以及测试方法的标准化奠定了基础。之后，随着《运动训练的生理生化监控方法》（冯连世等，2006）、《优秀运动员训练中的生理生化监控实用指南》（冯连世等，2007）两部著作的出版，标志着我国的生理生化监控体系已经形成一个较为完整的系统。

我国对足球运动训练的生理生化监控始于20世纪90年代，为了备战1995年6月在瑞典举行的国际足联第二届世界女子足球锦标赛，中国足协组建了由教练员、科研人员组成的教练班子。为贯彻国家体委科学化训练的指示精神，在体能训练中刘丹尝试了运用无氧阈速度和无氧阈心率控制训练强度，收到了一定效果，并在第二届世界杯比赛中，中国女子足球队进入四强，实现了历史性的突破。

（二）心理学监控的研究与应用

心理学监控从20世纪60年代起就应用于训练之中，美国、加拿大、俄罗斯是最早对运动员实施心理训练的国家，他们把心理监测、心理咨询和心理训练作为一套完整的工作纳入整个训练计划之中，并保证经常化、系统化的实施。从1956年到1992年，几乎在每届奥运会上前苏联、民主德国、美国都在金牌榜上名列前茅，而心理训练一直是他们制胜的法宝。

随着国际竞技运动的飞速发展和日益激烈的竞争趋势，世界各国对运动员参加重大比赛的心理训练工作越来越重视。各国体育界在大力加强体育科技投入的同时，都把运动员心理训练的研究和应用列为重点。

从20世纪80年代开始，我国运动心理训练工作得到重视和快速发展。80年代初，数名运动心理学家应中国射击队和射箭队的邀请，开始对运动员进行心理训练和心理咨询。与此同时，一些心理专业研究人员深入跳水、游泳等项目进行心理训练与心理咨询，其他一些项目也陆续邀请心理学专家对运动员进行心理学训练。在同场对抗集体球类项目中也把心理训练与心理咨询作为训练中的重要环节，特别是在备战重大比赛的过程中，经常邀请心理学专家对运动员进行科学监控，及时了解运动员的心理状态，并施以卓有成效的干预。

然而，由于足球项目的复杂性和比赛的过程更具突发性的特点，我国足球项目运用心理干预的工作尚比较薄弱。尽管心理监控已经成为足球项目训练中的环节，但目前还缺乏系统性，其标准化程度还有待于提高，心理监控的理论与实践体系需要进一步完善。

二、比赛监控的研究与应用

（一）手工符号分析

20 世纪 60~70 年代，手工符号分析法是足球比赛分析中最早采用的方法。由于当时受科学技术手段的限制，研究人员只能通过现场手工记录的方式对运动员比赛过程中的跑动情况和技战术指标进行现场记录。比赛跑动情况的记录是在事先按照球场比例做好的方格图上进行活动轨迹的描述，然后按着一定的比例计算出运动员的跑动距离。

从国内的研究来看，瞿煜忠、周卫民、曾桂生等采用目测的方法对国内甲级联赛的运动员进行了比赛跑动距离的测试。张健等通过科研人员分组现场跟踪测试了全国女子足球超级联赛前锋运动员跑动距离，对其跑动数据进行了统计和分析。他们将跑动形式划分为走、中速度跑和快速冲 3 个级别，最后运用数据平滑处理进行计算分析，然后结合录像解析系统,指出存在的问题和相应的对策。台湾学者赵荣瑞（1997）采用现场记录和比赛视频拍摄的方法对北京与高雄足球队比赛中运动员的跑动距离进行了研究，比赛过程记录在与球场等比例的图纸上，最后采用相关统计软件对记录结果进行计算分析。陈效科等也采用相同的方法对 2002 年世界杯足球赛，中国队和巴西队比赛中重点运动员的跑动距离进行了测量。

从国外的相关研究来看，赖利（Reilly）和托马斯（Thomas）也采用了手工符号记录法，他们将符号记录在一条带子上，并结合赛后的比赛录像进行分析。除了统计跑动距离和强度，还对运动员技战术指标进行了记录分析。

综上分析认为，手工符号记录法是测量足球运动员比赛跑动距离最早的方法，他们大多采用目测方法和手工记录方法，也有结合比赛录像进行分析的事例，但是受主观因素的限制，误差还是相对较大。随着时代的发展，该方法已经不再用于足球运动员比赛跑动距离的统计，但是它还仍应用于技战术的统计研究中。

（二）录像分析技术

20 世纪 80 年代随着科技的发展，特别是视频技术和设备的更新，应用录像分析技术研究足球运动员比赛跑动距离已成现实。

邦斯伯（Bansgbo）等利用多台摄像机和记录仪对比赛中运动员的跑动进行了研究。每台摄像机记录一名运动员，并以赛前记录的运动员跑动速度为依据计算其不同速度的跑动距离，可将误差控制在 4%以内。

录像分析技术相比手工符号法有了明显的进步，其优势在于它最大限度地避免了观察者的主观目测误差，利用视频技术手段增加了研究的精确性。由于录像分析技术有着手工符号分析法不可比拟的优势，录像分析技术本应成为当时比赛跑动能力评价的发展趋势。但是通过查阅文献资料来看，因受各种历史条件的限制，国内此阶段的相关研究仍然局限于手工符号的方法，没有紧跟时代发展的潮流。

（三）无线电遥测和 GPRS 技术

20 世纪 90 年代，我国科研人员也不断探索新的比赛分析方法。如瞿煜忠等研究开发了足球运动员跑动记录仪，整套设备由步频传感器、步频发射器、专用调频接收机、分频接口电路等部件构成，其测试误差绝对值百分率的平均值约为 4%，为足球训练科学化提供了更加准确的依据。

随着卫星定位技术的发展，利用此技术对足球比赛过程中的跑动距离进行测量已经可以实现。该技术优势在于不需要手动统计和计算，完全依靠计算机和卫星定位技术实现，测试数据相对精确。但是其劣势在于运动员必须佩戴仪器设备，且只能在训练过程中使用，而无法对正式足球比赛中运动员的跑动情况进行统计分析。

（四）电脑软件分析法

随着计算机软件和视频技术的发展，利用相关软件进行足球比赛跑动能力测量的方法开始出现。马巍然等（1993）开发了足球比赛计算机统计系统，并应用于首届世界女足世界杯的临场技术统计中。但是此系统仅能对技战术的某些指标进行统计，未能涉及跑动距离的测量与评价。

国外利用计算机软件和视频技术的研究起步较早，并取得了一定的成果。在这方面具有代表性的就是德国产的SIMI技战术分析系统。它不仅能够对足球比赛的技战术进行统计分析，还能利用其定位功能进行跑动距离的测量。目前，国内已有研究人员利用该系统进行了一定数量的相关研究，该系统在对运动员的跑动距离测量与技战术统计上相对成熟，但是该系统在解析过程中需要人工进行定位分析。虽然该技术相比符号分析法有一定的进步，但是仍存在改进的空间。

第三节　训练与比赛监控的发展及方向

一、对我国足球训练和比赛监控的回顾

我国早期足球训练和比赛监控工作是由体育专业院校教师和体育科研所人员担任的。20世纪50~60年代，我国老一代足球科研人员何加才、尹怀容、孟宪武等曾为各级国家队实施比赛分析和训练的监督工作。工作的主要内容是手工符号计算运动员比赛跑动距离，分析训练的质量等。70~80年代则开始利用国家体育总局生物力学、生理生化的仪器设备，全面测试运动员的机能状况，即有氧、无氧运动能力。80年代后期我国足球训练专家开始利用心率监控训练强度效果，并利用昆明冬训对全国甲级队伍进行训练监督检查等科研工作。由于受当时人们思想观念和科技手段的限制，统计比赛跑动的准确性不高，比赛的分析效果比较浅显，真正意义的训练监控难以进行，对训练的借鉴意义有限。但是，不可否认当时的科研工作如实地反映了训练的实际状况，推动了贯彻“三从一大”科学训练的效果。同时也让教练员了解和掌握了如何检查和反馈训练强度，并在训练中得到广泛推广和应用。

20世纪90年代是我国足球科研发展较快的一个时期。1990年科研人员率先在国家女足进行随队的科研工作，尿素氮等生化指标对训练的检测、无氧阈心率控制、力量速度训练方法的改进、利用心率手段对训练比赛的模拟等陆续得到应用。在90年代后期，从事足球科研工作的人员开始由足球训练学专家逐渐扩展到生理、生化和运动创伤专业的科研人员担任。定期的常规身体检查和不定期的机能检测已成为国家男女足球队的必要程序，对运动员进行生理生化测试，对生理机能状态进行分析，评价大强度训练课负荷也已在部分运动队中开始实施。科研人员刘丹、孙文新、魏宏文等都在下队过程中尝试跑台最大摄氧量测试、最大功率自行车测试、等动肌力测试等。同时在随队训练中也积极引入了场地测试，如12分钟跑、25×5米往返跑，以及众多的身体素质测试方法等。他们的工作丰

富了足球科研的内容，为足球科研工作提供了新的研究领域。

二、足球科研综合攻关的形成与发展

90 年代末期，伴随中国女足在系列足球大赛取得优异成绩，国家女足的科研工作也有了开创性进展，综合性科研攻关开始初露端倪。此时我国足球的科研工作不再是仅仅解决某单一问题，诸如解决身体速度上的某一问题、训练手段方法、录像技术分析等，而更注重多学科的系列科研工作。

2004 年足球项目首次引入了 SIMI 技战术分析软件，开始对我国足球运动员的比赛跑动能力进行分析，能够较准确地反映足球运动员比赛的跑动距离，跑动的速度等级，不同跑速的距离，以及在比赛中速度的分布情况。这为研究我国足球运动员的比赛体能水平，以及中外运动员比赛体能特征奠定了坚实的基础。其后，SPORTSCODE、DADEFEISHI 等国外先进的技战术分析软件都逐渐被引入到足球科研训练中，这不仅丰富了我国足球项目的科学研究和科学方法，而且也标志着我国足球科研与国际水平的衔接。

2006 年初为备战北京奥运会，受中国足协委托足球科研工作开始以团队合作与联合攻关的形式参与男女足球的训练，为队伍提供技战术、医务、营养、恢复、对策研究、体能调控等全方位的科技服务。其中最有代表性两次攻关是 2007 年女足世界杯准备和 2008 年为国家男足参加世界杯亚洲区预选赛的昆明阶段训练提供科研服务。科研小组在继承以往攻关成果的基础上，提出了综合攻关的科研服务模式。该模式以训练学为核心，以训练目标为导向，以训练效果评定为基础，从生理、生化、营养、医学、训练等多学科为运动训练提供保障，这种模式也是我国足球科研工作的一次创新。

以国家男足昆明高原训练为例，首先，科研团队根据高原的特殊环境和教练员的训练计划分阶段制订了运动状态发展目标。其次，根据监测结果分析竞技状态的变化趋势，分析阶段性目标的偏差程度，向教练员提出训练建议。根据运动员训练中强度和量的变化，分析生理、生化指标的变化情况，实现了训练学指标与生理生化指标监控的结合。第三，将生理指标的分析与场地测试相结合，试图更准确地反映运动员的训练状态与比赛即时状态。在监控中引入了 Omega wave 等先进的仪器对运动员的状态进行诊断。第四，将训练监控与比赛监控相结合。运用 SIMI 技战术分析软件对运动员在热身赛的体能水平和技战术指标进行了比较。分析训练对比赛的影响，运动竞技状态等的变化情况，为教练员调整训练计划提供了科学的数据。第五，把营养品补充作为调整队员状态重要手段。依据生理生化测试指标，针对不同个体制定了详细的营养品补充方案，加速运动员的恢复过程，减缓运动疲劳的产生，保证训练的顺利进行。科研团队的综合性攻关在昆明集训阶段取得良好的效果，得到了足协领导、教练员、运动员的认可。

三、足球科研工作的方向

随着训练科学化程度的不断深入，人们对于训练过程的可控性的需求也更为渴望。在我国，随着科学技术的发展和专业人才队伍素质的不断提高，为科学有效的训练监控提供了可靠保障。从近年来足球科研实践及国际体育界不断拓展的科研领域，单方面的科研攻关已无法满足训练与比赛的要求，系列化、综合性、复合型的训练比赛监控将是未来体育科研攻关和科技服务发展的趋势。

我国目前的足球水平仍比较落后，尽管科研工作一直在不断努力，国家男足的训练水平并没有实质性的提高。究其原因，还是我们在青少年训练、在青少年培养途径、青少年训练理念、青少年选材等方面存在问题。因此，我们不能把训练研究只放在国家队训练监控上。提高我国各级队伍的科研意识势在必行。其次，未来的发展应该在综合攻关的模式上，要不断整合多学科的科研成果，不断完善和发展综合攻关模式，不断提高比赛监控的手段方法，力求更准确地评估运动员的竞技能力变化。

第二章　足球训练与比赛监控体系

第一节　足球训练与比赛监控的原理

一、系统科学原理

控制论、系统论和信息论是系统科学的基本理论，也是足球项目运动训练监控形成的基本原理之一。

控制论是足球项目训练监控的理论基础，完整的训练控制过程必须具备以下基本环节和条件：（1）必须有施控主体和被控对象。（2）必须有控制信息和前向信息控制通路。（3）必须有反馈信息和反馈信息控制通路。（4）必须使前向和反馈信息控制通路中传递的信息达到适宜的程度。从控制论的观点来看，足球项目的训练监控过程也是一个完整的训练控制过程，主要包括监测和控制两个过程，两者缺少一个都不能形成完整的训练监控过程。监测是控制的前提，控制是监测的目的。足球训练监控必须要有明确的目标，这个目标可能是长期的大的目标（如多年和年度目标），也可以是短期的小的目标（如训练分期目标或者一节训练课的目标）。足球训练监控实施前，必须要对目前球队的状态作全面的诊断，为训练监控的实施找一个明确的起点。这个诊断主要包括每个运动员的竞技能力、训练状态和健康状况。足球训练监控系统的“施控”主体是以教练员为核心，包括科研人员、队医、管理人员等方面人才的“多学科综合控制系统”。教练员在“施控系统”中起主导作用，同样，在现代足球训练中，科研教练、营养师、队医以及康复人员的作用也变得越来越重要。所以说现代足球训练监控的“施控”系统是一个复合型团队。足球训练监控的“被控对象”是足球队和运动员，同时必须处理好“施控系统”和“被控对象”的关系。使运动员能够认识到施控团队和自己的目标是一致的，并能充分发挥其自身控制系统的作用。

系统论是指导体育训练和比赛的基本理论。钱学森对系统的定义为“由相互作用和相互依赖的若干组成部分结合成具有特定功能的有机整体，这个系统本身又是它所从属的更大系统的组成部分”。运动训练理论专家徐本立对运动训练系统进行了界定，他认为，运动训练系统是指“由若干相互联系在一起的局部子系统所构成的具有培养优秀运动员特定训练功能的完整系统”。从系统论的角度看，足球训练监控的对象应该是足球训练这个大的系统。因此，要以“系统”的视角看足球训练监控。足球训练本身就是一个大的系统，它的内部又包含了很多小的系统，如运动队系统、教练员系统、运动员自身系统等。只有充分分析足球训练系统的构成、作用机制和影响因素，才能从整体上把握足球训练监控的方向。根据贝塔郎菲定律的理论，我们要分析影响足球训练的各种因素及内在的纵向、横向联系，争取发挥系统功能的“放大效益”。足球训练监控的最终目的是使运动队的整体能力得到提高，而运动队能力的提高又是以运动员个体能力的提高为基础的。因此，在实施足球训练监控过程中，在注重运动员“个体系统”监控的基础上，加强对运动队“团队系统”的监控也同样重要。

信息化训练控制是指把训练全过程看做是一个信息化过程，在训练全过程中树立信息的观念，广泛获取、处理和运用好信息，对训练全过程进行最有效的控制。信息化训练控制的基本内容包括：训练信息源的确立；训练信息的监测、获取；训练信息的处理、交换和存储；训练信息的传递；训练信息的检索；训练信息的使用；训练信息的反馈等。现代科学和训练控制中信息化训练的表现包括：信息观的确立；运动训练信息化系统的建立；训练状态监控和诊断系统的建立；训练过程的预测和决策；信息反馈和闭合式训练系统的确立；运动训练的科学研究和探索；现代运动训练理论的建设、推广和运用；体育竞赛中的情报战；教练员、运动员的智力结构与培训体制；现代训练信息化手段的研制和运用等。训练信息的应用主要体现在：用控制信息有效地调控训练；用信息反馈监控训练过程；用选材信息进行科学的选材；用情报信息和比赛信息有效地组织赛前训练和比赛，改进训练工作；用获取的信息对训练进行科学研究、创新；用扩大知识信息量提高教练员、运动员的知识和智能水平；用各种不同学科领域的信息对训练过程进行多学科综合调控；用舆论信息的扰动作用影响和控制对手的战术决策。

从信息论的角度来看，足球训练监控过程是一个“信息化”的过程，是一个对训练信息监测采集、处理传递以及使用反馈的过程。因此，在足球训练过程中一定要树立训练的“信息观”。信息的收集过程包括运动员现实状态信息、训练负荷信息以及训练效果信息等。信息的收集是实施训练监控的前提，信息收集的质量直接关系到训练监控的成败，因此，一定要确保训练信息收集的科学性和有效性。收集的信息必须要经过处理，传递给教练员才能对训练起到控制作用，这个过程也就是反馈过程。

二、物质能量代谢原理

从国内目前的研究成果来看，关于足球运动物质能量代谢特征的观点主要存在以下几种：

第一种观点认为，足球能量代谢特征是以磷酸原系统为主要供能系统的。持这种观点的认为，足球运动属于非周期性的速度和速度耐力兼而有之的激烈对抗项目，主要以 ATP—CP（磷酸原系统）供能，也有乳酸系统和有氧供能。足球运动属于非周期性的速度耐力项目，其中最突出的是短距离反复冲刺跑的能力，应主要以 ATP—CP（磷酸原系统）供能和间歇时的有氧再合成供能为主。

第二种观点认为，足球运动属于磷酸原功能与糖酵解功能为主的运动项目。持这种观点的认为，在足球比赛中运动员需要反复地进行高强度跑动，运动员需要更多的是磷酸原供能与糖酵解供能。

第三种观点认为，足球比赛具有时间长、强度大和间歇运动的特点，决定了有氧代谢供能系统和无氧代谢功能系统都需要充分动员。足球运动员在比赛中的活动是长时间无规律的，进行高、中、低三种有球和无球运动强度的间歇运动，队员在比赛中需要具备出色的有氧耐力和 ATP-CP 系统供能能力。

上述研究所得结论是基于比较零散的对比赛持续时间、比赛中断的时间、队员每一种行动的次数等情况得出的，论据支离破碎略显单薄，论述的逻辑性较为牵强，可以说他们对此问题的研究仅处于较初级的了解阶段，缺乏综合、系统性较强的研究。因此，以上观点均有待考证。

从国外的相关研究成果来看，荷兰足球的观点认为，足球运动员在足球比赛中完成的绝大多数活动主要是利用磷酸原供能系统来完成的。主要依据是足球运动员的动作很少有持续 10 秒钟以上的活动。但是，有氧系统在运动员进行两次极限负荷的恢复过程中扮演极为重要的角色，尤其在运动员站立、行走和慢跑时，有氧能力的优劣很大程度上决定了运动员反复高强度跑的能力。

瑞典足球专家布罗姆博士认为，尽管队员在一场比赛中会不断地动用乳酸系统，但并没产生大量的乳酸堆积。在比赛中乳酸系统的动用不会持续超过 20 秒到 30 秒，所以不会产生大量乳酸。因此没必要让足球运动员进行和田径运动员一样的速度训练（如 8×400 米或 5×800 米），即便在准备阶段也是如此。非循环无氧耐力的训练可以从快速百米跑开始，然后再进行高强度间歇训练。

关于乳酸的研究，作者认为过去乳酸的测定通常是在比赛结束后或半场休息时进行，而不是在比赛过程中测定，因此测得的信息不能反映乳酸量的波动，尽管足球运动员在比赛中虽然没有经历大量乳酸堆积的过程，但是乳酸系统在足球运动中的作用要比早期对它的研究中所描述的作用更大。

足球比赛时间长、高强度冲刺跑比例占整场比赛时间短的特点，决定了足球比赛大部分时间主要依靠有氧代谢方式供能。要保证 90 分钟比赛时间内的能量供应，延迟疲劳的出现，减轻疲劳程度，保证比赛过程运动间歇恢复能力，必须提高机体的有氧工作能力。因此，在足球比赛中，运动员的供能是以有氧供能为运动基础、以 ATP—CP 供能为突出表现，间或有乳酸系统供能的一种配合形式。而且由于比赛水平、节奏、流畅性不同以及足球水平的不断发展，其供能的特点应会发生稍许的变化。

需要指出的是，尽管对女足比赛的研究相对较少，但是科研人员普遍认同的观点是，女足运动员需要具备与男足运动员相似的身体素质才能在高水平比赛中获得成功。通过研究表明，女足运动员在一场比赛中的总跑动距离与男足运动员十分接近，而且不同强度跑动的时间也十分相似。因此，可以得出足球比赛对男女运动员的体能要求没有显著区别的结论。

三、比赛负荷的非周期变化原理

尽管足球比赛中运动员的运动行为都是偶发性的，但从整场比赛来看比赛负荷和强度还是遵循了一定的变化规律。

（一）负荷量特征

众所周知，在所有球类项目中足球项目场地最大，且比赛时间特别长，运动员在比赛中的跑动距离也最多。从 20 世纪中后期开始，研究人员通过不同的技术手段对运动员在比赛中的跑动情况进行了测量，主要包括时间和动作分析法（time-motion analysis）、录像记录技术和无线电遥测技术等。

1. 跑动距离特征

长距离的跑动能力是足球比赛对运动员体能的基本要求，确定运动员的比赛跑动距离对足球体能训练有重要的意义。20 世纪 50 年代国外就有利用笔纸方法统计足球运动员跑动距离的研究（温特伯托姆、韦德），由于不同年代统计距离手段的不同，足球运动员跑动距离的统计存在较大的差异。80 年代后国外学者开始采用录像结合计算机技术的方法计算足球比赛中运动员的跑动距离。

2. 比赛时间特征

《足球竞赛规则》规定，足球比赛的时间为 90 分钟。在实际比赛中，由于球出界、裁判员鸣哨等很多停顿状况，就会出现比赛暂停的现象，从而导致比赛时间的损耗。因此，比赛纯时间等于 90 分钟比赛时间减去比赛中的各种停顿时间(即死球状态所占的时间)。国际足联从 1998 年第 16 届世界杯开始，对规则中有关时间的条款进行了重大修改，即实行多球备用，增大补时时间，限制守门员接回传球和守门员持球时间等。其目的是为了增加足球比赛的纯时间，减少人为的时间损耗，从而促进了足球运动的发展。

（二）负荷强度特征

1. 跑动强度特征

训练学中将负荷强度划分为极限强度、亚极限强度、中等强度和小强度四个等级。根据足球比赛中运动的跑动速度变化，可以将足球比赛中的跑动也划分为四个强度等级。研究者可以根据不同年龄、不同性别确定不同的速度标准，分析不同类型运动员、不同位置运动员的跑动特征（如不同跑速的距离、次数、间歇时间等)，从而指导训练。

2. 机能负荷特征

由于在足球比赛中无法对运动员的供能方式进行直接评定，往往通过其他相关指标进行间接分析。例如，通过运动员的心率判断运动的负荷强度，进而再通过运动强度判断其动员的供能方式。此外，也有研究者在运动员进行教学比赛时进行不定时的血乳酸测试分析，以了解运动员的能量代谢变化。

四、负荷的反馈控制原理

在负荷的反馈和控制系统中，训练和比赛的负荷测量评价是为教练员反馈训练效果信息，以不断修正训练过程与训练目标之间的偏差，从而实现控制训练过程，科学规划竞技状态的任务，这就是负荷的反馈控制原理。

运用这一原理时，首先要认识到足球训练和比赛负荷的监督是一项复杂的任务。这主要是由于足球训练和比赛负荷的复杂性所致，负荷中即包含了不定期的间歇，还包括多种运动形式。其次，对负荷难以单一手段评定，必须综合生理、生化、以及运动学指标，通过即刻检测和延时检测两种方式，才能较准确地评定负荷的效果。第三，由于足球比赛规则的限制，无法对比赛负荷进行直接测量，只能通过遥测及录像等手段进行测量，无法反映比赛时运动员的即时生理机能变化。

第二节　足球训练与比赛监控的原则

一、指标选择的科学性原则

科学性原则是指足球训练与比赛监控的每个步骤都要有科学依据，确保能够准确客观地评价足球运动员的训练和比赛状况，这是足球训练与比赛监控应遵循的最基本的原则。主要包括两个方面，即监控指标的科学性与监控过程的科学性。

监控指标的科学性，首先表现在准确性和客观性，即指标体系一定要建立在科学基础上，指标概念明确，并拥有一定的科学内涵，能够度量和反映专项复合系统结构和功能现状以及发展趋势，能比较客观地反映足球运动员训练和比赛水平的实际情况，能从本质上反映足球运动的基本特征。其次表现为监控指标体系的合理性，即监控要在公平、合理的条件下进行，对拥有不同条件的监控对象、不对等的条件转化为等效对等的条件。再次，测试过程也要遵循科学性原则，力求减小测量误差。在测试方法、时间、条件和程序、测试过程的管理等都要力求高效、精确，并确保测试过程的标准化，使测量的结果客观、准确。

二、监控的可操作性原则

可操作性原则是指足球训练与比赛监控要从训练实践出发，能为训练科学化的实现提供支持。可操作性原则主要体现在以下几个方面：

首先表现在指标的选取。指标的基本特性之一就是联系统计理论与实践操作的结合点，监控指标体系的构建也是如此，它既应以理论分析为基础，又必须考虑统计的可操作性和现实数据资料支持的可行性。在实际调查测试中，指标数据要易于通过统计方法整理。那些不可测的指标，或者理论上可测，实际中不可测的指标不应纳入评价体系中。同时，在保证能够准确反映体能水平及评估的前提下，应力求简单易行，突出重点，含义明确，数据易取。在选择测试指标时，还必须考虑设备、时间、天气以及运动员的状态等综合因素，确定测试的可行性。

其次表现在对测试结果的解释。评价方案应该简单易行，方案中的指标体系、权重分值应具有很强的可操作性和可解释性，容易被人们接受并能够在大范围内推广运用。因此，指标方案的选择力求具有广泛的实用性。

三、结果分析上的差异性原则

差异性原则也称区别对待原则，是指在足球训练与比赛监控过程中要针对不同的个体差异和不同的训练时期的特点，在评价内容和方法的选择以及测试结果的解释而区别对待的原则。

每名运动员的生理、心理和场上位置特点都有所不同，即便是同一名队员在不同时期的竞技状态也不相同，因此在训练与比赛监控时，必须要考虑这些影响因素。如在测试前，要充分了解运动员的生理和心理的基本状态，是否有明显的疲劳和伤病等情况。另外还要考虑运动员的位置特点。随着现代运动训练的发展，专项化程度越来越高，不同位置的运动员的体能特征有所不同。在进行足球训练与比赛监控时，要根据运动员的不同位置特点进行区别对待。

除了考虑运动员个体的差异性外，还要根据不同的训练时期的特点进行有针对性的监控，使训练和比赛监控真正能为训练实践服务。比如在准备期的过程中通常注重对运动员的体能状况进行全面的综合评价，力求发现体能中的优势和劣势两个部分，为训练计划的制订提供依据。而在比赛期对体能的评价通常侧重对运动员赛前机能状态的评价，并采取相应的调控措施，以确保运动员以最佳的竞技状态投入比赛。恢复期的体能评价主要是为了解运动员的体能恢复情况，为新的体能计划的实施提供参考。总之，在对训练和比赛的监控过程中应根据具体的情况选择适应的监控方案，避免训练与比赛监控教条主义的出现。

四、监控过程的先整体后局部原则

足球训练监控首先从训练整体出发，把握整体训练目标，寻求竞技状态最佳发展模式。有了明确目标才能把握监控的方向，才能合理采取监控手段、方法，选择正确的监控指标，从整体反映出球队和个体的现实能力、水平以及竞技状态的发展变化。

其次，在训练中要考虑阶段性比赛任务、阶段性训练目标与任务、以及每周、每次课的训练任务，制订详细的监控计划，具体反映出每次课、每个练习的训练效果，为教练员及时调整训练计划提供依据。

在监控的发展过程中，可能某些技术会优先发展，如比赛技战术分析技术、生理生化的检测技术、营养补充的新发明等。要不断地吸收各学科发展的新成果，科研工作某个部分的发展必将带动科研工作的整体前进。

第三节　足球训练与比赛监控体系结构

一、足球训练与比赛监控的构成

在保证训练与比赛科学化的过程中，构成训练与比赛的各种元素就成了监控的实质性内容，这些元素涵盖了运动员的身体机能状况、训练负荷、训练手段与方法、训练效果、营养、运动损伤、心理状况、比赛中运动员的机能状态、比赛中运动员的跑动能力与技战术的运用情况。由于训练与比赛中的监测内容都有其自身的特点，所以针对不同的内容就必须有不同的监控方法，这就形成了监测体系中的方法系统，包括生理生化方法、营养学方法、运动医学方法、心理学方法、训练学方法与比赛跑动能力分析方法等（图 2-1）。每一种监测方法都有其自己较为成熟的监测指标，如生理生化监控中的最大摄氧量、乳酸阈、乳酸、血睾酮等指标，训练学监控中速度测试、灵敏测试、快速力量测试等指标，这就形成了监控的指标体系。事实上，从比赛监控的目的确定的那一刻起，监控的内容、方法、指标与模式也已经确定。在整个监控体系中，各类监控的指标就是我们了解训练与比赛状况的信息来源。监控过程是一个动态过程，获取各类指标的信息并不是监控的终极目标，而是通过对这些信息的加工、处理、分析获得反馈信息，以便及时对训练过程进行科学调控，最终实现提高运动员竞技能力并最大可能地获取比赛的优胜目的。

实现最终的成功参赛并不是监控的最终目的，因为比赛实际上是一个新的训练阶段的开始。监控过程只是具有相对的边界，进行科学化训练，实现一次成功的参赛只是整个大监控过程中的一个小监控周期。整个监控过程是由无数个训练阶段和无数次成功参赛组成的，是一个永无止境的过程。

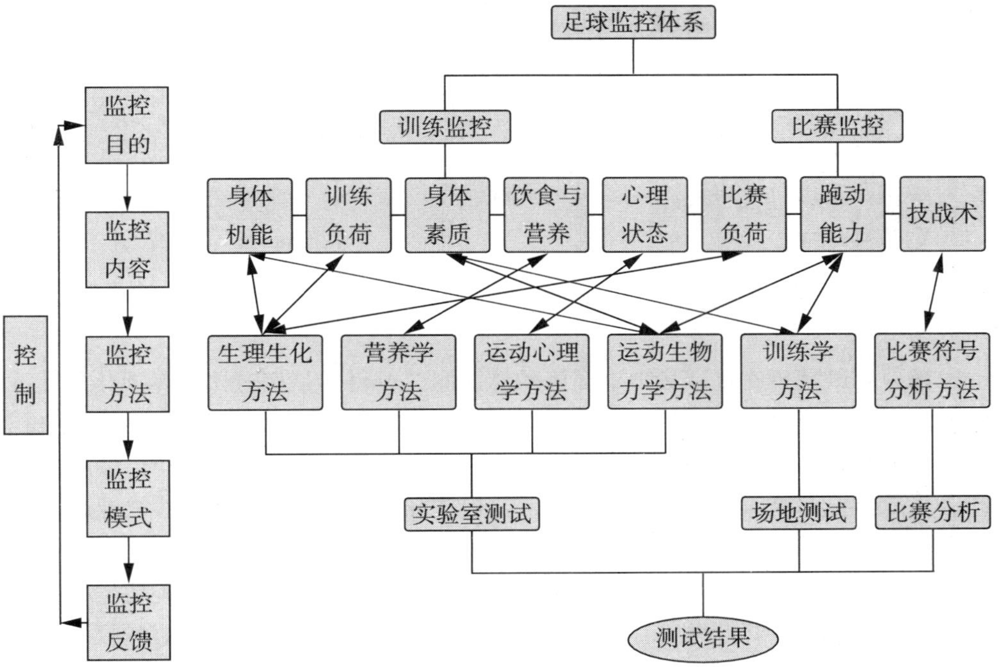

图 2–1　足球训练与比赛监控体系图

二、足球训练与比赛监控的模式

（一）实验室监控模式

实验室监控模式是足球监控中最为传统的模式，主要是在实验室环境下由专业人员利用相关的仪器设备对运动员的竞技能力作出评定的过程。主要的评价内容包括身体形态和身体机能评价。其中身体机能评价是实验室评价模式的主要内容，包括有氧机能评价、无氧机能评价和肌肉力量评价。

实验室测试通常在封闭的环境下进行，以尽量排除外界因素的干扰。通常情况下实验室测试得出的数据比较精确和详细，但是要对测试设备的可靠性给予高度重视。在测试中建议重复相同的测试以确保测试的可靠性。体能教练员和相关科研工作者可以通过全面的测试了解运动员的机能状况。有氧能力、乳酸阈、无氧能力和肌肉力量的精确测试数据可以为运动员制订个体训练计划和策略提供参考和依据。

然而，实验室测试往往比较费时、费力、费物，使得有些足球俱乐部很难实施这样的测试。此外，由于实验室条件的限制，在实验室条件下很难对运动员的专项运动能力进行评价。因此，如何提高测试的专项化程度是实验室测试亟待解的热点问题。

（二）场地测试监控模式

场地测试是指在足球场地上实施的体能测试过程，是相对比较专项化的足球体能测试方法。场地测试主要评价内容有足球专项耐力测试、速度灵敏性测试、力量爆发力测试等。各种现场测试结合实验室测试被用来评估运动员的机能状态。当前，根据测试结果建立运动员选材模式和高水平运动员监控模式是研究的一个重要课题。

现场测试有其自身的优势，它虽然不如实验室测试精确，但却能更紧密地结合足球专项特点，其专项化程度更高。另一优势就在于场地测试需要的仪器设备简单，对场地和环境要求不高。但是在测试过程中必须保证测试程序的标准化，以提高测试结果的可靠性，增加结果的可比性，甚至测试的场地、风向、温度等外部因素也是测试中需要考虑的因素。

当测试结果涉及到时间计量时，测试设备的准确性必须很高，否则会产生较大的误差。场地测试可以在整个赛季的间歇期定期进行，这样可以有效地监测运动员专项体能的变化情况。

（三）比赛分析监控模式

对足球比赛过程中的运动表现进行分析与监控，可以获得最直接的数据信息。比赛分析监控模式是根据一定的需要利用各种技术手段对比赛过程中的相关数据进行获取，并利用相关学科的方法对数据进行整理、分析，从而获得有用的信息，主要评价内容有技战术评价和体能评价。其中体能评价主要包括身体机能和比赛跑动能力评价两个方面的内容。技战术评价主要包括符号分析法（Notation Analysis）、时间—运动分析法。

比赛分析监控模式直接导向于运动员的比赛表现，是对于运动员比赛表现的一种记录和分析。但是，由于队员的运动表现受对手、天气、个人心理等多因素的影响，教练员和科研人员在进行分析时要综合考虑。

三、足球训练与比赛监控内容

（一）训练监控内容

1. 身体机能监控

利用现代科技手段对运动员的身体机能进行监控和评定是现代训练监控的核心环节，也是训练科学化的重要体现。赛前训练是整个训练过程中的重要组成部分，它直接关系到运动员比赛中竞技能力的发挥。如何利用有效的手段和指标对运动员赛前训练过程中的身体机能状态进行有效的评定和调控，已成为现代训练监控研究领域的重要课题。

2. 训练负荷监控

训练负荷监控通过对训练中及训练后运动员某些简单易测的生理指标（如心率）、生化指标（如血乳酸）进行测试和分析，对运动员的训练负荷（包括负荷量和负荷强度）进行定性和/或定量分析。大多数测试可以即时得到测试结果，当场向教练员反馈训练效果，有利于教练员即时地调整训练计划。

3. 营养调节与监控

运动员良好的营养可以为其身体活动提供良好的物质和能量保证。因此，通过科学的手段了解运动员的营养状况并采取相应的改善措施，是运动训练监控中的重要环节。营养状况的评价可以通过体成分测试、膳食状况的调查、血液和尿液等指标了解。

4. 心理干预与监控

优秀的运动员不仅应当具备出色的身体能力和技术战术水平，而且必须具有良好的心理能力。运动员的心理疲劳和心理恢复必须引起高度重视。

（二）比赛监控的内容包括

1. 比赛负荷监控

“比赛是训练的导师”，所有的训练都是以比赛为导向，是为了训练成果在比赛过程中能够充分发挥。以足球运动员特征行为、生理生化原理的逻辑关联为线索，可以帮助了解比赛过程中运动员的机能情况和数据，可以为训练提供依据和参考。

2. 比赛跑动能力监控

比赛过程中的跑动能力是足球运动员比赛体能的最直观体现，也是研究比赛负荷和运动特征的重要途径。有研究表明，一定的跑动距离所消耗的能量与其机械运动总量有关，与跑动速度关系不大。这说明足球运动员个体跑动能力可大致用比赛中的跑动距离表示。而总跑动距离代表了个体的努力程度以及个人对团队作出的贡献。以上观点虽然有待考证，但是还是可以看出，比赛过程中的跑动能力是足球运动员比赛体能评价的重要组成部分。

3. 比赛技战术监控

比赛分析是以比赛成绩为导向描述运动行为，在技术层面为编码与运动员或教练员相关的个人或集体行为。在对比赛进行分析之后，研究者将数据整理成各种表格及图示，并送到教练员手上。教练员在浏览了比赛分析及相关图表之后，结合个人的执教经验，可以综合分析以发现运动员在比赛技战术方面存在的问题。比赛技战术监控的过程中，教练员和科研人员可以采用符号分析技术和计算机分析技术。

四、足球训练和比赛监控的方法及指标

足球训练和比赛监控运用了多学科的研究方法。主要包括运动生理学和运动生物化学研究方法、营养学研究方法、运动医学研究方法、运动心理学研究方法和训练学研究方法。

足球训练和比赛监控所涉及的各学科主要指标体系如下。

（1）运动生理学和运动生物化学方面：最大摄氧量、无氧阈、心率、无氧功率、等动肌力、血液及尿液生化指标等。

（2）营养学方面：营养摄入、营养分配、能量供应、食物构成、体内营养成分、营养品补充等。

（3）心理学方面：团队心理、团队精神、团队凝聚力、团队士气、个体心理、训练欲望、情绪等。

（4）训练学方面：耐力、灵敏、爆发力、比赛跑动能力、训练负荷等。

（5）比赛分析方面：技术、战术、体能等。

第三章　足球运动员身体机能监控

第一节　足球运动员身体机能监控体系

在现代足球训练中，科学有效地对运动员进行机能评定是科学化训练的重要内容之一。运用多学科的理论和方法对运动员的身体机能进行监测与评价，可以客观地诊断足球运动员的机能水平、运动性疲劳的程度、机体恢复的情况，这对于科学调整训练计划，合理安排运动负荷以及预防过度训练和运动损伤有着积极的作用。

一、身体机能监控目的

（一）评价身体机能水平，为训练计划制订提供参考

在现代运动训练中，特别是在训练或集训初期客观地评定运动员身体机能水平是十分重要的。在训练的初期对运动员的身体机能水平进行科学监测是运动训练监控的基础和核心内容，通过科学的方法与手段对运动员的身体机能水平进行评估可以帮助教练员了解队员的现实状态，为教练员科学制订的训练计划提供现实依据。

（二）评定身体机能状态，为实现科学化训练提供保证

在运动训练中，运动员的身体机能状况对科学安排训练负荷至关重要。只有运动负荷量与强度足够大，机体承受最大应激状态，才能有效地提高运动能力。过高或过低的运动负荷都无法对机体产生良好刺激，过低的运动负荷对机体刺激不够，机体不会产生良好的适应，过高的负荷则会导致运动员产生运动疲劳，甚至引起运动损伤。这就要求教练员在训练过程中必须科学合理地调控运动负荷，使训练负荷始终保持在适宜的程度。

（三）综合评定赛前机能状态，确保以最佳状态进入比赛

运动员经过系统的训练后，身体机能水平会得到提高。对赛前运动员的身体机能状态进行综合评定，可以了解其赛前机能状态，教练员根据其机能状态即可制订更加有针对性的赛前训练调控方案，确保机体以适宜的状态进入比赛。

二、身体机能监控体系

身体机能监控分为身体机能水平监控和身体机能状态监控，身体机能水平监控通常在准备期开始前和结束后进行。准备期开始前，为了制订更有针对性的训练计划，需要通过相应的测试对运动员身体机能进行全面的了解，掌握了运动员的身体机能状况，更容易做到训练的有的放矢。准备期结束后，同样的测试可以了解运动员的身体机能变化情况，从而判断训练的效果。身体机能状态监控主要是对训练过程中身体的反应程度适宜与否进行评定，以实现对训练过程的控制。对身体机能状态的监控可以贯穿训练的全过程。

身体机能监控的体系如图 3–1 所示。身体机能水平测试主要包括 3 部分内容，它们分别是有氧机能监控、无氧机能监控和肌肉功能监控。身体机能状态监控主要包括两部分内容，它们分别是血液指标的监控和神经系统功能的监控。从监控内容看，身体机能水平测试的性质更加倾向于终结性评价，而身体机能状态评价则更倾向于形成性评价，即过程评价。

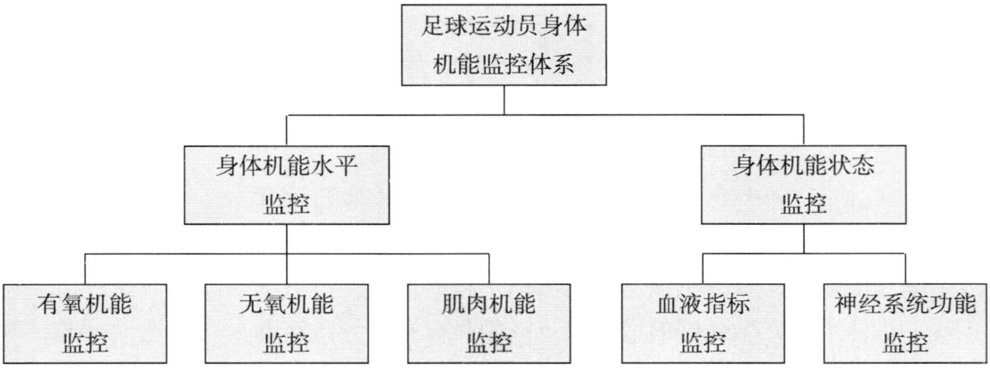

图 3–1　足球运动员身体机能评价系统结构图

体能和机能是相互影响、相互作用的，运动员一个比赛周期中体能和机能有4种变化组合方式。第一，体能水平提高，机能水平也提高。研究证明，在准备期，队员的体能水平提高，机能水平也稳定增长。第二，体能水平稳定，机能水平稳定。在比赛期的第一阶段，队员通过准备期的训练后，体能水平达到一个较高的稳定水平后，而机能水平也相对稳定。体能和机能的稳定是相对的稳定，是一个时间阶段的整体稳定。第三，体能水平稳定，机能水平下滑。在比赛期队员虽然还能维持稳定的体能水平，但是由于长期大负荷的训练和比赛所产生的刺激使机体机能逐渐下降。第四，体能水平下降，机能水平下降。机能水平的逐渐下降最终导致了体能水平的下降。因此，在对队员的体能状况进行评价时，要结合体能和机能两个方面进行，以实现体能训练过程的控制目标。

三、足球运动员身体机能水平监控指标

（一）有氧机能测试

足球比赛时间长、高强度冲刺跑占整场比赛时间短的特点决定了足球比赛大部分时间主要依靠有氧代谢供能。要保证90分钟，甚至更长比赛时间内的能量供应，延迟疲劳的出现，减轻疲劳程度，保证比赛过程运动间歇的恢复能力，必须提高有氧运动能力。高水平的有氧能力不仅能够有效地促进氧化的过程，尽快消除无氧代谢所堆积的乳酸，使之重新合成糖原，而且还能有效地提高肌肉中糖原贮备。因此，良好的有氧代谢能力对于加速无氧代谢后的恢复速率、延缓疲劳的出现、使机体在承受高强度负荷等方面起到保障作用。有氧能力主要指标的监控对于科学指导训练，有效提高运动员的有氧能力起着重要作用。

1. 最大摄氧量

最大摄氧量是心肺功能和全身各器官、系统充分动员的条件下，在单位时间内机体吸收和利用的氧容量，它的意义在于反映人体最大有氧代谢能力，反映心肺功能氧转运能力和肌肉对氧的吸收、利用能力。良好的有氧能力对于高能磷酸化合物迅速再合成，以及加快乳酸的廓清速率，延缓疲劳等方面起着非常重要的作用。

维斯勒夫（Wisloff et al.，1998）的研究指出，挪威的甲级足球联赛中，排名靠前和靠后的球队运动员的平均最大摄氧量存在显著差异。由此可以看出，优秀足球运动员的最大摄氧量必须要达到一定的水平，奥波尔（Apor）认为这个水

平应该在 65 ml/(kg·min) 以上，维斯勒夫则认为应该在 70 ml/(kg·min) 以上。但也有文献并不支持上述结论，邦斯伯的研究表明，1992 年欧洲足球锦标赛冠军球队丹麦队运动员的平均最大摄氧量相比优秀运动员较低，只有 53 ml/(kg·min) 左右。戈麦斯的研究指出，1994 年足球世界杯冠军巴西队的最大吸氧量值也不到 60 ml/(kg·min)。以上的研究成果说明，最大摄氧量似乎并不是球队成功的决定因素，因为运动员的竞技能力是多方面的，某方面弱势竞技能力可以由其他强势竞技能力来弥补。

目前，对最大摄氧量的争论已经持续了很长时间，运动员的有氧运动能力仅仅用最大吸氧量值来衡量是否科学一直是一个值得探讨的问题。维斯勒夫（1998）认为，摄氧量与体重之间存在一种线性关系，这意味着对于拥有更低体重的运动员来说，他的有氧能力可能被低估，而对于体重相对较重的运动员来说，则有可能被高估。而当用“最大摄氧量/体重 $^{0.75}$”来统计时，可以有效消除体重的影响，而且这种表达形式似乎更有实践意义。

早期欧洲对最大摄氧量的研究较多，赖利（1976）对英格兰联赛中不同位置运动员的最大摄氧量进行了研究分析，结果为中场队员最好，而中后卫相比其他位置运动员最低。边后卫和前锋则在两者之间。当用相对最大摄氧量进行统计分析时，位置差异更加明显。守门员的最大摄氧量比中后卫的还低，大量的研究已经证实了这一点，而有关肥胖守门员最大摄氧量的研究也支持了这种观点。霍洛曼（Hollmann）对 4 名德国国家队守门员的最大摄氧量测试结果的平均值为 56.2±1.2ml/(kg·min)，而整个球队的平均值为 67.0±4.5ml/(kg·min)。蓬加（Puga）对 19 名葡萄牙职业联赛运动员的平均最大摄氧量进行了测试，其值为 59.6±7.7ml/(kg·min)，而守门员和中后卫的平均值低于该水平，同时中场队员和前锋高于 60 ml/(kg·min)。以上研究结果表明，中场队员较其他位置的队员确实具有较高的最大摄氧量水平，这是因为在比赛中中场队员作为进攻与防守的枢纽，必须具备较强的跑动能力，最大摄氧量则与跑动能力呈显著相关，因此中场队员表现出较高的摄氧量水平。综述研究表明，最大摄氧量仍是评价运动员有氧工作能力的一项重要指标。

2. 无氧阈

足球运动员的专项耐力水平除了与最大摄氧量相关，在长时间的运动过程中还与有效利用氧的能力相关，即最大摄氧量利用率。有研究对马拉松项目的两名世界冠军和一名优秀运动员的 $\dot{V}O_2max$ 和 $\%\dot{V}O_2max$ 进行了测定。研究结果显示，世界冠军的$\dot{V}O_2max$低于另一名优秀运动员，而%$\dot{V}O_2max$，即最大氧利用率，世界冠军却比优秀运动员要高。由此可见，%$\dot{V}O_2max$是决定专项耐力的重要因素。%$\dot{V}O_2max$的一个重要指标就是无氧阈，它反映了人体在渐增负荷运动中血乳酸开始积累时的最大摄氧量的百分利用率，无氧阈值越高，有氧工作能力越强。由此看来，无氧阈比最大摄氧量更能反映人体的有氧工作能力。

无氧阈强度通常是指运动时血液中的乳酸浓度达到4mmol / L的运动强度。据拉赫基拉（Rahkila）的研究表明，芬兰职业足球运动员在渐增强度负荷的运动中，其无氧阈强度约为最大摄氧量的83.9%。邦斯伯等对丹麦足球运动员的研究发现，血乳酸浓度达到3mmol / L时，其运动强度约为最大摄氧量的80%。雷斯塔德（Raastad）等对挪威优秀足球运动员的研究发现，无间歇跑时，其乳酸浓度与比赛中运动员的跑动距离呈高度相关，其乳酸阈强度相当于最大摄氧量的80%~86%。威特（White，1988）对英格兰优秀足球运动员、西班牙甲级足球联赛的运动员及沙特阿拉伯国家队球员的研究表明，其无氧阈强度分别为最大摄氧量的77%、79%和76%。

由于场上位置的差异，无酸阈的测试结果也会有所不同。邦斯伯对丹麦优秀足球运动员研究表明，中场队员和后卫的无氧阈要比守门员和中后卫高。对于比赛期或赛季的不同阶段，无氧阈的测试结果也不尽相同。邦斯伯以丹麦4名职业足球选手为对象，在赛季结束前后，以及随后为期4周的训练期结束后进行了最大摄氧量值测定，并且实施了肌肉活体检测，测试表明，最大摄氧量没有发生显著变化，但是标志肌肉氧化能力的酵素活性以及毛细血管密度呈现出很大的增减变化。日本学者星川佳广对日本职业联赛运动员也作了同样的实验，在赛季前和赛季后最大摄氧量值都没有变化，可是其下肢常规运动的血乳酸浓度有显著的变化。这些研究表明，无氧阈的敏感性较最大摄氧量更强，对运动员机体有氧工作能力具有更高的依赖性，能够更加有效地反映运动员的有氧工作能力。

（二）无氧机能测试

足球比赛中，运动员要进行大量的短距离冲刺、急停急转、起动等爆发性动作，队员必须具备出色的快速运动能力和良好的爆发力。因此，以ATP-CP供能为主的无氧运动能力在足球比赛中非常重要。

无氧功测试是评定足球运动员机体无氧供能的重要指标。无氧功也称无氧功率，是指机体在最短的时间内，在无氧条件下发挥出最大力量和速度的能力。无氧代谢能力表示肌肉在磷酸原和糖酵解供能条件下的做功能力，其供能方式由ATP-CP分解供能（非乳酸供能）和糖酵解供能（乳酸能）组成。无氧功能够反映无氧机能水平，特别是以速度和爆发力为主要运动特征的项目，对这些项目的运动员进行无氧功评价更有实践意义。

无氧测试可以分为短、中、长时间3种测试形式。其中短时间无氧运动测试是指在最大运动强度时持续10秒钟左右时的总输出量，中时间无氧测试和长时间无氧测试是指持续时间分别为30秒和90秒时的总输出量。测试形式主要在实验室环境下进行，主要利用功率车和跑台，还可以采用跳跃测试的方法。

Wingate测试要求运动员在跑台或者功率自行车进行最大负荷的运动（阻力=0.8×体重）。主要评价指标有：最高功率、平均功率、疲劳指数及运动前后血乳酸变化值。最高功率主要评价ATP-CP供能系统的能力，平均功率主要评价ATP-CP和部分糖酵解供能系统的能力，疲劳指数代表30秒内功率的下降幅度。输出功率大、血乳酸增值低，疲劳指数小，是良好磷酸原供能能力的标志。

从戴维斯（Davis，1992）对不同位置运动员的研究来看，守门员最好，最大功率和平均功率分别为1273W和841W。中后卫和前锋队员次之，最大功率分别为1189W和1144W，平均功率分别为833W和754W，而边后卫和前卫队员相对较差，最大功率为1119W和1037W，平均功率分别为723W和684W。从疲劳指数来看，结果基本类似，中后卫和前锋下降最慢，而边后卫和前卫队员下降较快。

从国内的研究来看，刘丹等对2002—2003届中国女足运动员进行了多次无氧功率的测试，测试结果不尽相同，但是各个位置运动员的无氧功率具有显著差异。总体上前锋和后卫队员相对较强，而前卫队员相对较弱。同时把中国运动员的测试数据与国外优秀运动员进行了对比，结果显示，2002—2003届国家女足运动员的无氧能力明显低于国外优秀运动员。

（三）肌肉功能测试

1. 等动肌力

研究表明，肌肉在实验室条件下的动力性表现和其在现场条件下的动力性表现存在着一定程度的相关。但也有学者对等动力量测试的科学性存在质疑，他们认为在足球的技术动作中，关节的整个收缩过程几乎不存在等速收缩，所以用等动测力仪器不能真实地反映足球运动的特征。使用等动测试的方法评价足球运动员的专项力量饱受争议，但是该方法评价肌肉非衡性与预防损伤的有效性却得到了认可。

通过下肢等动力量测试，可以了解运动员下肢的力量情况，一方面可以了解其力量特征，发现薄弱环节，另一方面也可以制订出有针对性的力量训练方案。

足球运动员在跳跃、踢球、抢断、转身和变速时股四头肌、腘绳肌和小腿三头肌群必须产生很大的力。对守门员来说，几乎身体的所有肌群都是很重要的。而相对其他位置的运动员来说，髋、膝和踝三个关节的力量无疑是比较重要的。

国外有关研究表明，运动员大腿后肌群是最薄弱环节，其肌力应该提高到大腿前肌群的 80%~100%，最低标准应达到大腿前肌群的 75%~80%。福勒（Fowler）等认为在低速度和等长条件下，膝关节屈伸比应该为 60%~65%。屈伸比能反映大腿前后肌群的平衡性，肌群的非衡性可以影响到动作协调性与灵敏性，甚至引起运动损伤。

2008 年备战奥运会期间，作者带领的足球科研团队对国奥队运动员双下肢髋、膝、踝关节进行了等速向心力量测试，详细了解了每名运动员下肢 3 大关节的屈伸比以及左右侧肢体肌力的对称情况，对于合理安排运动员进行力量训练，预防运动损伤起到了极大的促进作用。

2. 爆发力

腿部爆发力对足球运动员来说是至关重要的，作者在研究过程中在利用 OmegaWave 测试仪对运动员的腿部跳跃能力进行了测试，以评定其爆发力。用单次垂直纵跳和 10 秒连续垂直纵跳的方法对运动员进行弹跳力的测试。单次垂直纵跳共进行 5 次，每次之间充分间歇，取成绩最好的一次。10 秒连续纵跳要求受试队员每次尽最大努力向上跳，尽量缩短落地时间，然后根据相关指标计算出运动员的磷酸原系统功能指数。

四、足球运动员机能状态监控指标

运动时人体的一些生理生化变化是机体对运动负荷的客观反映，对人体安静时、运动时和恢复期各时段血液、汗液某些化学成分进行测定和比较，可以为机能状态评定提供客观依据。反映机体应激程度和恢复情况的指标有很多，因此在选取时既要能充分判定机能状态，又要筛选掉一些不必要、重复性不强、反映问题不够准确的指标，以降低运动员测试的繁琐性和达到节约的目的，提高测评效率。经过对足球运动特征的充分研究以及对中国男女足历次集训的系统跟踪监测，我们筛选出一系列实用的测试指标，在实践中主要从以下几个方面诊断与监控运动员机能状态：

1. 物质能量代谢系统测试指标

主要指标：血尿素（BUN）、尿酮体（Urine KET）。

足球运动由于持续时间较长，需要机体有充足的能源物质储备，因此碳水化合物的补充非常重要。BUN 是蛋白质代谢的产物，KET 是脂肪酸不完全氧化的产物。检测运动后 BUN 和 KET 可以显示出机体能源物质消耗情况，当 BUN 升高或尿中出现 KET 时显示机体能源物质不足，机体呈现消耗状态，需加强补糖。但 BUN 受饮食因素影响较大，在实际应用时要加以注意。

2. 体液储备测试指标

主要指标：红细胞压积（Hct）、尿比重（SG）。

足球比赛时间长、跑动多、出汗量大，需要及时补水。当体液不足时，机体各种生化反应都会减慢，影响运动和恢复，损害运动员身体健康。检测 Hct 和 SG 可以及时了解机体水分补充情况。

3. 疲劳后的恢复能力测试指标

主要指标：血清皮质醇（C）、血清睾酮（T）。

这两项代谢调节指标共同影响着运动员从训练到恢复的整个过程，在运动员机能状态监控中较为重要，血清 C 水平主要与应激状态有关，血清 T 水平则主要影响疲劳后的恢复。当运动员过度疲劳时，两项指标可能同时下降，表现为低代谢状态，恢复功能不良。

4. 氧转运能力测试指标

主要指标：血红蛋白（Hb）、红细胞（RBC）、红细胞分布宽度（RDW）、血清铁（Serum Iron）。

目前，用于评价氧转运和贫血的指标主要有 Hb、红细胞系以及铁代谢的各项指标。血液红细胞（RBC）计数、Hb与Hct3项指标可以反映血液携带氧的能力、蛋白质含量以及血液流变能力，一般来讲，RBC越多，Hb含量越高，血液携带氧的能力越高，越有利于增强机体的有氧代谢能力，但是并不是RBC越多越好，当RBC超过正常范围时，血液的Hct会增大。研究表明Hct最适宜值是45%~50%，当Hct升到50%~60%时，血液黏滞性会增加，超过这一水平时血液黏滞性则呈指数增大。因此训练时应将其指标控制在最适宜的范围内，使RBC性能达到最佳状态。

5. 免疫功能测试指标

主要指标：白细胞数（WBC）、白细胞分类、免疫球蛋白IgG、IgM、IgA。这几项指标可以很好地判断运动员在大负荷训练后或赛前的免疫功能状态。

6. 神经系统功能测试指标

主要指标：迷走神经因子、交感神经因子、紧张度指数、反应速度。

神经疲劳有时独立于身体疲劳而出现，可能更加难以发现和纠正，在足球科研服务中要引起注意。应用美国引进的Omega-Wave神经疲劳测试，可以全面评价植物神经及运动神经功能，结合血液生化指标，可以帮助判断运动员生理疲劳及神经疲劳的程度。

以上测试指标构成了足球运动员机能状态诊断与监控系统，在实际应用中取样简便，可以阶段性进行。一般安排在集训前、大负荷训练后和赛前10天，所有测试结果录入数据库，根据运动员的个体标准对结果进行分析，并形成机能状态诊断报告。

第二节　足球运动员身体机能水平监控

本节以中国女足备战2007年世界杯，以及中国男足备战2008年奥运会的机能水平监控为案例，全面展示机能监控指标的实践与应用。

一、中国女足身体机能水平监控

在备战2007年世界杯足球赛期间，利用实验室机能评价模式对中国女子足运动员的身体机能水平进行了全面的测试和诊断。身体机能水平监控的主要内容包括有氧机能水平评价、无氧机能水平评价和肌肉功能水平评价。其中有氧机能水平评价主要指标是最大摄氧量和无氧阈；无氧机能水平评价的指标是无氧功测试；肌肉功能评价指标是等动肌力测试，以下为中国女足运动员身体机能水平监控的结果与分析。

（一）有氧机能水平测试

1. 总体情况

2007 年 4 月，中国女足运动员最大摄氧量测试结果，平均值为 3.23L/min，相对平均值为 51.7ml/（kg·min），低于以往大赛前水平；也略低于其他同场对抗球类项目（表 3–1）。

表 3–1　2007 届中国女足队员与其他项目队员有氧代谢能力测试比较

	女足本次测试	2004 奥运会前	女篮	女手
最大摄氧量（L/min）	3.23±0.20	3.16±2.91	3.9±0.26	3.55±0.27
相对最大摄氧量（ml/kg·min）	51.7±4.3	54.66±4.02	52.17±3.7	52.4±4.1

2. 场上不同位置运动员有氧机能比较

表 3–2 为运动员有氧机能水平各指标的测试结果一览表。最大摄氧量和无氧阈强度百分比越大，血乳酸越低，表明有氧机能水平越高。根据表 3–2，教练员可以大致了解每位运动员的有氧机能水平，以便安排针对性训练计划。

3. 无氧阈心率及无氧阈跑速参考值

根据所测运动员的通气无氧阈，我们整理出了每位队员的无氧阈心率及无氧阈跑速（表 3–3）。结果显示，运动员之间的无氧阈心率、无氧阈跑速表现出了较大的差异，这种差异可以作为有氧训练时分组和监控强度的参考标准。

表 3–2　中国女足不同位置队员有氧能力分析

队员	相对最大摄氧量（ml/kg·min）	无氧阈百分比	结束后 4 分钟乳酸（mmol/L）	队员	相对最大摄氧量（ml/kg·min）	无氧阈百分比	结束后 4 分钟乳酸（mmol/L）
前 卫				后 卫			
张 ×	57.4	70%	8.85	李 ×	56.9	75%	8.70
曲××	56.3	80%	6.66	浦 ×	56.7	71%	8.94
白××	54.0	79%	7.38	周××	56.7	70%	9.30
王××	53.8	80%	8.67	晋××	55.2	69%	10.22
任××	53.5	82%	6.90	刘××	53.7	65%	11.97
张 ×	52.3	68%	9.54	翁××	53.2	77%	5.22
张 ×	51.7	81%	9.33	袁 ×	53.1	75%	8.10
郑 ×	50.4	78%	10.17	王 ×	51.5	69%	12.90
赵××	47.8	71%	11.28	孙××	50.3	77%	8.13
施××	46.6	83%	5.52	刘××	（未测）		
毕 ×	45.3	74%	7.08				
$\bar{x}\pm S$	51.74±3.88	76.90±5.24	8.31±1.74	$\bar{x}\pm S$	54.14±2.39	72.00±4.18	9.27±2.26
前锋				守门员			
韩 ×	（未测）			肖 ×	48.3	75%	7.74
郭 ×	52.9	76%	7.77	韩××	45.0	79%	10.23
马××	49.2	75%	6.45	张××	40.3	78%	9.09
$\bar{x}\pm S$	51.05±2.62	75.50±0.71	7.11±0.93	$\bar{x}\pm S$	44.53±4.02	77.33±2.08	9.02±1.25

表 3–3　2007 届中国女足无氧阈心率及无氧阈跑速分析

队员	无氧阈心率（beats/min）	无氧阈跑速（km/h）	无氧阈跑速（m/s）
李 ×	170~175	14.9	4.1
浦 ×	180~185	14.9	4.1
周××	150~155	14.0	3.9
白××	155~160	14.4	4.0
施××	170~175	14.0	3.9
张 ×	170~175	14.0	3.9
郑 ×	155~160	13.0	3.6
张 ×	165~170	13.0	3.6
翁××	170~175	13.0	3.6

（续表）

队员	无氧阈心率（beats / min）	无氧阈跑速（km / h）	无氧阈跑速（m / s）
郭 ×	170~175	13.0	3.6
王 ×	170~175	13.0	3.6
王××	170~175	13.0	3.6
袁 ×	190~195	13.0	3.6
晋××	155~160	12.9	3.6
刘××	170~175	12.9	3.6
任××	175~180	12.9	3.6
曲××	175~180	12.9	3.6
孙××	175~180	12.9	3.6
张 ×	175~180	12.9	3.6
毕 ×	160~165	12.0	3.3
肖 ×	165~170	12.0	3.3
马××	165~170	11.9	3.3
韩××	170~175	11.9	3.3
赵××	185~190	12.0	3.3
张××	155~160	11.0	3.3
韩 ×	（未测）		
刘××	（未测）		

4. 2003—2007 年中国女足最大摄氧量分析

中国女足 2007 年 4 月 29 日至 30 日在国家体育总局体育科学研究所进行了跑台测试，表 3–4 是中国女足 2007 年测试结果，以及 2003 年冬训开始和备战 2004 年雅典奥运会备战期初期 $\dot{V}O_2max$ 的测试结果分析。

表 3–4　2003—2007 中国女足队员最大摄氧量测试结果一览表

测试时间	$\dot{V}O_2max$	
	（ml / min）	ml / （kg·min）
2003 年	2809.04±266.22	47.77±4.14
2004 年	3102.12±272.34	53.70±4.0
2007 年	3230.48±0.22	51.7±4.35

由表 3–4 可知，女足运动员最大摄氧量的绝对值呈逐年递增趋势，但是本届国家队运动员的最大摄氧量相对值低于 2004 年。

（二）无氧机能水平测试

为了尽可能地使实验室模拟测试方法接近足球比赛中运动员的活动方式，我们设计了以下测试程序：

- 在功率车上做 1 次 15 秒全力冲刺，休息 6 分钟；
- 做 10 次 5 秒全力冲刺，间歇为 10 秒。

单次 15 秒全力冲刺可以反映队员的起动速度和加速能力，以及长时间保持高速度的能力；10 次 5 秒全力冲刺可以在一定程度上反映队员的反复冲刺能力，也可以了解运动员在短间歇时间内的 ATP–CP 恢复能力。测试完后，按照场上位置的不同对测试结果进行了比较，详细结果如下。

1. 单次 15 秒全力冲刺测试结果

⑴ 起动和加速能力

峰值功和峰值频率越大、达峰值时间越短，表明爆发力越好，起动和加速越快。据此对运动员起动和加速能力进行了排序（表 3–5）。

⑵ 单次冲刺的速度耐力

平均功越高、后 5 秒下降率越低，说明速度耐力越好，能够较长时间保持高速跑动；血乳酸值越低则反映该队员动员糖酵解系统供能越少，同时说明 ATP–CP 储备较好。据此对运动员的速度耐力进行了排序（表 3–6）。

表 3–5　中国女足队员起动与加速能力分析

队员	峰值功 / 体重（W / kg）	峰值频率（r）	达峰值时间（s）	队员	峰值功 / 体重（W / kg）	峰值频率（r）	达峰值时间（s）
前锋				守门员			
韩 ×	9.6	129	6.4	张××	10.1	136	4.9
郭 ×	9.0	122	6.3	韩××	9.7	130	5.5
马××	8.1	109	7.4	肖 ×	8.8	119	7.5
$\bar{x}\pm S$	8.9±0.75	120±10.15	6.7±0.61	$\bar{x}\pm S$	9.53±0.67	128.33±8.62	5.96±1.36

（续表）

队员	峰值功/体重 (W/kg)	峰值频率（r）	达峰值时间（s）	队员	峰值功/体重 (W/kg)	峰值频率（r）	达峰值时间（s）
前卫				后卫			
张 ×	10.2	138	6.5	袁 ×	11.5	156	6
张 ×	10.2	137	7	孙××	11.2	152	6.2
曲××	9.9	135	6.9	王 ×	10.2	139	5.7
赵××	9.7	130	6.3	翁××	10.1	137	3.5
张 ×	9.6	129	5.8	周××	9.8	134	6.5
白××	9.5	130	7.8	刘××	9.7	130	7.5
毕 ×	9.5	129	5.8	晋××	9.6	131	7.5
王××	9.1	124	6.3	李 ×	9.6	131	7.8
任××	8.3	114	5.3	刘××	9.5	128	5.9
施××	8.0	108	5.1	浦 ×	8.8	118	8.1
郑 ×	8.8	119	12.4				
$\bar{x}\pm S$	9.35±0.73	126.64±9.55	6.84±2.00	$\bar{x}\pm S$	10.00±0.81	135.60±11.27	6.47±1.36

表 3-6　中国女足单次冲刺速度耐力分析

位置	队员	后 5 秒下降率	平均功/体重 (W/kg)	负荷后最大心率 (beats/min)	血乳酸 (mmol/L)
前锋	郭 ×	4.6%	8.1	141	6.45
	马××	6.8%	6.9	124	5.49
	韩 ×	12.2%	8.3	147	6.69
	$\bar{x}\pm S$	7.87±3.91%	7.76±0.76	137.33±11.93	6.21±0.63
前卫	张 ×	3.6%	9.2	139	6.96
	王××	4.6%	8	118	5.49
	白××	6.8%	8.3	103	6.42
	曲××	9.2%	8.4	120	6.63
	张 ×	10.2%	9	136	5.94
	赵××	11.4%	8.4	114	7.89
	毕 ×	12.6%	8.3	120	7.92
	张 ×	15.7%	8.2	138	6.21
	施××	3.8%	7.4	140	4.32
	任××	8.5%	7.4	109	4.38
	郑 ×	1.7%	7.3	112	7.26
	$\bar{x}\pm S$	8.01±4.34%	8.17±0.62	122.64±13.34	6.31±1.23

（续表）

位置	队员	后 5 秒下降率	平均功 / 体重 (W / kg)	负荷后最大心率 (beats / min)	血乳酸 (mmol / L)
后卫	刘××	6.8%	8.5	94	6.42
	王 ×	8.4%	8.9	105	6.60
	李 ×	8.5%	8.3	140	6.12
	晋××	9.0%	8.5	95	6.66
	翁××	10.3%	9.4	139	6.18
	刘××	12.6%	8.4	150	6.75
	袁 ×	12.8%	10	156	7.83
	孙××	17.3%	9.5	133	8.34
	周××	23.2%	8.1	106	9.96
	浦 ×	6.4%	7.7	126	6
	$\bar{x}\pm S$	11.53±5.25%	8.73±0.71	124.44±22.83	7.08±1.26
守门员	韩××	11.8%	8	112	6.51
	张××	14.0%	8.9	106	7.89
	肖 ×	14.3%	7.8	140	6.39
	$\bar{x}\pm S$	13.37±1.37%	8.23±0.59	119.33±18.15	6.93±0.83

2. 10 次 5 秒全力冲刺测试结果分析

10 次测试的平均功和总工作量越大，说明反复冲刺的能力越强；血乳酸增值越低，说明 ATP-CP 在短间歇内的恢复能力越强。据此对运动员反复冲刺跑能力进行了排序（表 3-7）。

表 3-7　中国女足无氧耐力分析

位置	队员	10 组平均功 / 体重（W / kg）	总工作量 / 体重（W / kg）	第 6 组后心率 (beats / min)	第 10 组后心率 (beats / min)	血乳酸增值(mmol / L)
前锋	郭 ×	5.5	61.0	171	175	4.02
	韩 ×	5.2	53.7	146	150	3.78
	马××	4.9	52.0	160	170	4.44
	$\bar{x}\pm S$	5.20±0.30	55.57±4.78	159.00±12.53	165.00±13.23	4.08±0.33

（续表）

位置	队员	10组平均功/体重（W/kg）	总工作量/体重（W/kg）	第6组后心率(beats/min)	第10组后心率(beats/min)	血乳酸增值(mmol/L)
前卫	张 ×	5.7	66.7	157	170	3.33
	张 ×	5.4	64.4	159	162	3.03
	任××	5.8	63.7	165	165	2.79
	张 ×	5.4	62.2	172	175	6.12
	毕 ×	5.2	61.2	154	155	1.83
	曲飞飞	4.9	59.9	158	163	5.07
	施××	5.8	57.7	146	153	3.48
	王××	4.7	57.2	164	160	2.55
	郑 ×	4.6	56.2	171	175	4.02
	白××	5.3	55.7	146	150	3.78
	赵××	5.6	54.2	160	170	4.44
	$\bar{x}±S$	5.31±0.42	59.92±4.05	159.27±8.62	163.45±8.55	3.68±1.21
后卫	翁××	6.2	70.4	179	181	4.62
	刘××	7	69.4	155	163	3.00
	王 ×	6.2	65.6	162	168	2.91
	袁 ×	5.3	64.8	188	191	4.23
	孙××	5.8	63.6	167	163	2.82
	李 ×	5.7	63.5	166	172	1.80
	刘××	5.8	62.1	160	162	2.67
	浦 ×	5.8	59.2	178	187	2.22
	晋××	4.9	57.3	146	153	5.34
	周××	5.4	54.5	150	152	3.00
	$\bar{x}±S$	5.81±0.58	63.04±5.01	165.10±13.41	169.20±13.45	3.26±1.11
守门员	肖 ×	5.8	64.1	162	171	4.29
	韩××	5	58.5	162	178	3.12
	张××	5	55.1	171	174	3.09
	$\bar{x}±S$	5.27±0.46	59.23±4.54	165.00±5.20	174.33±3.51	3.50±0.68

测试结果表明，在第6组后运动员的心率已经显著增大，且大部分队员（17人）血乳酸超过了3mmol/L，表明糖酵解供能已经逐步开始动用，意味着ATP-CP的恢复速度已经不适应这种强度。

表 3-8 显示了运动员第 5 次和第 10 次冲刺的做功下降率，根据下降率比较了运动员的反复冲刺潜能，下降率越小说明能力越强。据此对运动员的反复冲刺潜能进行了排序（表 3-8）。

表 3-8　中国女足冲刺做功下降率

5 次间歇冲刺的能力（第 5 组下降率）				10 次间歇冲刺的能力（第 10 组下降率）			
前锋		守门员		前锋		守门员	
马××	8.7%	张××	10.9%	韩×	6.8%	张××	25.6%
韩×	31.4%	肖×	12.1%	郭×	24.2%	肖×	32.3%
郭×	46.4%	韩××	28.2%	马××	31.7%	韩××	46.6%
$\bar{x}\pm S$	28.83±18.98	$\bar{x}\pm S$	17.07±9.66	$\bar{x}\pm S$	20.90±12.77	$\bar{x}\pm S$	34.83±10.73
前卫		后卫		前卫		后卫	
任××	5.6%	刘××	2.4%	施××	11.1%	浦×	12.5%
施××	9.7%	李×	5.3%	赵××	24.4%	刘××	15.2%
王××	10.8%	孙××	8.4%	白××	24.5%	李×	24.0%
张×	10.9%	刘××	10.9%	任××	27.5%	孙××	25.5%
张×	14.1%	王×	15.8%	张×	30.5%	周××	29.3%
白××	19.1%	翁××	16.5%	毕×	32.6%	王×	29.5%
赵××	21.1%	周××	19.3%	郑×	39.9%	翁××	33.1%
毕×	23.0%	袁×	21.9%	王××	40.7%	刘××	36.2%
曲××	23.5%	浦×	22.6%	张×	41.1%	袁×	38.5%
郑×	23.6%	晋××	27.9%	曲××	41.8%	晋××	46.2%
张×	29.4%		张×	47.6%			
$\bar{x}\pm S$	17.34±7.50	$\bar{x}\pm S$	15.10±8.21	$\bar{x}\pm S$	32.88±10.61	$\bar{x}\pm S$	29.00±10.30

3.　2003—2007 年中国女足无氧能力分析

表 3-9 为中国女足 2003—2007 年各次集训期间 Wingate 测试结果。

测试结果表明，2003 年中国女足无氧功率最高，在 2004 年 1 月的测试最低，之后有逐渐上升趋势，2007 年较 2004 年有了较大提高。

表 3-9　2003—2007 年中国女足无氧能力测试结果

测试时间	平均数	体重 (kg)	30 秒无氧功				
			最大功率		平均功率		下降率
			(W)	(W / kg)	(W)	(W / kg)	%
2003 年 5 月	平均数	61.12	628	10.31	445	7.32	48.87
	标准差	6.01	53	0.62	52	0.72	5.95
2004 年 1 月	平均数	59.61	496	8.31	394	6.61	36.17
	标准差	4.45	57	0.55	43	0.46	4.97
2004 年 2 月	平均数	59.9	490	8.16	374	6.23	40.82
	标准差	5.24	67	0.69	46	0.45	5.84
2004 年 6 月	平均数	59.6	540	9.06	413	6.90	42.00
	标准差	4.02	64	0.84	44	0.65	6.33
2007 年 4 月	平均数			9.56			
	标准差			0.81			

此外，通过对中国女足无氧功的多次测试，我们还对不同位置的运动员进行了比较，结果表明，一般情况下无氧功最大功率（W / kg）的大小顺序为后卫>前锋>前卫>守门员，平均功率（W / kg）的大小顺序为后卫>前锋>前卫>守门员。可见，后卫队员的 ATP-CP 供能能力是最好的，而前锋和守门员需要进一步加强无氧能力的训练，以满足位置特点的需要。另外，多数运动员的功率下降率都较高，因此，还应该加强短时间反复冲刺跑能力的训练。

（三）肌肉等动力量测试结果

为了判定运动员的肌肉功能状况，对运动员进行了等动力量测试，表 3-10 为女足运动员慢速峰值膝力矩测试结果一览表。

表 3-10　中国女足队员慢速峰值膝力矩测试结果一览表（Nm）

	屈肌		两侧差值	伸肌		两侧差值
	左膝	右膝	(%)	左膝	右膝	(%)
前锋	90.9±22.9	98.0±15.4	−12.7±31.3	160.5±23.9	167.1±32.7	−5.7±25.5
前卫	78.8±18.0	88.6±18.0	−19.0±43.6	143.6±27.0	160.8±28.8	−14.0±28.0
后卫	88.8±19.6	87.9±9.5	−2.7±20.5	140.1±46.3	167.2±41.8	−23.5±23.9
总体	87.1±20.2	92.0±14.3	−10.4±30.3	148.7±34.5	165.7±34.1	−14.6±25.5

从表中可以看出，中国女足队员慢速峰值力矩测试结果如下：左膝屈肌为87.1±20.2Nm，右膝屈肌为92.0±14.3Nm，两侧差值为–10.4±30.3%；左膝伸肌为148.7±34.5Nm，右膝伸肌为165.7±34.1Nm，两侧差值为–14.6±25.5%。

前锋队员测试结果如下：左膝屈肌为90.9±22.9Nm，右膝屈肌为98.0±15.4Nm，两侧差值为–12.7±31.3%；左膝伸肌为160.5±23.9Nm，右膝伸肌为167.1±32.7Nm，两侧差值为–5.7±25.5%。

前卫队员测试结果如下：左膝屈肌为78.8±18.0Nm，右膝屈肌为88.6±18.0Nm，两侧差值为–19.0±43.6%；左膝伸肌为143.6±27.0Nm，右膝伸肌为160.8±28.8Nm，两侧差值为–14.0±28.0%。

后卫队员测试结果如下：左膝屈肌为88.8±19.6Nm，右膝屈肌为87.9±9.5Nm，两侧差值为–2.7±20.5%；左膝伸肌为140.1±46.3Nm，右膝伸肌为167.2±41.8Nm，两侧差值为–23.5±23.9%。

从不同位置运动员的比较来看，左膝屈肌力矩测试结果为前锋>后卫>前卫，右膝屈肌力矩测试结果为前锋>前卫>后卫；左膝伸肌力矩测试结果为前锋>前卫>后卫，右膝伸肌力矩测试结果为后卫>前锋>前卫。总体看来，前锋和后卫队员测试值相对较好，前卫队员较差。

表 3–11 为中国女子足球运动员快速峰值膝力矩测试结果一览表。

表 3–11　中国女足队员快速峰值力矩测试结果一览表（Nm）

	屈肌		两侧差值	伸肌		两侧差值
	左膝	右膝	(%)	左膝	右膝	(%)
前锋	67.8±12.1	71.3±12.9	–5.6±13.5	94.4±14.4	95.1±14.1	–3.3±25.0
前卫	60.2±13.7	67.0±10.0	–16.1±31.9	94.8±9.7	95.8±10.4	–1.1±5.8
后卫	68.6±10.2	68.6±8.4	–0.8±10.2	91.0±16.6	101.9±17.6	–12.8±11.1
总体	66.3±11.7	69.2±10.3	–6.3±18.4	93.2±13.8	97.9±14.5	–6.4±17.1

从表中可以看出，中国女足队员快速峰值力矩测试结果如下：左膝屈肌为66.3±11.7Nm，右膝屈肌为69.2±10.3Nm，两侧差值为–6.3±18.4%；左膝伸肌为93.2±13.8Nm，右膝伸肌为97.9±14.5Nm，两侧差值为–6.4±17.1%。

前锋队员测试结果如下：左膝屈肌为67.8±12.1Nm，右膝屈肌为71.3±12.9Nm，两侧差值为–5.6±13.5%；左膝伸肌为94.4±14.4Nm，右膝伸肌为95.1±14.1Nm，两侧差值为–3.3±25.0%。

前卫队员测试结果如下：左膝屈肌为 60.2±13.7Nm，右膝屈肌为 67.0±10.0Nm，两侧差值为-16.1±31.9%；左膝伸肌为 94.8±9.7Nm，右膝伸肌为 95.8±10.4Nm，两侧差值为-1.1±5.8%。

后卫队员测试结果如下：左膝屈肌为 68.6±10.2Nm，右膝屈肌为 68.6±8.4Nm，两侧差值为-0.8±10.2%；左膝伸肌为 91.0±16.6Nm，右膝伸肌为 101.9±17.6Nm，两侧差值为-12.8±11.1%。

从不同位置运动员的比较来看，左膝屈肌测试结果为后卫>前锋>前卫，右膝屈肌测试结果为前锋>后卫>前卫；左膝伸肌测试结果为前卫>前锋>后卫，右膝伸肌测试结果为后卫>前卫>前锋。总体看来，后卫和前锋队员快速峰值力矩较好，前卫队员相对较差。

（四）对策分析

1. 结果分析

(1) 有氧机能水平分析

由表 3-1 可知，本次测试的最大摄氧量绝对值要高于 2004 年奥运会以前的水平，但是相对值却明显低于 2004 年的测试结果。无论是最大摄氧量的绝对值，还是相对值均低于中国女子篮球队和中国女子手球队的水平。总体看来，不论是前卫、前锋，还是后卫，最大摄氧量较其他国外优秀球队的数值要低，还有进一步提升的空间，在后期训练计划中应该有所体现，特别是对前卫队员与边后卫队员的训练应该更加重视。

2004 年及本届国家队集训运动员的测试情况，最大摄氧量的绝对值有较大提高或仍保持在较高水平的运动员有 7 位。最大摄氧量有较明显下降的有 1 位，1 位提高相对值及绝对值提高均不明显。相对值有所提高的运动员有 6 位。有所下降的运动员有 3 位。教练员在后期训练中可以根据这一结果做出针对性安排。

利用无氧阈进行有氧工作能力训练可以大大提高训练的效率，为此对运动员的无氧阈心率、无氧阈跑速进行了测试，如此以来，不论是有氧能力训练，还是无氧能力训练，教练员都能有效地控制负荷的强度。

(2) 无氧机能水平分析

从相对峰值功来看，后卫的测试值最大，然后依次为守门员、前卫、前锋队员；从达到峰值的时间来看，守门员时间最短，然后依次为后卫、前锋、前卫队员，总体上表现出一定的位置特征。从峰值功与起动时间来看，前锋队员都不是最优秀的，因此在训练中应该加强前锋队员快速起动能力的训练。

在单次冲刺跑耐力上，表现出了与峰值功相同的特征，仍然是后卫队员最大，然后依次为守门员、前卫、前锋。但是，后卫的速度下降率是最大的（守门员除外），这说明后卫在速度保持方面还有待提高，特别是对于边路助攻较强的队员，速度耐力尤为重要。

在间歇性冲刺测试上，做总功最多的依然为后卫，然后依次是前卫、守门员与前锋，与此同时，血乳酸增值最大的是前锋，前卫、守门员、后卫大致相当，说明前锋队员的反复冲刺能力较其他位置运动员弱。在比赛中，反复冲刺跑是前锋队员的主要活动特征，因此，在后期训练中应该加强前锋队员反复冲刺跑能力的训练。

做功的下降率在一定程度上说明运动员的反复冲刺跑能力和磷酸原供能系统的恢复能力。运动员在第 5 次测试后，下降率最大的依然是前锋队员，其次是前卫、守门员与后卫队员；在第 10 次测试完后，下降率最大的是守门员，其次是前卫、后卫、前锋。测试结果说明，前锋队员与前卫队员的反复冲刺能力与磷酸原供能系统的恢复能力均有待提高，作为进攻的主要人员，必须重视前锋和前卫队员反复冲刺跑能力的训练。

此外，从多年的测试结果来看，无论是无氧最大功率还是平均功率，前锋与前卫队员都弱于后卫队员，这一现象应该引起教练员的重视。

（3）等动肌力测试分析

测试结果表明，等动力量测试的个体差异性是存在的。对于慢速峰值力矩测试，从不同位置运动员的比较来看，前锋和后卫队员相对较好，前卫队员较差。

对于快速峰值力矩测试，从不同位置队员的比较来看，后卫和前锋队员较好，前卫队员相对较差。

从慢速峰值力矩测试结果来看，总体上左右屈肌差为-10.4%，两侧的差值在正常范围内。但是差值的标准差达到 30.3%。左右伸肌也表现出了相似的特征，伸肌的差值标准差达到 25.5%。上述结果表明，个体间的差异非常大，对于左右侧肌力平衡性差的运动员应该予以区别对待。从快速峰值力矩测试结果来看，总体上左右屈肌差值及左右伸肌差值较小，从标准差来看，尽管个体间的差异有减小的趋势，但是离散程度还是较大，对于个体间的差异仍应给予一定的重视。

2. 训练策略

（1）提高有氧机能水平的训练策略

1）有氧低强度训练

目的：促进身体的恢复。

建议：在恢复性训练中，训练以低负荷进行，例如低强度比赛。运动时的平均心率控制在 130beats / min 左右。训练一般在比赛和大强度训练课后第二天进行，从而促进运动员的身体恢复。

2）有氧中高强度训练

目的：提高长时间运动能力。

建议：教练员可采用持续训练法，或采用间歇训练法，训练时运动员心率控制在平均 160beats / min。在间歇性有氧低强度训练中练习时间要长于 5 分钟。

A 持续训练法

建议采用无氧阈训练的方法。练习的时间控制在 20~30 分钟。为了使练习更符合专项的要求以及避免训练的枯燥性，教练员可以要求运动员在跑动中以不同的活动方式跑动——如侧向跑、后退跑、S 型绕杆、跨越障碍等。在练习中建议按不同无氧阈速度将运动员分 6 组。

B 间歇训练法

建议采用发展性间歇训练法。练习时间长于 5 分钟；心率控制在约 160 beats / min；间歇时间以心率下降至 120beats / min 为下一次开始的标志。

（2）提高无氧机能水平的训练策略

1）速度训练

目的：提高运动员在高速度下迅速感知、判断和行动的能力。

建议：进行速度练习时练习时间控制在 2~10 秒，休息时间要长于 5 倍的练习时间，重复次数为 2~10 次。速度练习时多采用结合球的方式进行，且要尽量放在训练课准备活动后进行。根据测试成绩，在训练时可将运动员按能力进行分组练习，以增加练习的对抗性和竞争性。同时建议对第三组和第四组队员加强速度训练和爆发力训练（分组情况略）。

2）速度耐力训练

目的：提高运动员在较长时间内保持高强度工作的能力。

建议：采用极强性间歇训练法和强化性间歇训练法。负荷时间为 20~40 秒或 40~90 秒，心率控制在 190beats / min 或 180beats / min，间歇时间以心率恢复至 120~140beats / min 为下一次开始的标志。

根据乳酸能供能能力和高强度运动后的快速恢复能力将运动员分为 4 组。

训练可以采用无球或有球的方式进行。除了无球训练外，建议教练员多采用有球的方式，有球训练时建议运动员戴心率表。

（3）下肢肌力训练策略

目的：提高运动员下肢肌力的均衡性，预防运动损伤。

建议：根据运动员的测试数据，对左右对称关节肌力矩差别较大以及前后侧肌肌力比例失调的运动员进行力量训练，加强弱势侧肌肉的训练，最大程度的减少运动损伤。

（五）小 结

从总体测试情况来看，运动员的最大摄氧量仍有提高的空间，训练中仍要安排一定比例的有氧训练，特别是加强无氧阈强度的训练，尽可能地提高运动员的有氧高强度工作能力。无氧机能方面，仍需要加大各个位置运动员的训练，特别是应该重视前卫与前锋队员的训练，在进行无氧高强度跑或反复间歇冲刺跑练习时可以设计一些结合球的练习方法。此外，在练习时，教练员要注意将无氧机能水平相当的球员分成一组，以便对训练的负荷强度进行控制。最后，运动员下肢关节肌群的力量训练也应该引起教练员重视，以避免运动损伤。

二、中国国奥队运动员身体机能水平监控

在备战 2008 年奥运会期间，科研组于 2008 年 1 月 8 日和 2008 年 6 月 8 日对运动员体能特征的指标进行了两次系统测试。对两次测试的结果进行了对比研究，并制订了相应的体能调控策略。

（一）测试结果

1. 有氧能力测试

运动员有氧能力测试是在实验室跑台上进行的，主要测试指标有最大摄氧量、最大心率、无氧阈心率以及运动后 4 分钟血乳酸，测试结果见表 3–12。

从有氧能力的测试结果来看，运动员最大摄氧量、最大心率、无氧阈心率以及恢复期 4 分钟血乳酸都发生了变化，但是只有无氧阈心率在统计学上具有显著性差异。

为了比较本届国奥队与其他几届国家队的有氧工作能力，特绘制了近 6 届国家队有氧能力测试指标动态变化趋势图（图 3–2）。由图可知，2008 届国奥队的最大摄氧量较前几届国家队的水平低，其他指标未见显著波动。

表 3-12　有氧能力指标总体情况比较一览表

测试指标	测试日期	平均值	标准差	最大值	最小值	变异系数（%）	均值差	P 值
最大摄氧量 (ml/kg·min)	2008·1·8	56.23	5.24	67.70	45.60	9.32	2.72	0.142
	2008·6·8	53.51	5.45	65.70	44.80	10.19		
最大心率 (b/min)	2008·1·8	194.32	8.09	210	181.00	4.16	3.39	0.192
	2008·6·8	190.93	6.27	200.00	181.00	3.28		
无氧阈心率 (b/min))	2008·1·8	173.05	6.61	181	160.00	3.82	5.28	0.017*
	2008·6·8	167.77	4.68	173.00	157.00	2.79		
恢复期 4 分钟血乳酸 (mmol/L)	2008·1·8	12.87	2.76	15.54	8.07	21.45	0.73	0.475
	2008·6·8	12.14	3.18	20.10	8.55	26.19		

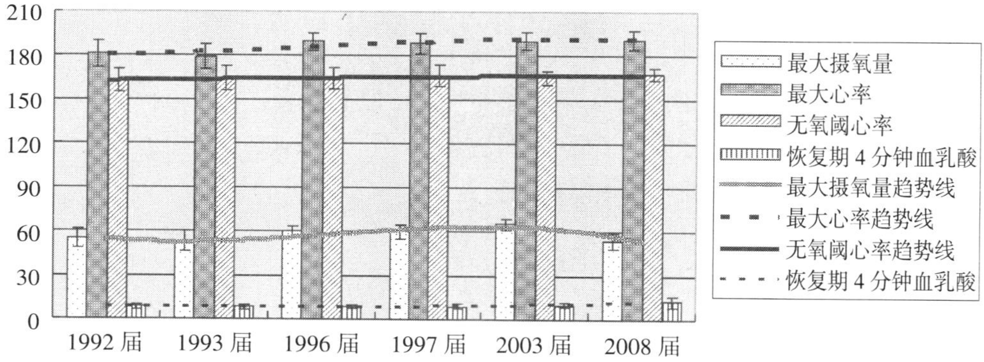

图 3-2　近 6 届男子国家队有氧能力测试指标动态变化趋势图

2. 无氧能力测试

根据有关无氧能力测试的研究，国奥队无氧能力测试的方法为在功率自行车上全力运动 15 秒，主要测试指标有最大功率、最大功率 / 体重、平均功率、平均功率 / 体重、达到峰值的时间、后 5 秒的下降率。表 3-13 为无氧能力两次测试结果。

表 3–13　无氧能力指标总体情况比较一览表

测试指标	测试日期	平均值	标准差	最大值	最小值	变异系数（%）	均值差	P 值
最大功量	2008·1·8	987.10	88.01	1112.00	898.00	8.92	40.00	0.046*
(W)	2008·6·8	947.10	103.90	1123.00	839.00	10.97		
最大功量 /	2008·1·8	12.68	0.75	14.10	11.70	5.91	0.48	0.019*
体重（W / kg）	2008·6·8	12.20	0.64	12.90	11.00	5.25		
平均功量	2008·1·8	845.60	75.92	948.00	744.00	8.98	29.60	0.056
(W)	2008·6·8	816.00	82.31	957.00	711.00	10.09		
平均功量 /	2008·1·8	10.85	0.60	12.10	10.00	5.53	0.32	0.031*
体重（W / kg）	2008·6·8	10.53	0.48	11.00	9.60	4.56		
达到峰值的	2008·1·8	5.54	1.17	7.60	3.80	21.12	0.34	0.48
时间（s）	2008·6·8	5.20	0.81	6.20	3.80	15.58		
后 5 秒下降率	2008·1·8	16.20	6.03	27	8.00	37.22	0.79	0.658
(%)	2008·6·8	15.41	4.82	23	8.00	31.28		

从对无氧能力的测试结果来看，最大功量、最大功量 / 体重、平均功量 / 体重发生了显著性变化，其他指标的变化无统计学意义。

3. 肌肉力量测试

(1) 膝关节力量评价

表 3–14 为膝关节两次测试等动力量测试总体情况。

表 3–14　膝关节等动力量总体情况一览表

测试指标	测试日期	60°/s		240°/s	
		左侧	右侧	左侧	右侧
屈峰力矩	2008·1·8	166.45±35.07##	163.09±23.16##	125.20±22.08##	124.40±20.69##
(Nm)	2008·6·8	161.45±28.48##	161.55±21.08##	130.00±26.12##	131.10±16.85*##
相对屈峰力矩	2008·1·8	2.13±0.38	2.10±0.23	1.61±0.24	1.60±0.23
(Nm/kg)	2008·6·8	2.10±0.35	2.10±0.20	1.68±0.30	1.68±0.19*
伸峰力矩	2008·1·8	276.55±34.75	257.91±35.53&&	186.10±30.15	170.40±28.02&&
(Nm)	2008·6·8	255.82±46.10	266.27±34.88	179.10±37.20	179.40±33.00
相对伸峰力矩	2008·1·8	3.56±0.44##	3.32±0.43&&##	2.39±0.32##	2.19±0.30&&##
(Nm/kg)	2008·6·8	3.33±0.60##	3.91±1.64##	2.31±0.38##	2.31±0.30##

（续表）

测试指标	测试日期	60°/s		240°/s	
		左侧	右侧	左侧	右侧
屈伸比	2008·1·8	60.38±11.03	63.63±8.12	67.65±8.81	73.45±8.45&&
(%)	2008·6·8	63.90±9.57	61.00±6.66	73.20±9.62*	74.16±9.75
左右屈差	2008·1·8	11.90±10.86		4.04±9.11	
(%)	2008·6·8	8.97±8.72		6.94±6.01	
左右伸差	2008·1·8	6.90±6.02		9.23±5.40	
(%)	2008·6·8	8.74±13.29		9.50±4.57	

注：* 为前后两次测试结果的参数检验；# 为同一次测试屈、伸峰力矩的参数检验；& 为同一次测试左右两侧相同肌群峰力矩的参数检验。单符号为显著差异，双符号为非常显著差异，下同。

从表中数值统计可以看出，关于膝关节的一些指标在两次测试中发生了显著的变化。相关内容将在后续的讨论中作详细说明。

（2）髋关节力量评价

表 3–15 为髋关节两次等动力量测试总体情况。

表 3–15　髋关节等动力量总体情况一览表

测试指标	测试日期	60°/s		240°/s	
		左侧	右侧	左侧	右侧
屈峰力矩	2008·1·8	203.00±31.81##	201.78±44.25##	201.71±38.05##	192.82±34.33##
(Nm)	2008·6·8	194.56±28.74##	207.67±40.10##	182.00±44.87**##	184.40±36.76##
相对屈峰力矩	2008·1·8	2.53±0.50	2.53±0.56	2.43±0.56	2.32±0.44
(Nm/kg)	2008·6·8	2.50±0.39	2.67±0.49	2.31±0.50	2.34±0.40
伸峰力矩	2008·1·8	367.11±49.76	378.11±68.58	329.71±62.66	325.29±69.82
(Nm)	2008·6·8	338.22±35.93*	330.78±54.15*	271.80±62.81**	267.53±51.02**
相对伸峰力矩	2008·1·8	4.57±0.49##	4.79±0.68*##	4.03±0.77	3.99±0.78
(Nm/kg)	2008·6·8	4.35±0.37##	4.23±0.45##	3.46±0.74**	3.41±0.56**
屈伸比	2008·1·8	55.56±7.54	53.66±8.45*	68.41±15.32	68.77±21.79
(%)	2008·6·8	57.62±6.80	62.86±8.32	60.18±13.05	65.54±6.77
左右屈差	2008·1·8	7.85±6.71		14.97±12.00	
(%)	2008·6·8	9.92±6.13		12.55±9.59	
左右伸差	2008·1·8	6.81±5.62		16.18±19.50	
(%)	2008·6·8	8.97±4.36		8.80±5.92	

注：* 为前后两次测试结果的参数检验；# 为同一次测试屈、伸峰力矩的参数检验；& 为同一次测试左右两侧相同肌群峰力矩的参数检验。

从表中数值统计可以看出，关于髋关节的一些指标在两次测试中也发生了显著的变化。相关内容将在后续的讨论中作详细说明。

(3) 踝关节力量评价

表 3-16 为踝关节两次等动力量总体情况。

表 3-16 踝关节等动力量总体情况一览表

测试指标	测试日期	60°/s		240°/s	
		左侧	右侧	左侧	右侧
屈峰力矩	2008·1·8	156.09±26.07##	163.18±28.05##	68.00±13.80##	70.55±16.33##
(Nm)	2008·6·8	148.45±52.91##	160.33±39.10##	70.40±17.41##	70.27±25.13#
相对屈峰力矩	2008·1·8	1.90±0.29	1.98±0.32	0.83±0.15	0.86±0.19
(Nm/kg)	2008·6·8	2.03±0.37	2.03±0.40	0.90±0.22	0.89±0.30
伸峰力矩	2008·1·8	44.27±6.28	38.55±5.84&&	25.36±3.80	23.37±4.73
(Nm)	2008·6·8	37.67±7.44*	36.60±5.26	24.47±4.75	23.67±4.08
相对伸峰力矩	2008·1·8	0.54±0.06##	0.47±0.05&&##	0.31±0.03##	0.29±0.04##
(Nm/kg)	2008·6·8	0.48±0.08*##	0.47±0.05##	0.31±0.06##	0.30±0.05#
屈伸比	2008·1·8	30.61±6.05	24.40±5.02&&	40.98±8.00	36.24±15.84
(%)	2008·6·8	26.45±3.41	24.79±4.73	39.19±10.88	42.18±16.17
左右屈差	2008·1·8	9.44±5.92		14.64±13.90	
(%)	2008·6·8	7.90±8.83		21.08±12.24	
左右伸差	2008·1·8	19.08±3.13		19.12±21.82	
(%)	2008·6·8	14.09±10.16		9.07±5.93	

注：屈伸比=背屈峰力矩/跖屈峰力矩。* 为前后两次测试结果的参数检验；# 为同一次测试屈、伸峰力矩的参数检验；& 为同一次测试左右两侧相同肌群峰力矩的参数检验。

从表中数值统计可以看出，同上述两个关节一样，关于踝关节的一些指标在两次测试中也发生了显著的变化。这些变化说明了运动员下肢三大关节的肌力特征发生了较为显著的变化，哪些变化朝着有利的方向发展，哪些变化朝着不利的方向发展，需要进行具体的分析。相关内容将在后续的讨论中作详细说明。

(4) 爆发力评价

表 3-17 为两次爆发力测试评价指标的总体情况。

表 3–17　爆发力评价指标总体情况一览表

测试指标	测试日期	平均值	标准差	最大值	最小值	变异系数（%）	均值差	P 值
单次最大	2008·1·8	48.84	5.98	58.7	40.7	12.24	–0.67	0.760
高度（cm）	2008·6·8	49.51	7.77	59.7	42.7	15.69		
单次平均	2008·1·8	46.51	5.03	56.6	39.8	10.81	–0.18	0.926
高度（cm）	2008·6·8	46.69	7.21	57.2	40.8	15.44		
10 秒跳平均	2008·1·8	39.92	4.93	50.7	30.4	12.35	0.26	0.886
高度（cm）	2008·6·8	39.66	6.39	50.8	32.6	16.11		
10 秒跳次数	2008·1·8	11.04	1.30	13	10	11.78	–0.61	0.209
（次）	2008·6·8	11.65	1.69	14	9	14.51		
10 秒跳平均	2008·1·8	382.9	113.2	514	218	29.56	61.98	0.118
触垫时间（ms）	2008·6·8	320.9	121.7	468	181	37.91		
膦酸原系统	2008·1·8	4.16	0.62	5.78	3.53	14.90	–0.26	0.231
功能指数	2008·6·8	4.42	0.71	5.47	3.26	16.06		

从总体测试结果来看，前后两次测试结果变化不大，第二次测试结果略好于第一次。从 t 检验的结果来看，两次测试差异无显著性，说明两个训练时期运动员的爆发力变化不大。

（二）分析与讨论

1. 有氧能力监测分析

心输出量可随机体代谢的需要而增大，具有一定的储备，称为心力贮备或心泵功能贮备。心力贮备又可分为心率贮备、收缩期贮备和舒张期贮备。心率贮备是通过心率增加而使心输出量增加的贮备。较高的最大心率和较低的安静心率可以增大运动员的心率贮备，尽最大程度满足运动员剧烈运动时的需氧量。因此测定运动员最大心率具有重要意义。从两次测试结果来看，第二次测试结果较第一次低，最大心率有下降趋势，但无显著性差异（$P > 0.05$）。

从无氧阈心率来看，第二次比第一次整体有所下降，平均下降 5.27b / min，且差异具有显著性，说明运动员肌肉利用氧的能力下降，这与最大吸氧量的下降存在一定的内在联系。

运动后 4 分钟的血乳酸水平可以反映运动员的恢复能力，从而可以从侧面反映机体有氧工作能力的高低。从测试结果看，第一次的测试值略高于第二次，但是无显著性差异。由表 3-12 可知，该指标具有较大的变异系数，说明数据具有明显离散性，表明运动员负荷后 4 分钟血乳酸浓度具有显著的个体差异性，因此，建议进行个体纵向比较。

通过两次测试的纵向比较可知，队员的最大摄氧量水平并未显著改变。但与以往几届国家队的测试数据进行横向比较可知，其值相对较低，2003 届国家队的最大摄氧量的测试值为 64.95 ml/(kg·min)，即使 1996 届国家队，队员的平均摄氧量水平也达到 59.62 ml/(kg·min)。由此可知，本届国奥队的最大摄氧量总体水平与前几届国家队相比还存在较大的差距。前 6 届国奥恢复期 4 分钟血乳酸浓度基本低于 10mmol/L，而 2008 年国奥队却达到 12.14mmol/L，说明血乳酸廓清速率慢，这在一定程度上反映了有氧工作能力的优劣。另外，通过近 6 届国字号球队无氧阈心率趋势图发现，其值较为平稳，但是与上次测试结果相比具有显著性差异（$P < 0.05$），表明肌肉利用氧的能力下降。

综合上述分析认为，当前国奥队有氧工作能力较上次测试有下降趋势。通过与其他几届国家队横向比较，反映出本届国奥队队员有氧工作能力与理想标准还存在较大的差距。有氧工作能力是足球运动员体能的基础，在比赛中起着重要作用，因此在以后的训练中应制定相应策略予以调控。

2. 无氧能力监测分析

从两次的测试结果来看，6 月 8 日的第二次测试低于 1 月 8 日的第一次测试，但是无显著性差异，说明运动员速度耐力前后基本无变化。

综上分析，队员的最大做功能力与相对平均做功能力呈现下降趋势，而爆发力与速度耐力则无显著性变化。究其原因认为队员在联赛期间的训练多以专项体能训练为主，因此反映足球运动员专项力量的爆发力与力量耐力并未下降，而反映专项速度的最大速度以及平均速度呈现下降趋势。由此看来，在下一阶段负荷内容的安排中应该继续维持一定负荷水平的专项体能训练，并注意调整负荷内容结构。

3. 等动力量监测分析

(1) 膝关节力量

从膝关节最大力量等动测试前后两次结果来看，反映膝关节肌力的指标除右侧伸峰力矩与相对伸峰力矩稍有增大外，其余几个指标均表现出了下降趋势。但 t 检验结果表明无论是增大的指标还是减小的指标都无显著性差异，可以认为前后两次膝关节慢速力量测试结果一致。从膝关节快速力量等动测试前后两次结果来看，除伸峰力矩与相对伸峰力矩减小外，其余指标都表现出增大趋势，但统计学检验表明，仅有右侧膝关节屈峰力矩与相对屈峰力矩的增大具有显著性。足球运动中，快速跑能力与膝关节屈伸肌群有着密切和关系，特别是膝关节伸肌群与起动有更加密切的关系，同时也有研究表明，以向心形式收缩时膝关节伸肌力量与快速踢球能力相关。因此，尽管快速力量在前一阶段联赛中的耗散较小，但为了进一步加大运动员起动速度与快速踢球能力，应该进一步加强膝关节伸膝肌群的训练，并辅以一定数量屈膝肌群训练保持主动肌与对抗肌力量平衡。

在慢速下左右两侧的屈伸峰力矩差异均具有非常显著性，但是屈伸比均在参考标准以内，可以认为低速条件下的屈伸比较为合理。在快速条件下，左右两侧的屈伸峰力矩具有非常显著性差异，而且屈伸比最高值不足 75%，与国外相关研究的最低标准还稍有差距。因此在后期快速力量训练中应注意加强膝关节屈肌力量训练，以保证膝关节屈伸肌群的均衡性，维持膝关节的稳定性以及提高快速力量下关节肌群的安全性。

虽然第一次测试时的左右伸峰力矩存在非常显著性差异，但从总体上看，所有测试的左右屈差与左右伸差均保持在 15%范围以内，说明队员优势侧与非优势侧力量较为均衡。

值得注意的是，所有数据均是以总体为单位进行说明的，总体情况正常并不能代表个体情况正常。如慢速下第二次测试的左右伸差为 8.74±13.29%，标准差较均值大，数据离散程度高，必有部分运动员超出正常范围，因此，在了解运动队整体情况基础上，应注意运动员的个体差异。

(2) 髋关节力量

有关反映髋关节肌力的指标，无论是慢速测试还是快速测试，在第二次测试中都表现出了下降趋势，并且慢速测试的伸峰力矩下降具有显著性（$P < 0.05$），快速测试的伸峰力矩、相对伸峰力矩以及左侧屈峰力矩的下降具有非常显著性（$P < 0.01$）。这表明无论是髋关节伸肌群的绝对力量，还是快速力量都已经显著下降，快速状态下左侧屈肌群快速力量也显著降低，因此髋关节快速力量的训练在后期训练中应予以重视。

从屈伸肌群的平衡性来看，无论是慢速测试还是快速测试，屈伸峰力矩都存在非常显著性差异（$P < 0.01$），慢速状态下屈伸比较快速状态下屈伸比低，但总体都维持在较低水平。亚历山大（Alexander）等在对 23 名优秀短跑运动员屈伸肌群比率进行研究时，发现当速度增加时屈伸比增大，与本研究结论一致，但在给定运动角速度 30°/s 时的屈伸比却高达 76%。对两次测试结果比较发现，慢速

下第二次测试屈伸比升高，快速下第二次测试屈伸比降低，表明联赛过后，队员快速下的屈伸平衡性下降，训练中对髋关节肌力的训练应注意屈伸肌群发展的均衡性。从左右两侧肌力的平衡性来看，无论是左右两侧的屈峰力矩差，还是伸峰力矩差基本都保持在10%以内，只有第一次测试时快速条件下的左右伸差超过15%，但在第二次测试时已经恢复到正常范围。

综上分析认为，髋关节肌群左右均衡性保持较好，前后肌群均衡性较差，伸肌群慢速力量与快速力量较前一次测试显著降低，此外，左侧快速力量下的屈峰力矩也显著降低。髋关节作为下肢最重要关节之一，对于运动员奔跑、对抗以及射门能力存在一定影响，在训练中应稍加重视。

(3) 踝关节力量

从踝关节慢速力量来看，左右踝关节最大力量均有不同程度的下降，但是相对力量指标，如左踝最大屈力/体重、右踝最大屈力/体重却略有上升。从t检验的结果来看，除了左侧伸峰力矩与相对伸峰力矩以外，两次测试值都无显著性差异。从踝关节快速力量测试结果看，左踝最大屈力有所增加，右踝最大屈力和右踝最大伸力基本保持不变，而左踝最大伸力有所下降。从t检验的结果来看，两次测试值全都无显著性差异。总体来看，只有左侧慢速下踝关节伸峰力矩下降，其他并未发生显著性改变。

国奥队员的屈伸峰力矩与相对屈伸峰力矩都具有显著性差异，其屈伸比保持在24%~42%，基本接近美国篮球运动员踝关节屈伸比正常范围的下限，但与我国其他项目优秀运动员相比还稍有差距，因此在后期训练中应该适当减小踝关节屈伸的差异性，提高踝关节的稳定性与功能性。从左右两侧力量的平衡性来看，快速力量下的左右屈差前后两侧均超过15%，慢速力量下的左右屈差第二次测试时恢复到正常范围的上限，特别是左右屈差偏大，两侧踝关节跖屈肌力失衡较为严重，应该引起足够重视。

综上分析认为，只有慢速力量下踝关节的伸峰力矩下降，其他未发生显著性改变，但是左右两侧的屈伸比偏低以及快速力量下左右屈差偏大，这种均衡性的失调容易引起运动员损伤，在后期训练内容安排中应稍加强调。

4. 爆发力监测分析

从单个指标来看，单次跳最大高度1月8日为48.84±5.98cm，6月8日为49.51±7.77cm，而从国外的相关研究看，这个指标明显偏低。例如，北美足球联赛职业队员的纵跳平均值为52.8cm，英格兰联赛职业队员的纵跳平均值为58cm，以上述两个国家纵跳均值为标准，对国奥队队员纵跳高度进行简单样本t检验，与北美国家差异具有显著性（$P < 0.05$），而与英国职业联赛队员相比具有显著性差异（$P < 0.01$）。综合分析认为，两次测试运动员的爆发力水平基本一致，但与国外足球发达地区相比，国奥队员平均爆发力水平存在很大的差距。

（三）训练调控策略

体能训练调控是一个多元素、多层次的过程，它包括了调控目标、调控计划、调控内容等多项元素，是一个复杂的系统工程，在前期对运动员体能特征进行充分了解后，即可制订运动员专项体能的调控方案，调控方案如图 3–3 所示。

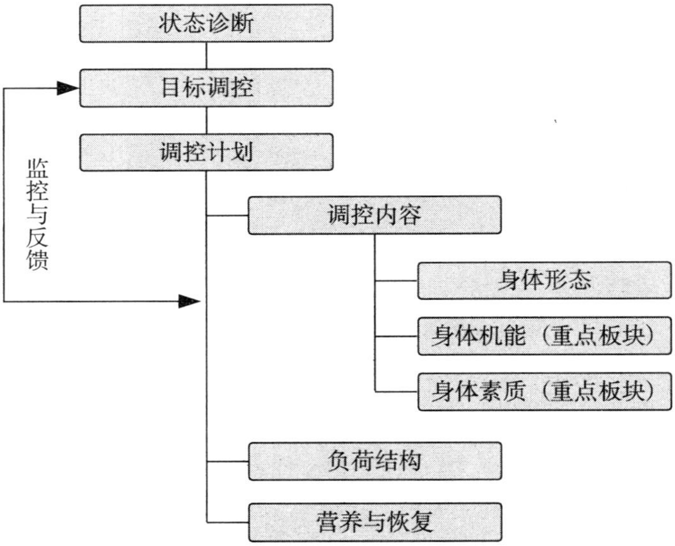

图 3–3　微缩周期内运动员专项体能调控结构图

1. 调控目标与调控计划

备战奥运会时正处于我国联赛期间，每名队员都处在俱乐部的年度训练计划控制中。因此在接近 8 周的备战期里不应该采取大周期训练法，而应该在充分了解每名运动员前一阶段的基础上采用微缩周期与板块训练（Block）相结合的方法，并使之镶嵌于运动员全年训练计划之中。因此调控的主要目标是，集中提高对专项成绩有影响的关键因素和运动员的薄弱环节，恢复与提高运动员的综合竞技能力，并使之表现在比赛中。板块训练的立意在于使那些发展不突出的，甚至有负面影响的素质减小到最低限度，通过一个个“板块”结构的有机组合，集中发展专项能力，其强调的核心是专项训练。它的优点在于，相对于周期训练理论准备期所强调的各项素质并行发展，单一的素质和能力训练更容易把握与控制，同时这些专项训练所造成的疲劳是局部的，对整体疲劳影响较小，不易造成过度训练。

2. 调控内容

尽管我国运动员的形态结构较国外足球发达国家运动员相比存在一定差距，短时间内无法改变，但通过纵向比较，我国运动员形态结构已经朝着有利化方向发展，因此在调控方案中占据次要地位，主要对身体机能与运动素质的调控策略进行详细阐述。

(1) 身体机能调控策略

从有氧测试结果来看，大部分运动员的有氧能力在联赛期间有不同程度的下降，且通过横向比较可知整个球队平均水平低于其他几届国家队。有氧工作能力是足球运动员体能的基础，并与运动员的跑动能力存在正相关，而在备战奥运会的关键阶段，非常有必要进行体能的储备，为奥运会的大强度比赛打下坚实的体能基础。

发展运动员的有氧能力负荷强度应该低于运动员的无氧阈强度，无氧阈强度训练法在中国女子足球队训练中的成功运用表明，通过控制队员的无氧阈心率或无氧阈速度进行有氧能力训练才可以最大程度上提高训练效果。另外，发展运动员有氧能力应该进行专项化训练，训练中多以有球训练为主，使体能训练与有球训练相结合，而不是将有氧能力作为训练中的单项内容发展，这样不仅相对节约大量时间，而且这种专项化训练方式对于提高球队整体训练质量具有重要意义。如训练中可以通过改变场地的大小和参加的人数来控制运动强度，达到理想的训练效果。另外，需要控制脂肪的队员应增加有氧练习。但是在减重的同时，运动员要注意合理的营养和科学的训练监控，避免过度疲劳。

从运动员生化指标来看，当运动员的身体存在轻微的疲劳时仍可进行大负荷训练，但必须注意对其进行定期监测，以防出现过度疲劳。主要应对策略为：第一，定期检测运动员血红蛋白含量，避免运动性贫血的发生。第二，在集训的不同阶段进行血清睾酮与皮质醇的监测，累积资料进行纵向比较，评价运动员的训练效果和身体机能状况。第三，应参照运动员的生理生化指标的变化安排和调整训练内容与负荷结构。

从无氧能力的测试结果来看，前后两次测试的结果变化不大，但运动员最大做功与平均做功能力下降，这提示与运动员最大做功能力有关的最大速度、速度耐力等指标可能出现下降。主要应对策略为训练中加强运动员 ATP-CP 供能能力的训练，且应该在训练课的开始阶段进行，对速度耐力较差的队员应重点提高其乳酸能系统供能的能力。

(2) 身体素质调控策略

为了进一步加大运动员起动速度与快速踢球能力，应该进一步加强膝关节伸膝肌群的训练，并辅以一定量屈膝肌群训练从保持主动肌与对抗肌的力量平衡，特别是快速力量下膝关节屈伸比偏低，应该加强快速力量下膝关节屈肌群的力量训练，以预防或减少损伤。

髋关节肌群左右均衡性保持较好，前后肌群均衡性较差，伸肌群慢速力量与快速力量较前一次测试显著降低，此外，左侧快速力量下的屈峰力矩也显著降低。髋关节作为下肢最重要关节之一，对于运动员奔跑、对抗以及射门能力存在一定影响，在训练中应稍加重视。

踝关节慢速力量下的伸峰力矩下降，其他未发生显著性改变，但是左右两侧的屈伸比偏低以及快速力量下左右屈差偏大，这种均衡性的失调容易引起运动员损伤，在后期训练内容安排中应稍加强调。

综合分析，队员下肢力量左右差异大体上在正常范围内，个别队员需加强弱侧下肢相应关节的力量练习。从测试数据看，队员髋、踝关节屈肌力量和膝关节伸肌力量仍有提升的必要和空间，应加强队员髋、踝关节屈肌力量和膝关节伸肌力量的训练。在训练过程中可加强以跳跃为主要形式的练习以发展运动员的下肢爆发力。

(3) 负荷结构

由于此阶段处于准备期与比赛期的衔接阶段，运动负荷必须保持一定强度，即以中上强度为宜，运动量应保持在中下量水平。负荷的方式可以采用波浪式或者跳跃式，根据运动员的实际情况使负荷水平有起有伏，或者采用跳跃式打破运动员不同系统间旧的联系，使其在新水平上建立新联系。但运动过程中负荷内容与负荷结构的变化要在机能监测的基础上确定。

(4) 营养与恢复

体能提高的实质是机能结构重建的过程，机体在承受一定负荷后必须进行合理的恢复与补充合理的营养，恢复措施与营养搭配应根据运动员实际情况和负荷情况确定。例如，当运动员血红蛋白偏低时可以通过饮食与营养补剂进行调整，负荷强度大时应该注意补充高蛋白的食物等。美国体能教练认为，训练负荷施加过程是一种身心应激过程，该过程的主要生物学效应是一种对组织结构、机能的消耗破坏过程，训练过程本身并不能产生能力的增长，它只是能力增长的刺激因素，而科学的恢复过程才是现实竞技能力增长的关键。欧洲足球发达国家的职业球队非常重视球队饮食恢复情况，他们认为良好的营养对运动员体能的恢复起着重要作用，因此在整个调控策略中必须对运动员的营养与恢复予以重视。

(5) 调控原则

由于处于奥运会的最后备战期，运动员最后的体能调控显得尤为关键，体能是技战术发挥的基础，因此在最后的体能训练过程中应该遵循以下原则：1）专项化原则。距离比赛期越短，体能训练专项化应该越高，因此在后期体能训练中应该注意体能训练的专项化，减少甚至杜绝“田径式”训练。训练中多以有球练习为主，如进行有氧耐力或无氧耐力训练可以通过改变场地大小或对抗人数来进行。2）个体化原则。在训练中应该充分考虑运动员个体差异，位置差异等因素。如进行有氧训练时应该在运动员个体乳酸阈强度下进行，而不应该使用统一标准。3）科学化原则。训练中应该将对结果的控制转移到对过程的控制上来，及时发现训练过程中存在的不足并进行相应调整。训练过程的科学安排与科学监测是导致理想结果出现的前提，因此在训练过程中应避免进行“经验式”训练。

（四）小 结

在国奥队备战奥运会前 8 周的体能测试结果表明，运动员经过一段时间的联赛，体能并未达到理想状态。为了使运动员的体能在赛期达到峰值状态，科研组制订了运动员体能的调控策略。经过 6 周的训练，2008 年 7 月 27 日再次对运动员进行的生化指标测试表明，运动员机能状态正朝着最佳化的方向发展，综合各项指标来看，运动员体能仍有上升空间。仅从体能角度上讲，运动员体能储备基本达到理想水平，说明根据运动员体能特征制订的调控策略是成功的。

第三节　足球运动员身体机能状态监控

本节将结合近年来中国男足、女足的机能状态监控，全面展示身体机能状态监控的实践与应用。

一、中国女足运动员身体机能状态监控

（一）中国女足备战大赛各周期机能状态比较分析

中国女足在2006—2007年度共参加了亚洲杯、亚运会和世界杯3项重大国际赛事，分别取得了亚洲杯冠军、亚运会第三名和世界杯打进八强的成绩。科研组对3个重大赛事备战周期进行了跟踪监测，并对中国女足集训和备战过程中机能状态的变化特点进行了系统的分析，得出了一些有关疲劳和恢复的共性规律，为2008年奥运会的备战工作提供了科学依据。

1. 2006年亚洲杯备战周期身体机能状态变化特点

备战亚洲杯集训从2006年5月1日开始。5月12日、7月11日进行了机能监测。所测结果见表3–18。

表3–18　备战2006年亚洲杯集训周期身体机能状态变化

时间	血睾酮 (ng/dl)	皮质醇 (μg/dl)	血红蛋白 (g/L)	血尿素 (mmol/L)	肌酸激酶 (U/L)
集训前	49.1±18.3	16.7±4.2	137.4±8.6	5.8±1.1	90.4±33.0
训练后	42.9±13.7	18.5±13.0	127.0±8.5**	4.7±1.1**	252.2±147.2**
赛前10天	47.6±13.3	17.2±2.8	130.9±6.1**	5.3±1.1	102.8±54.6

注：　** 为 $P < 0.01$。

与集训前比较，体能储备训练后运动员的血红蛋白明显降低，肌酸激酶（CK）明显升高，两项指标变化均有非常显著性差异，可以看出大负荷训练对身体的刺激较强；至赛前10天，血红蛋白仍明显偏低（$P<0.01$），但血睾酮和血皮质醇结果正常。在睾酮等激素水平正常的情况下，表明机体恢复能力良好，只要加强营养和适当调整，10天的时间完全可以在首场比赛前使运动员血红蛋白回升到最佳状态。从集训开始到首场比赛，2006年亚洲杯备战周期身体机能状态变化特点为：下降（大负荷训练后）→上升（调整后）→下降（赛前10天）→上升（比赛开始）。

2. 2006 年亚运会备战周期身体机能状态变化特点

备战多哈亚运会集训从 2006 年 10 月 24 日开始，分别在集训前和赛前 10 天进行了机能状态监测。测试结果见表 3–19。

表 3–19 备战 2006 年亚运会集训周期身体机能状态变化

时间	血睾酮 (ng / dl)	皮质醇 (μg / dl)	血红蛋白 (g / L)	血尿素 (mmol / L)	肌酸激酶 (U / L)
集训前	53.9±16.4	15.0±3.2#	133.1±6.1#	4.8±1.0	120.0±45.1##
赛前 10 天	36.1±9.1**	14.9±2.4	137.0±6.1	4.9±1.0	118.4±110.5

注：* 为与本次集训前比较，* 为 $P < 0.05$，** 为 $P < 0.01$；# 为与备战亚洲杯集训前比较，# 为 $P < 0.05$，## 为 $P < 0.01$。

分析本期集训的机能状态变化可以发现，从集训前到赛前，运动员机能状态呈现下降趋势。赛前 10 天与集训前比较，血红蛋白水平不低，但血睾酮有明显降低（$P<0.01$）。如将本期集训前与备战亚洲杯集训前（参见表 3–18）比较，可以发现 CK 明显偏高（$P<0.01$），血皮质醇、血红蛋白偏低（$P<0.05$），说明运动员在开始本期集训时带有一定程度的疲劳，这可能在一定程度上影响了本期训练计划的顺利完成。从集训开始到首场比赛，2006 年亚运会备战周期身体机能状态变化特点为：不良（集训开始阶段）→下降趋势(赛前 10 天）→下降（比赛开始）。

3. 备战 2007 年世界杯集训周期身体机能状态变化特点

本期备战从 2007 年 3 月 28 日开始，由外教执教共进行了 6 期集训，每期集训 3 周左右，在每期集训前都进行了身体机能状态测试，赛前 10 天进行了赛前状态监控。测试结果见表 3–20。

对测试结果分析发现，各期集训开始时队员身体机能状态都较好，仅集训第 5 期的初始状态稍差，但通过调整在集训第 6 期又达到良好状态，说明外教在安排和把握训练周期和节奏上较为科学，而且在各期集训的间歇期并不是完全休息，而是安排适当负荷量的“家庭作业”，这对于保持运动员机能和体能状态也起到了良好的效果。赛前 10 天的机能状态测试显示，血红蛋白水平偏低（$P<0.01$），血睾酮水平偏高（$P<0.05$），表明身体机能处于良好恢复阶段，这种趋势

表 3-20 备战世界杯集训身体机能状态变化

测试时间	血睾酮 (ng / dl)	皮质醇 (μg / dl)	血红蛋白 (g / L)	血尿素 (mmol / L)	肌酸激酶 (U / L)
集训 1	60.14±35.77	23.73±11.58	140.23±7.21	4.63±0.78	109.56±68.69
集训 2	53.21±16.41	12.65±3.55	146.33±1.31	4.96±0.92	122.83±40.35
集训 3	44.80±19.11	18.04±2.99	135.84±7.58	4.83±0.96	95.09±31.37
集训 4	54.18±17.76	21.56±6.37	137.88±8.79	4.40±0.79	94.85±37.04
集训 5	43.55±15.89	26.98±6.40	123.75±6.67	4.59±0.88	107.71±156.0
集训 6	51.78±16.85	17.61±3.80	132.78±8.16	5.09±0.66	82.00±24.00
赛前 10 天	81.11±32.52*	19.06±13.80	132.66±8.75**	5.00±0.75	89.00±32.48

注：* 为与集训 6 比较，* 为 $P < 0.05$，** 为 $P < 0.01$。

与备战亚洲杯赛前较为相似，原因是由于合成代谢激素功能正常，即使血红蛋白偏低，也会很快恢复，呈现出开赛后逐渐上升的良好势头。在本届世界杯赛上，中国女足的体能和竞技状态充分证实了这一点，到 1 / 4 决赛时仍有充沛的体能，如果辅以更为精湛的技战术应能在世界杯赛场上走得更远。

2007 年世界杯备战周期机能状态变化特点为：良好（每期集训开始）→下降（赛前 10 天）→上升（比赛开始）。

4. 2006 年亚洲杯、亚运会、2007 年世界杯赛前状态比较分析

运动员的赛前状态十分重要，可直接影响到比赛时竞技能力的发挥。要获得良好的赛前状态，则需要整个备战周期良好负荷节奏的积累。赛前训练安排的基本原则是以恢复为主，但也要给运动员一定强度的刺激，使其在身体机能充分恢复到最佳的前提下提高生理和心理的兴奋性，从而在比赛时保持较高的竞技水平。表 3-21 为各类赛事备战周期赛前身体机能状态比较表。

表 3-21 各备战周期赛前身体机能状态比较

赛事	血睾酮 (ng / dl)	皮质醇 (μg / dl)	血红蛋白 (g / L)	血尿素 (mmol / L)	肌酸激酶 (U / L)
亚洲杯	47.6±13.3**	17.2±2.8**	130.9±6.1**	5.3±1.1	102.8±54.6**
亚运会	36.1±9.1 ↓	14.9±2.4 ↓	137.3±6.1 ↑	4.9±1.0	118.4±110.5 ↑
世界杯	81.1±32.5 ↑ **	19.1±13.8	132.7±8.75**	5.00±0.75	89.00±32.48**

注： ** 为 $P < 0.01$。

通过比较中国女足2006—2007年3项重大比赛赛前10天的机能状态可以发现，亚运会赛前血红蛋白水平高于亚洲杯和世界杯赛前（$P<0.01$）,但血睾酮和血皮质醇等激素指标结果均明显低于亚洲杯和世界杯赛前（$P<0.01$）。这种情况说明运动员在赛前10天的恢复能力不良；血皮质醇水平的降低则进一步预示竞技状态不佳，两项激素指标同时降低说明机体消耗较大，存在有疲劳积累。在这种情况下，虽然血红蛋白水平暂时不低，但由于促进恢复的激素水平不高，随后就会出现机能状态下降趋势，对于比赛备战十分不利。而在亚洲杯和世界杯赛前10天，运动员都表现为激素水平正常甚至偏高，而血红蛋白水平偏低的特点，两项赛事期间则表现出了较好的机能和体能状态。

分析赛前状态我们认为，激素水平处于理想状态相对于代谢指标是更为关键的因素。这是因为激素水平对负荷的反应具有一定的滞后性，并对代谢指标起调节作用。血红蛋白是受运动因素影响较为直接而敏感的指标。大负荷运动时，红细胞受到破坏，如果超过正常的红细胞更新速度，就会引起血红蛋白下降，但血液系统自身具有快速补充机制，前提是合成激素水平正常。如果激素水平偏低，说明前期训练有疲劳积累，即使血红蛋白暂时不低，也会在后续时间由于机体合成能力的不足而导致下降，并且这种激素水平的降低往往很难在短期内调整过来。以血睾酮为例，从睾酮水平发生变化到身体机能出现相应改变可能需要3~10天；如果在赛前10天出现了激素水平的下降或下降趋势，那么到比赛开始后正好出现机能水平下降，竞技状态不佳；而血红蛋白等指标在赛前10天较低而激素水平正常的情况下，则对比赛的影响不大，因为在神经体液调节能力均正常的情况下，短暂的调整和营养支持就可以使血红蛋白等指标迅速恢复。因此，在赛前机能监控中，把握激素指标的良好水平更为关键。

（二）中国女足运动员机能状态诊断参考标准

在查阅文献资料的基础上，依据女足项目特点及长期跟队测试的数据库将集训前、大负荷训练后及赛前的各项指标进行了分类汇总。共测试集训前241人次、大负荷训练后148人次，赛前195人次。对所测数据进行分析并总结出了中国女足在不同情况下机能状态各指标参考标准，见表3–22。

表 3–22　中国女足运动员机能状态诊断参考标准

测试指标	集训前参考值	大负荷训练后参考值	赛前参考值
1. 能量物质储备			
血尿素（mmol/L）	4.89±0.98	5.49±1.16（↑12.3% **）	5.22±0.98
尿酮体（mg%）	–	+ –2+	–
2. 体液储备			
红细胞压积（%）	0.41±0.03	0.38±0.02	0.40±0.02
尿比重	–	–	–
3. 消除疲劳能力			
血睾酮（ng/dl）	51.06±20.39	42.91±13.74（↓16.0% *）	51.46±25.27
血皮质醇（μg/dl）	18.96±7.17	18.56±8.94	17.00±7.93
4. 强度适应			
血肌酸激酶（U/L）	102.73±68.48	180.53±120.13（↑75.7% **）	103.69±72.63
尿蛋白（mg%）	–	+ –2+	–
5. 运氧能力			
血红蛋白（g/L）	135.5±10.2	127.21±7.5（↓5.9% **）	133.50±7.4
红细胞分布宽度（%）	11.3±1.24	–	13.0±0.43
血清铁（μmol/L）	19.36±5.76	17.26±5.77（↓1% *）	–
尿胆原（mg%）	–	– – +	–
6. 免疫功能			5.60±1.35%
白细胞数（10^9/L）	5.40±1.26	5.80±1.51	–
淋巴细胞（%）	33±6.63%	–	
中性粒细胞（%）	61.9±7.26%	–	36.8±7.27
IgG（g/L）	–	11.04±1.78	–
IgM（g/L）	–	1.79±0.40	
IgA（g/L）	–	1.89±0.64	
7. 神经系统功能	–	–	
迷走神经因子	0.23±0.10		
交感神经因子	40.82±12.87		
紧张度指数	180.09±175.63		–
反应速度（s）	0.162±0.021		
8. 身体成分	–	–	
体脂百分比（%）	22.03±2.74%		
肌肉含量	46.48±4.75%		
腰腹比	0.79±0.03%		
均衡情况	–		

注：** 表示 P<0.01；* 表示 P<0.05。

从上表中所示数据可以看出，大负荷训练后，与训练前相比较，血尿素平均由 4.89 mmol / L 升至 5.49 mmol / L，平均升高 12.3%（P<0.01）；血睾酮平均由 51.06 ng / dl 降至 42.91ng / dl，平均降低 16%（P<0.05）；血红蛋白平均由 135.5 g / L 降至 127.21 g / L，平均降低 5.9%（P<0.01）；血清铁平均由 19.36 μmol / L 降至 17.26 μmol / L，平均降低 1%（P<0.05）；血清肌酸激酶平均由 102.73 U / L 升至 180.53 U / L，平均升高 75%（P<0.01）；尿酮体一般出现 1~2 个+，部分运动员尿胆原出现 1 个+；赛前与集训前基本持平。以上指标变化可以说明中国女足在现有训练体系下，每个训练周期中疲劳出现的程度和各项指标的变化幅度，也代表了中国女足运动员在大负荷训练后适度疲劳的特征，在今后的科研服务中可以作为运动员机能状态诊断的参考标准。

大负荷训练后，机体表现为能源物质消耗，血清睾酮和血红蛋白破坏增多及合成不足而下降，肌肉也呈现一定的反应，这些变化在营养补充和适度的调整后可以恢复。机能状态监控及营养恢复的目的就在于使运动员尽快恢复良好水平，在赛前调整出最佳状态。“适度的训练+有效的恢复”是科学化训练中两个不可或缺的方面。机体通过自身调节不断适应新的训练负荷，从而使运动能力得到提高。依据一定的评价标准及时诊断机能状态，判断训练负荷是否恰当，恢复情况是否良好，以及赛前状态如何十分重要，通过这样的监控可以避免过度训练和损伤的发生，收到事半功倍的训练效果。

（三）中国女足运动员机能状态的个体数据库和个体化诊断标准

不同运动员机能状态的变化在同一训练周期中基本遵从大致相似的一般规律，表 3–22 中已总结出中国女足各项监控指标的平均基础值及大负荷训练后的平均变化幅度。但在实际监控过程中，运动员机能状态的基础值及变化情况个体差异非常明显，这种差异主要取决于先天因素和训练程度的不同，当机体处在不同的时期时机能状态也会表现出差异。

运动员的各项指标数值即使在疲劳情况下也基本在正常值范围内波动，一般不会达到病理的程度，因此，各项指标的细微变化足以说明运动员机能状态的改变。表 3–22 中所示机能状态评价指标体系中，有一些指标具有较明显的个体差异，如血红蛋白、血睾酮等，这两项指标是评价运动员基本营养和机能状态的最常用和最重要的指标；另外一些指标则个体差异不大，基本无需建立个体化标准。因此，在对运动员进行机能状态的个体化诊断时，需选择个体差异明显的指标，本课题研究中主要依据血红蛋白及血睾酮的变化对运动员机能状态进行个体化评价。

通过历经一年半的跟踪监测，本研究积累了总计 467 人次的测试数据，具体到每位参加历次集训的运动员共有 17 次测试结果，记录了历次集训中该运动员的机能状态变化情况，从中可以分析出其机能状态的特点及变化规律，如果结合训练负荷进行分析，即可对该运动员机能状态的变化趋势进行预判。表 3-23 为中国女足某运动员机能状态个体数据库示例。

表 3-23　中国女足某运动员机能状态个体数据库示例

日期	背景	类别	集训地点	测试单位	血尿素 (mmol / L)	血红蛋白 (g / L)	血睾酮 (ng / dl)
2006·4·29	亚洲杯集训前	集训前	河北香河	国家体科所	6.05	132.20	28.31
2006·5·12	亚洲杯体能训练后	体能训练后	河北香河	国家体科所	5.97	123.35	29.29
2006·5·23	亚洲杯热身赛前	赛前	河北香河	国家体科所	–	129.48	26.24
2006·7·11	亚洲杯出发前	赛前	河北香河	国家体科所	7.52	126.56	37.94
2006·10·24	亚运会集训前	集训前	河北香河	国家体科所	4.74	123.31	27.32
2006·11·20	亚运会出发前	赛前	广州黄埔	广东体科所	6.68	134.98	28.42
2006·12·31	初上高原	高原训练	昆明海埂	云南体科所	4.73	131.78	43.00
2007·1·16	下高原前	高原训练	昆明海埂	云南体科所	5.85	131.69	41.00
2007·1·25	下高原 1 周	高原训练	广州奥体中心	广东体科所	5.52	142.67	42.61
2007·3·28	集训前	集训前	武汉	湖北体科所	4.52	132.31	82.40
2007·4·29	集训前	集训前	南京	江苏体科所	5.15	131.47	34.02
2007·5·25	集训前	集训前	河北香河	国家体科所	4.36	133.34	31.71
2006·6·7	集训中	体能训练后	上海	上海体科所	6.01	124.49	50.84
2007·6·25	集训前	集训前	秦皇岛	人民医院	4.50	128.52	43.00
2007·7·27	集训前	集训前	秦皇岛	人民医院	5.20	117.67	32.00
2007·8·13	集训前	集训前	天津	天津体科所	4.94	128.91	39.09
2007·9·2	世界杯赛前 10 天	赛前	武汉	武汉体科所	5.66	122.61	85.70

以该队员为例，17 次测试结果中包括备战 2006 年亚洲杯、2006 年亚运会、2007 年世界杯各备战周期机能状态的变化情况。数据处理后可以看出，处于最佳状态时该队员血红蛋白水平在 132.20g / L 左右，大负荷训练后一般降低 1 克左右，基本在 122g / L 水平上；该队员血睾酮一般在 30ng / dl 水平，大负荷训练后可能在此基础上先升高后降低。可以看出，该运动员的生理血睾酮水平低于全队

一般平均值，即存在一定的个体差异，不能按照一般水平将其判断为血睾酮偏低，而一味盲目地服用升睾酮营养品；相反有的队员生理血睾酮水平高于全队一般平均值，当机体出现疲劳时血睾酮水平下降后可能仍然高于一般平均值，此时也必须清楚地看到已经发生了疲劳而应给予措施。

表 3–24 显示了中国女足参加 10 次以上集训主力队员的血红蛋白及血睾酮个体化参考标准。

表 3–24　中国女足主力队员血红蛋白及血睾酮个体评价标准

队员	血红蛋白最佳水平（g/L）	疲劳时血红蛋白参考标准（g/L）	血睾酮最佳水平（ng/dl）	疲劳时血睾酮参考标准（ng/dl）
毕 ×	136.24	110.21	45~50	35~40
郭 ×	144.45	119.65	55~60	30~35
韩 ×	134.50	117.96	85~90	25~30
韩××	142.37	123.67	70~75	35~60
李 ×	152.49	125.78	75~80	20~25
刘××	138.42	116.32	60~65	25~30
刘 ×	152.67	112.96	75~80	40~45
刘××	146.81	128.71	95~100	20~25
娄××	152.79	116.18	50~55	25~30
马××	146.35	129.47	60~65	25~30
潘××	156.46	127.49	55~60	20~25
浦 ×	145.78	123.78	50~55	30~35
曲××	148.45	125.61	110~115	45~50
宋××	158.16	130.50	65~70	30~35
王 ×	139.89	121.11	90~95	20~25
翁××	153.19	122.74	80~85	40~45
张 ×	143.75	111.69	30~35	10~15
张 ×	141.87	128.35	95~100	10~15
张××	137.21	119.34	85~90	40~45
张 ×	129.56	111.79	55~60	25~30
周××	138.84	119.88	90~95	30~35

上表基本列出了中国女足主力运动员的血红蛋白和血睾酮个体参考标准及变化规律，可以作为今后在集训中机能状态诊断和监控的依据，但在具体应用上还要充分考虑到女运动员的月经周期对这两项指标的影响。

（四）Omega Wave 身体状态监测

除了血液生化指标测试，2008 年奥运会备战期间，我们引进了 Omega Wave 身体状态监测方法。Omega Wave 系统具有监测人体多种生物系统的功能，其最大优势在于监测过程简单易行，无创伤性，可随时随地进行。监测结果可以为教练员提供全面即时的生理数据，以便帮助教练员了解运动员特定时刻的身体机能状态。同时，还可以发现运动员身体功能的优势和存在的风险，防止过度训练的发生，缩短消除疲劳的时间，减少负面压力的影响，提高训练效率，改善和保护运动员的全面身体健康等。因此，Omega Wave 系统是一个至关重要的、全面的预防和康复的工具。

众所周知，疲劳和伤病关系密切。当运动员处于疲劳状态时，其神经肌肉系统的协调性降低，速度爆发力明显下降，易受损伤的发生几率明显上升。在当前的足球训练领域，能够对运动员疲劳状态进行诊断的方法极少。而 Omega Wave 系统填补了这项空白，可以对运动员个体的身体机能状态作出诊断。利用此系统，既可以提高训练效率，又可以有效减少因疲劳导致的伤病发生几率。

Omega Wave 测试主要包括三个方面，它们分别是身体疲劳状况测试、反应速度测试以及能量代谢系统测试。测试完成后，我们对每个人的诊断作出详细的报告，见表 3–25 所示，然后再将每个运动员的测试结果汇总提交给教练组，汇总结果如表 3–26 所示。

测试还发现，2 名运动员有氧储备不足，需加强有氧能力训练，3 名运动员无氧储备不足，需加强无氧能力训练；2 名运动员反应速度偏慢，除去疲劳因素外，需加强快速反应训练。

表 3-25 Omega Wave 身体状态测试结果一览表

OMEGAWAVE SPORT

运动员机能状况测试报告

国家体育总局科研所生物科学中心

报告人：

测试日期：2008 年 4 月 8 日

队 别：中国女子足球队

运动员姓名：袁×	性别：女	年龄：21 岁	身高：172cm	体重：62kg

1. 身体疲劳状况

	参数	测试值	正常范围
①	迷走神经功能	0.22	0.16~0.41
②	交感神经功能	38	15~55
③	神经紧张度指数	115	15~180

评价：1. 应激能力良好

2. 恢复能力良好

3. 身体机能储备中等

4. 良好状态，可以适应各种负荷训练

2. 反应速度

1. 平均反应速度中等（0.158 秒）

2. 中枢神经系统功能良好

3. 感觉和运动神经稳定性中等

3. 能量代谢系统

	能量代谢系统相关参数	测试值	正常范围
①	相对最大摄氧量（ml/kg·min）	71	58~85
②	有氧能力指数	124	110~160
③	无氧能力指数	135	132~190
④	磷酸原系统能力指数	14	12~25
⑤	供能系统适应指数	205	195~250
⑥	无氧阈心率（b/min）	172	150~183

评价：1. 能量系统功能良好

2. 能量恢复速度中等

3. 无氧储备中等

4. 有氧储备良好

综合评价：良好身体状态，有氧储备充分

建 议：可以适应各种负荷训练

表 3-26 部分重点运动员 Omega Wave 身体状态测试结果一览表

姓名	测试结果	建议
袁 ×	良好身体状态	可以适应各种负荷训练
毕 ×	良好身体状态	可以适应各种负荷训练
曲××	良好身体状态	可以适应各种负荷训练
张××	恢复状态，恢复能力良好	积极休息，补充营养
张 ×	恢复状态，恢复能力良好	补充营养，特别是磷脂类物质 PS
李 ×	恢复状态，恢复能力中等	积极休息，补充营养，避免饮茶和咖啡，多听舒缓的音乐帮助放松和改善睡眠
王 ×	恢复状态，恢复能力不足	积极休息，补充营养，特别是促进恢复的 PA、激励皂甙等、磷脂类物质 PS
张 ×	轻度疲劳	积极休息，补充营养，特别是促进恢复的 PA、激励皂甙等
谢××	轻度疲劳，动作稳定性不足	积极休息，补充营养，特别是促进恢复的 PA、激励皂甙等、磷脂类物质 PS
韩××	长期过度紧张导致的身体抑制状态，恢复能力不足	积极休息，补充营养特别是磷脂类物质 PS，以及促进恢复的 PA、激励皂甙等，关键要自我放松和减压

（五）小 结

本研究建立了中国女足运动员机能状态监控与诊断指标系统、总体及个体化诊断标准，可以在以后的科研服务中作为机能状态诊断和监控的参考依据。

通过对备战大赛运动员训练过程的综合监控可知，较为理想的模式是：以良好的机能状态开始每期集训；始终避免在集训中出现深度疲劳；在赛前 10 天左右，完成最后一次较大负荷训练，但仍要注意不要造成深度疲劳，这次负荷可以刺激机体激素水平升高，合成代谢增强，从而在最后 10 天的时间内实现一定的超量恢复，使比赛开始后出现良好的机能状态。

二、中国男足身体机能状态监控

（一）监控对象

（1）从 2000 年开始备战 2002 年韩日世界杯的中国男足运动员，包括赛前集训期与十强赛比赛期两个阶段。

（2）备战 2008 年北京奥运会的国奥队运动员。

（二）监测结果与分析

1. 中国男足运动员生化指标的整体变化特征

中国男足为备战 2002 韩日世界杯，于 2000 年 12 月、2001 年 7 月、8 月、9 月、2002 年 1 月、5 月进行了 6 次较大规模的集训。在集训过程中对运动员进行了多达 20 余次的生化指标检测，检测数据如表 3–27 所示。其中，2001 年的 9 次测试是在亚洲区十强赛前的集训期与比赛期间进行的，2004 年的 2 次测试是在阿里·汉时期进行的。

表 3–27　中国男足运动员生化指标特征一览表

测试时间	血红蛋白（g / L）	肌酸激酶（U / L）	血尿素（mmol / L）	血睾酮（ng / dl）
2000 年　12 月 5 日	144.0±11.0	265±109	6.19±1.71	828±155
12 月 12 日	156.1±10.0	425±472	7.54±1.31	—
12 月 20 日	165.3±10.6	293±101	6.68±1.11	—
12 月 30 日	162.5±9.7	482±238	6.64±1.14	799±162
2001 年　7 月 24 日	157.6±8.72	163.3±98	6.53±1.22	999.04±173
8 月 14 日	151.7±10.4	348.32±170.11	11.62±2.59	509.38±147.14
8 月 17 日	148.3±11.5	362.38±164.68	16.44±3.63	653.45±266.14
8 月 20 日	153.5±8.1	340.05±267.14	17.43±2.87	658.1±150.59
9 月 10 日	161.6±10.3	200±73.17	14.68±3	737.08±175.33
9 月 18 日	157.1±8.2	297±197	18.33±2.6	343.95±85.59
9 月 21 日	154.5±7.8	419.43±235.74	18.47±1.87	647.71±285.12
9 月 30 日	163.4±12.1	188.84±95.13	15.59±1.75	652.37±123.87
10 月 9 日	166.2±11.6	323.95±184.26	15.22±3.93	534.9±145.65

(续表)

测试时间		血红蛋白 (g / L)	肌酸激酶 (U / L)	血尿素 (mmol / L)	血睾酮 (ng / dl)
2002 年	1 月 16 日	153.1±11.1	282.1±192.37	5.8±1.1	868.5±193.13
	1 月 23 日	150.8±10.0	457.3±345.41	7.46±1.66	--
	1 月 30 日	160.2±8.3	503±316.12	10.77±2	--
	2 月 6 日	155.4±9.8	384±148.74	9.46±2.14	827±191.63
	4 月 20 日	155.5±7.8	179.68±125.94	6.04±0.97	1002.82±242.77
	5 月 2 日	160.8±8.2	125.48±42.28	6.49±1.25	1066.29±294.08
	5 月 9 日	157.3±8.3	317±170.86	7.22±1.43	1005.09±215.98
	5 月 18 日	132.2±8.5	293.72±194.78	7.2±1.27	670.04±95.47
2004 年	1 月 2 日	150.7±7.8	164.72±77.21	6.33±1.53	--
	2 月 2 日	150.6±8.7	289.92±156.34	6.78±1.67	644.8±154.56
	Sd	155.1±7.5	308.92±106.37	10.21±4.61	747.08±194.60
	CV	4.84%	34.43%	45.15%	26.05%

注：表中 -- 表示未测试。

对血红蛋白的测试，2001~2002 年中国队共进行了 21 次测试，2004 年共进行了 2 次测试，血红蛋白的平均水平为 155.1g / L，在所测数据中，大部分队员都保持在 150~160g / L，仅有个别情况低于 150g / L，其中有 8 次测试高于160g / L。在所有数据中最高值为 166.2g / L，最低值为 132.2g / L。从整体上看，运动员的血红蛋白含量在多数情况下处于正常范围的中上限。

对血清肌酸激酶的测试，中国队队员肌酸激酶的平均水平为 308.92 U / L，最高值为 503 U / L，最低值为 125.48 U / L，在共计 23 次的测试中，其中有11 次处于 300 U / L 以内，12 次超过 300 U / L。从整体上看，运动员的血清肌酸激酶处于较高水平，平均值超过了正常水平。

对血尿素的测试，国家队队员的血尿素平均水平为 10.21 mmol / L，最高值为 18.47 mmol / L，最低值为 5.8 mmol / L。在 23 次测试中，其中有 10 次超过了 7 mmol / L，在亚洲区十强赛中的 8 次测试中，血尿素的水平全部超过 7 mmol / L，甚至多次维持在 15 mmol / L 水平上，表明十强赛期间的比赛与训练中的负荷量很大，对运动员血尿素水平产生了显著的影响。

对血清睾酮的测试，中国队的血清睾酮平均水平为 747.08 ng / dl，最高值出现在韩日世界杯前的测试中，数值达到 1066.29 ng / dl，在一定程度上说明世界杯前中国队运动员机能状况的调控是成功的，最低值出现在十强赛期对乌兹别克斯坦的比赛后的第三天，数值仅为 343.9 ng / dl，说明经过比赛和训练后，运动员机能状况较差，需要进行调整。

在上述生化指标中，血清肌酸激酶、血尿素与血清睾酮的数值具有较大的变异系数，特别是血尿素的变异系数达到 45.15%，这提示在运用生化指标进行机能评定中，应该多以纵向比较为主，横向比较为辅，充分考虑运动员之间的个体差异。

2. 中国男足运动员集训前的生化指标特征

参加中国队集训的运动员来自不同的俱乐部，详细了解每位运动员的机能状态，并根据其机能状态调节训练负荷，对于完成集训的目标具有重要的意义。中国队集训前的生化指标特征见表 3–28。

表 3–28　中国男足运动员集训前生化指标特征一览表

测试时间	血红蛋白（g / L）	肌酸激酶（U / L）	血尿素（mmol / L）	血睾酮（ng / dl）
2000 年 12 月 5 日	144.0±11.0	265.2±108.5	6.18±1.7	827.5±155.15
2001 年 7 月 24 日	157.6±8.72	163.3±98.0	6.53±1.22	999.04±173
2002 年 1 月 16 日	153.1±11.1	282.1±192.3	5.8±1.10	868.5±193.12
2002 年 4 月 20 日	155.5±7.8	179.68±125.9	6.04±0.97	1002.8±242.77
2004 年 2 月 2 日	150.6±8.7	289.92±156.3	6.77±1.67	644.79±154.56

集训前运动队的各项生化指标的平均水平处于较好的状态。但是由于各项指标的变异程度较大，因此在了解运动员的整体情况的前提下，应充分注意每个运动员个体的机能状况。血红蛋白整体上处于中等以上水平，但是在 2001 年后4次的集训前多名队员的血红蛋白低于正常范围的下限 120 g / L，说明集训前这些运动员运动负荷量过大，这与运动员在各自俱乐部的训练和比赛有关。

肌酸激酶可以反映骨骼肌代谢能量的变化，也可以反映运动员机体对运动负荷的适应和恢复，在 5 次集训前的测试中，只有 2001 年 7 月 24 日备战十强赛前的集训中达到最佳状态，运动队的肌酸激酶平均水平只有 163.3 U / L，且标准差只有 98 U / L，其他指标也都达到了优秀水平，可以认为运动员机能状态处于最佳水平。其他几次集训中，运动员的肌酸激酶都处于较高水平，且表现出个体差异大的特点。

此外，血尿素与血清睾酮的水平也处于正常范围内，特别是备战 2002 韩日世界杯亚洲区十强赛与决赛 4 次集训前的血清睾酮均值都超过 800ng / dl。综合上述各项指标分析认为，运动队 5 次集训前的机能状态处于较为理想状态。

表 3–29 为国奥队备战 2008 年奥运会两次集训前的生化指标（第一次测试为冬训期，第二次测试为联赛期）。两次集训前的生化指标特征表现出一定的差异性，特别是 HB、CK、C，两次的测试具有显著性差异。两次测试综合比较分析认为，两次测试的生化指标均处于正常范围，只有个别运动员个别指标超出正常范围。对于生化指标异常的运动员应该结合其他几项指标对其进行综合评定，倘若有疲劳积累，应该采取积极措施保证他们机体得到及时恢复。

表 3–29　国奥队运动员集训前生化指标特征一览表

时间	血红蛋白 (g / L)	肌酸激酶 (U / L)	血尿素 (mmol / L)	血睾酮 (ng / dl)	血皮质醇 (μg / dl)	血睾酮 / 血皮质醇
2008 年 1 月 8 日	151.2±7.7	127.69±34.82	5.65±0.99	643.03±129.22	14.05±2.78	47.50±13.76
2008 年 6 月 8 日	144.2±8.6	194.62±80.71	6.34±1.33	671.46±172.23	17.48±3.96	42.07±20.61
均值差	7.00	–66.92	–0.69	–28.44	–3.43	5.43
P	0.005**	0.002**	0.066	0.417	0.017*	0.376

3. 中国男足运动员集训期的生化指标特征

表 3–30、图 3–4 为中国男足参加 2002 年韩日世界杯前集训期的生化指标变化情况（即表 3–27 中从 2002 年 4 月开始进行的集训阶段）。

表 3–30　中国男足集训期间生化指标变化一览表

测试时间	血红蛋白 (g/L)	肌酸激酶 (U/L)	血尿素 (mmol/L)	血睾酮 (ng/dl)
4 月 20 日	155.5	179.68	6.04	1002.82
5 月 2 日	160.8	125.48	6.49	1066.29
5 月 9 日	157.3	317	7.22	1005
5 月 18 日	132.2	293.72	7.2	670.04

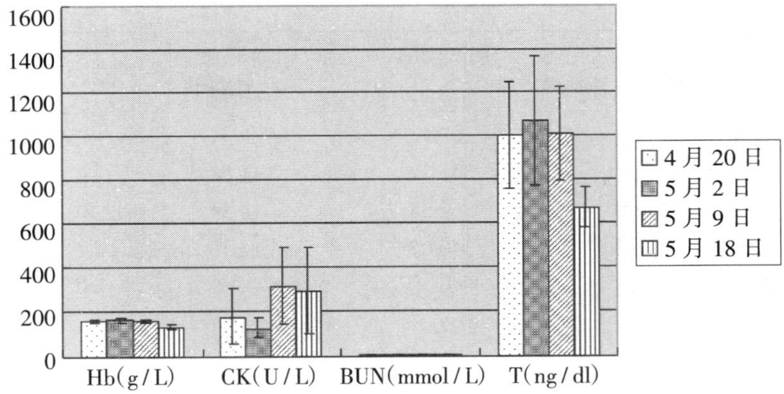

图 3-4　中国男足集训期间生化指标变化图

由图 3-4 可以看出，中国队集训期间的生化指标变化特征有：（1）肌酸激酶与血清睾酮的变化幅度较其他两项指标大，运动员经过高强度、大运动量训练后会引起肌酸激酶活性的增加和血清睾酮水平的下降。在本次集训过程中，肌酸激酶表现出增大趋势，由集训开始的 179.68U / L 增加到集训结束的 293.72U / L；血清睾酮表现出减小的趋势，由集训开始的 1002.82ng/dl 减小的集训结束的 670.04ng / dl。（2）集训前后进行比较发现，集训后的各项指标水平均劣于集训前，但仍然在训练计划控制之中，说明集训对运动员机能产生了较为深刻的刺激，通过调整运动员机能水平可以进一步得到提高。（3）血红蛋白与血尿素较其他两项指标变化幅度小，但经过长时间大运动量训练血红蛋白浓度会显著下降，由集训前的 155.5g / L 下降到集训结束时的 132.2g / L。（4）在集训期间，血尿素水平显著上升，由集训前的 6.04mmol / L 升高到 7.2mmol / L。

分析认为，从集训开始到集训结束，由于运动员往往进行大负荷训练，运动员的各项生化指标会朝着不利的方向发展，如果各项指标的波动仍然在训练计划的控制之中，说明运动负荷对运动员产生了适宜的刺激，将有助于促进运动员机能的发展。

4. 中国男足运动员比赛期的生化指标特征

表 3-31、图 3-5 为 2001 年中国队十强赛期间运动员生化指标变化情况 (即从 2001 年 8 月集训开始到 10 月十强赛结束阶段)，图 3-6 为中国队十强赛期间运动员生化指标环比动态变化图。

表 3-31　中国男足运动员比赛期生化指标变化一览表

测试时间	血红蛋白 (g/L)	肌酸激酶 (U/L)	血尿素 (mmol/L)	血睾酮 (ng/dl)
7 月 24 日	156.6	159.52	6.44	991.05
8 月 14 日	151.7	348.32	11.62	509.38
8 月 17 日	148.3	362.38	16.44	607.95
8 月 20 日	153.2	340.05	17.43	658.1
9 月 10 日	161.6	200	14.68	737.08
9 月 18 日	157.1	297	18.33	343.95
9 月 21 日	154.5	419.43	18.47	647.71
9 月 30 日	163.4	188.84	15.59	652.37
10 月 9 日	166.2	323.95	15.22	534.9

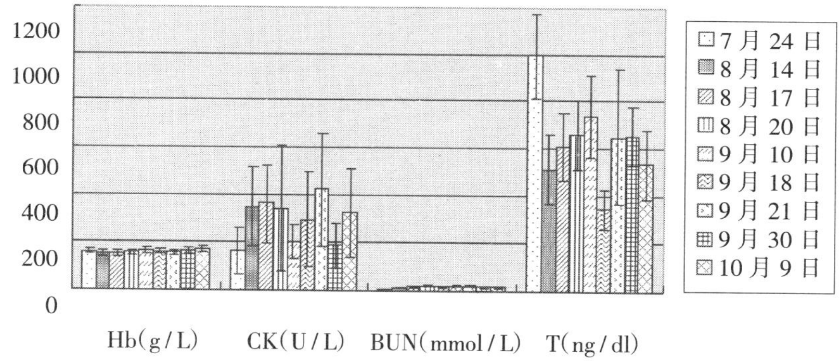

图 3-5　中国男足运动员比赛期的生化指标变化图

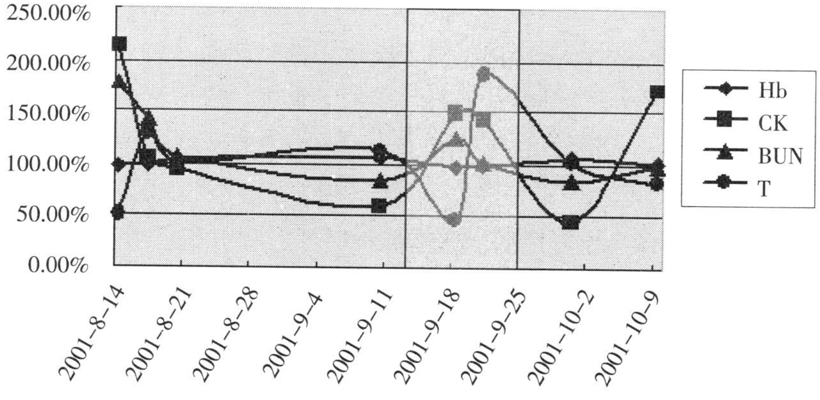

图 3-6　中国男足运动员比赛期的生化指标环比动态变化图

由上可知，在十强赛期间中国队运动员的血清睾酮和肌酸激酶波动起伏最为明显。从7月24日集训到8月25日第一场比赛，再到9月7日第三场比赛结束，运动员各项生化指标均朝着有利方向发展，到9月10日，血红蛋白浓度升高到161.6 g / L，肌酸激酶降低到300 U / L以内，血清睾酮升高到737.08 ng / dl。但是，在9月15日中国队对乌兹别克斯坦的比赛结束3天后（9月18日），测试结果表明国家队队员的机能状态显著降低，特别是血清睾酮下降至343.95 ng / dl，其他各项指标也表现出震荡强烈的特征，如图3-6中框线部分所示。这说明3场比赛后运动员机能状态出现起伏，应该及时予以调整。经过适当调整后，9月27日主场对阿联酋时，运动员机能状态已经在一定程度上得到恢复。特别是10月7日中国队主场对阿曼前，各项生化指标处于相对理想状态，血清睾酮恢复至650 ng / dl以上，肌酸激酶降至200 U / L以内，血红蛋白浓度达到163.4 g / L。之后，到10月19日客场与乌兹别克斯坦比赛完，各项生化指标又逐渐朝不利方向发展。总体上看来，比赛前集训期，运动员机体处于较为理想状态。进入比赛期，运动员的身体机能会随着比赛的进行出现周期性起伏现象，尤其以肌酸激酶与血清睾酮最为敏感。在整个比赛期间，中国队机能水平相对稳定，较好地处理了比赛与训练、恢复的关系，为技战术水平的发挥奠定了良好的基础。十强赛期间运动员机能变化特征与成功的训练调控对中国队以后的比赛及训练具有良好的借鉴意义。

（三）结论与建议

1. 结论

血红蛋白、血清肌酸激酶、血尿素、血清睾酮与皮质醇是反映运动员机能状态的有效指标，无论是在集训期还是比赛期，血清肌酸激酶和血清睾酮均表现出较其他几项指标敏感的特征。血清肌酸激酶、血尿素与血清睾酮具有较大的变异系数，特别是血尿素变异系数接近45.15%，提示队员之间的离散程度非常高，应注意以队员的自身纵向比较为主，充分认识到运动员之间的个体差异。在使用血尿素对运动负荷进行评定时，最好以其变化的幅度作为评定标准。

经过集训后运动员的各项生化指标会有较大幅度的变化，经过调整绝大多数队员会在赛前恢复到较为理想状态。在较长时间的比赛期，运动员的身体机能会随着比赛的增多而出现周期性起伏现象，尤以肌酸激酶与血清睾酮最为敏感，在比赛的间歇期间，应该处理好比赛、训练与恢复的关系。

2. 建议

在较长时间的比赛期内，教练员应该充分了解运动员的身体机能特征，并能及时、合理地处理赛后疲劳与恢复、训练的关系，保证运动员在赛前身体机能状态的恢复。

各项生化指标表现出了离散程度高的特征，在运用生化指标对运动员的现实状态进行评定时应充分考虑运动员之间的个体差异。对于长时间的训练和比赛，可以建立运动员的个人档案，充分了解运动员在较长一段时间内的机能情况，并注意对其进行纵向比较，以便对其机能状态作出准确、合理的判断。

第四章　足球运动员训练负荷监控

第一节　训练负荷监控体系

一、训练负荷监控的目的

训练负荷监控是训练监控体系中的重要组成部分，也是科学化训练的体现。对训练负荷进行监控可以实现以下目的。

（一）评价训练负荷的合理性

运动员在训练中承受了一定的负荷后，会产生相应的训练效应。训练负荷是引发训练效应的最主要因素。负荷过小，机体不会引发必要的应激反应，只有适宜的负荷才能保证良好训练效应的产生。

教练员和科研人员可以利用各种手段和方法对训练负荷量和强度进行监测，并可以根据监测结果有针对性地调控训练负荷，使训练过程始终在预先设定的轨道上运行，从而取得较好的训练效果。

（二）评价训练方法和手段的合理性及有效性

训练负荷监控还可以评价某种训练方法的合理性和有效性。如在足球训练中，根据能量的代谢特征，不仅有以磷酸原供能系统为主的训练方法，而且有以糖酵解供能为主的训练方法，还有以有氧供能为主的训练方法。通过训练负荷监控，可以在训练过程中对某种训练方法的负荷特征进行监测，判断训练方法与手段是否与训练目的相一致，并可以根据即时的监测结果调整负荷强度，以达到训练目的。

（三）帮助教练员完善训练计划，最大限度地提高训练效果

在准备期，教练员一般要安排高强度负荷训练，以强化训练效果，完成体能储备，促进最佳竞技状态的形成。对负荷强度有效的监控，不仅要对高强度训练阶段中每次训练课的内容、心率、血乳酸等指标进行全方位的测试与定量评价，还要对阶段性的负荷和生理生化指标进行分析，确保训练目标的实现，并根据每个人的生理反应制订恢复方案，最大限度地提高训练效果。

二、训练负荷监控的内容

足球训练负荷监控分为训练课负荷监控、集训阶段负荷监控以及特殊时期或者地点负荷监控（如赛前训练负荷监控、高原训练监控等）。

（一）训练课负荷监控

通过一节训练课的监控了解运动量和运动强度对运动员身体产生的刺激程度，了解运动量的实施是否对运动员产生了一定程度的刺激。根据监测时间的不同，可以分为即时监测和延时监测两种手段。

1. 即时监测

即时监测的主要内容如下：

（1）遥测部分训练课及部分阶段运动员的心率。

（2）训练课内容安排、负荷强度及负荷量评定。

（3）定期身体训练或对抗训练后血乳酸的测定。

（4）定期尿液生化测试。

2. 延时监测

重点观察运动员身体的疲劳是否已经消除，体能是否恢复到前一天训练前的正常水平，并据此判断训练负荷的强度，确定训练是要加大运动负荷，还是减小训练负荷。次晨监测的主要内容如下：

（1）晨脉（起床前），（与正常相比 > 5 次 / 分，说明该队员疲劳未全部消除）。

（2）血红蛋白、血尿素氮、血清睾酮、游离睾酮、皮质醇、尿液生化指标。

（二）阶段训练负荷监控

阶段训练负荷监控过程中的一个重要的目标就是对训练计划的制订和实施进行监督，以确保预定训练目标的实现。足球训练计划的监控应尽量不要影响训练的正常进行。阶段训练负荷监控的主要内容包括：

(1) 阶段负荷计划分析、负荷量度变化。

(2) 阶段运动员生理生化指标分析。

(3) 阶段疲劳程度变化分析。

可通过 3 个途径来实现足球训练计划监控：

1. 录像分析

由于足球技战术训练的复杂性，以前评定足球训练负荷常把技战术训练排除在外，而技战术训练是足球训练中最重要的成分。通过现场录像，训练后分析运动员的跑动距离、速度、时间就可较准确地评定足球训练的负荷。

2. 遥测心率

遥测心率既不影响训练的正常进行，又能较准确地反映训练的负荷，是足球训练中教练员经常采用的监控手段。

3. 生理生化指标

足球训练过程中生化指标的变化主要反映了运动员训练后的疲劳及恢复情况。由于测试方法复杂，影响因素多，对训练相对有影响，因此对运动员的生理生化指标测试，次数不应过于频繁，有条件的可一周测试一次，结合其他监控手段进行综合分析，可较准确地反映运动员机体变化的实际情况。

三、训练负荷监控的指标和方法

（一）主要监控指标

1. 心　率

运动中心率的快慢与运动强度有关，强度越大，心率越快。相同运动负荷时，运动员心率上升越慢，提示运动员身体机能状况越好。同一强度的运动训练后运动员的最大心率值降低，则表明运动员的身体机能增强。相同运动负荷后，运动员心率恢复加快，提示运动员对训练负荷适应，运动员的机能状况良好。

2. 血　压

训练中血压的变化与运动强度有关。一般大强度训练后收缩压上升和舒张压下降明显，且恢复较快，表明身体机能良好。训练后收缩压明显上升，舒张压亦上升或血压反应与强度刺激不一致，恢复时间延长，说明机能状况不佳。运动时脉压差增加的程度比平时减少或出现梯形反应，预示运动员机能不良。如果安静时血压突然升高或降低，则是运动员身体机能下降的表现。

3. 最大摄氧量

最大摄氧量是在心肺功能和全身各器官、系统充分动员的条件下，在单位时间内机体吸收和利用的氧容量。它反映人体最大有氧代谢能力、心肺功能氧的转运能力和肌肉对氧的吸收和利用能力。最大摄氧量指标一般包括绝对最大摄氧量和相对最大摄氧量。

4. 血象指标

血象指标包括红细胞数（RBC）、血红蛋白（Hb）和红细胞压积（Hct）等。运动员在大运动量训练开始时，易出现血红蛋白下降，经过一个阶段训练后，身体对运动量适应时，血红蛋白的浓度又会回升，这是机能改善和运动能力提高的表现。如果训练一个阶段后血红蛋白仍未回升，则应注意调整训练计划，并加强营养补充。研究表明，当运动员血红蛋白较训练前下降20%时，运动员有氧能力明显下降。因此，定期测定血红蛋白的含量有助于了解运动员的营养、对负荷的适应及身体机能水平等情况。关于血液 RBC 计数、Hb 与 Hct3 项指标的关系以及对人体运动的影响已在前面章节中陈述，不再赘述。

5. 血尿素

血尿素是评定训练负荷量和机能恢复的重要指标。优秀运动员一次训练课后，以次日晨起血尿素水平在 8mmol / L 以下较为合适。在训练期中，晨起血尿素安静值较低者，为对运动负荷适应、恢复能力良好、身体机能状态较好者。训练后血尿素值增幅较小，恢复也快的运动员能承受大负荷的训练，反之则表明运动员难以承受大负荷的训练。在赛前最佳状态时，优秀运动员晨起血尿素值应在正常参考范围的上限，即 4~7mmol/L。

6. 血清肌酸激酶

血清肌酸激酶（CK）是调整训练强度的依据之一，对防止过度疲劳有重要意义。血清 CK 是赛前进行机能评定的一项重要指标，常常与血红蛋白结合使用。良好的状态应是，血红蛋白数量逐渐上升，血清 CK 活性逐渐下降。反之，则应调整运动负荷，或采取增加营养、服用补剂等措施加以调节。一般认为，赛前 1～2 天血清 CK 应降至 300U/L 以下。若连续几日晨安静时 CK 超过 300U/L 以上，并伴有其他指标异常，表明运动员机能状态较差，疲劳未消除，应及时调整训练负荷。

7. 血乳酸

足球运动的特点决定其供能是 ATP－CP 供能系统、糖酵解供能系统和有氧供能系统混合供能的一项运动。不同的训练目标运动员血乳酸的目标值也不一样。正常情况下，血乳酸的浓度为 1～2mmol/L；以磷酸原供能为主时，血乳酸较少，一般不超过 4mmol/L；以糖酵解系统供能为主时，可达 15mmol/L 以上；以有氧氧化系统供能为主时，则在 2mmol/L 左右。可根据专项训练课和重点训练课中测试的血乳酸浓度，评定训练效果和运动员的机能状况。

8. 血清睾酮与皮脂醇

一般身体机能良好时，血清睾酮变化不大，且有体能增强伴有血清睾酮增加的趋势。而在疲劳、过度训练或机能状态不好时，血清睾酮水平则会下降。

皮质醇是代表机体分解代谢快慢的指标，运动后血清皮质醇如果仍然保持较高水平，就会导致机体分解代谢过于旺盛，不利于疲劳的消除。如果皮质醇长期保持较高浓度而无法恢复到正常水平，不仅反映队员过度训练，同时还说明机体的免疫功能受到抑制。

训练实践中可用血清睾酮与皮脂醇的比值来监控运动员的机能状况。如果该比值出现大幅度下降，则有可能是分解速度大于合成速度，不利于运动员消除疲劳，需要通过调整训练强度和加强营养等手段帮助运动员恢复。如果该比值不变或升高，则表明机体的分解代谢没有超过合成代谢，运动员机能状况正常。

9. 白细胞和免疫球蛋白

白细胞和免疫球蛋白是评价机体免疫能力的重要指标。它们的增强和降低与运动员身体疲劳、疾病和营养状况都有一定关系。如果运动员免疫球蛋白值低于参考值下限或在参考范围内较低，说明免疫机能可能下降，应采用免疫调节措施；如果高于参考值上限，提示运动员可能患有疾病。

10. 尿液生化指标

运动的机能评定中常用的尿生化指标主要包括尿蛋白、尿胆原、尿潜血和尿酮体。运动后尿蛋白和尿胆原含量较训练前有所增加。运动后尿蛋白浓度越高，表明运动负荷越大。大强度训练后有时会出现尿潜血，如果碳水化合物补充不足，也可能使尿酮体增多。

尿蛋白存在着一定的个体差异，当训练负荷增加或身体疲劳时，其值在个体基础值上有上升。如果训练负荷和身体情况没有较大变化，个体尿蛋白一夜排出量相对稳定，波动不超过 10%~15%。一夜尿蛋白排出量在 20mg 以下为一般负荷训练、20~30mg 为较大负荷训练，若要超过 30mg，则显示运动员处于疲劳状态；但是在一定阶段出现的这种疲劳，可能是提高运动能力所需要的。若超过50mg，则需要教练员对负荷进行调整。

四、训练负荷监控体系的构建

训练负荷监控的实质就是判断负荷是否达到了运动员能承受的合理刺激的上限，并且机体能够产生积极的适应。在训练监控过程中运动负荷是监测的目的，其手段就是通过检测反映人体机能变化的系列指标，继而通过对系列指标的综合分析，判断运动负荷的适宜程度并进行适宜的调整。训练负荷的监控体系如图 4-1 所示。

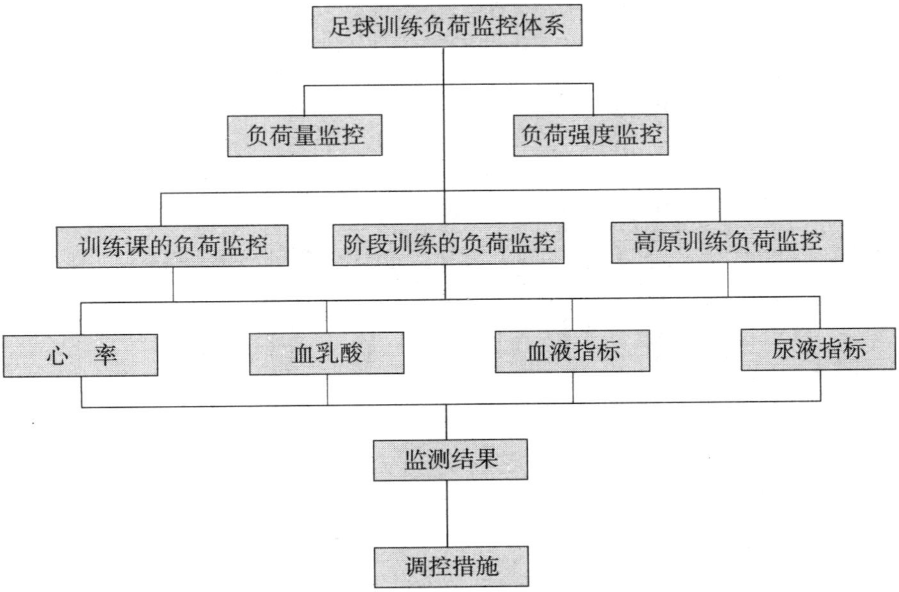

图 4–1 足球训练负荷监控体系图

第二节 训练课的负荷监控

一、心率遥测系统监控训练过程的方法分析

利用心率遥测系统监控是获得运动员负荷信息的有效方式。但是需要指出的是，通过心率监测获得的数据不能获得训练过程中运动员无氧供能时的确切信息。以下是国外高水平运动员训练负荷心率监测的实例。

（一）体能训练课的心率监测

图 4–2 是两名高水平运动员在进行高强度有氧训练时的心率变化图（“钟摆”练习；Bangsbo，2005），在这一练习中，运动员要进行 8 次 2 分钟的练习，间歇时间为 1 分钟。运动员心率处于 80%～90%，90%～95%，95%～100%强度区间

内的时间分别为 8.3、10.9 和 4.7 分钟，另一名队员分别为 4.8、11.1 和 5.3 分钟。通过对运动员训练过程中心率变化的监控，可以对训练负荷的结构进行有效判断，继而评估运动训练计划的执行情况。

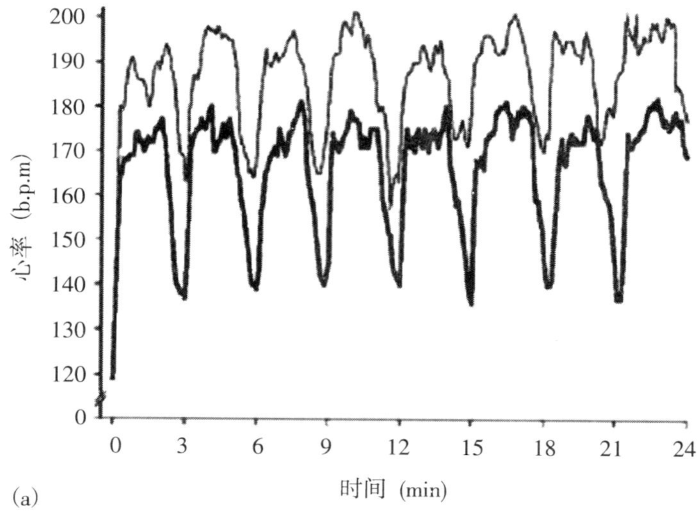

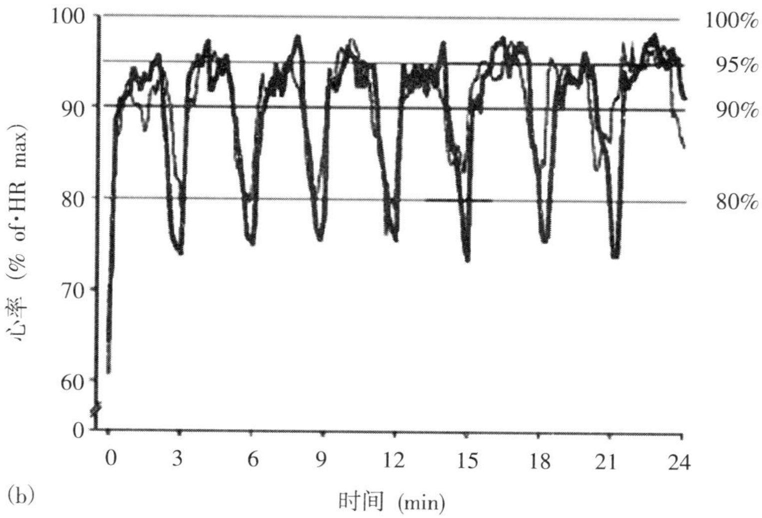

图 4–2　两名运动员在高强度有氧练习过程中的绝对心率（beats/min）和相对心率变化图

注：(a) 为绝对心率变化图，(b) 为相对相对变化图，两名运动员的最大心率分别是 206 beats/min 和 185 beats/min。

（二）阶段训练的心率监测

为了能够了解运动员在训练时的整体情况，对那些不是以体能训练为主要目的的训练课进行监控也是非常有必要的。

表4–1 为 2002 年世界杯丹麦队备战期间 3 名运动员 2 周训练的心率监控统计结果（不包括两次力量训练课）。第一周和第二周前卫队员的平均心率分别为 146 和 143 次，相当于其最大心率的 78%和 76%，第一周心率在最大心率的 90%～95%和 95%～100%区间的时间分别是 144 和 11.5 分钟，第二周为 135 和 8.5 分钟。第一周和第二周估计能量消耗分别为 7.6 和 7.5MJ/d。相比而言，前锋的相对心率效低（约 70%），而两周的估计能量消耗分别为 5.6 和 6.3MJ / d。

表 4–1 同时也显示了不同个体间心率分布和能量消耗存在差异，因此，在运动员个体训练计划设计和营养策略安排时应该考虑这些个体差异。

表 4–1　丹麦队 2002 年世界杯准备期第一阶段训练频率、时间、心率及估计能量消耗量一览表

位置	阶段	训练课次数	每次课平均时间（min）	训练总时间（min）	平均心率		心率区间			能量消耗（MJ）	
					绝对心率	相对心率	80%～90%（min）	90%～95%（min）	95%～100%（min）	每周	每天
后卫	第一周	9	83.5	751	143.1	71.9	76.9	31.3	10.1	42.9	6.1
	第二周	11	82.3	905	142.5	71.6	67.4	53.7	3.9	51.3	7.3
前卫	第一周	10	85.3	853	146.4	77.5	156.3	143.5	11.5	53.4	7.6
	第二周	11	79.0	869	143.1	75.7	133.7	135.5	8.5	52.6	7.5
前锋	第一周	8	85.9	687	129.8	68.3	63.3	52.1	16.2	39.0	5.6
	第二周	9	80.9	728	136.0	71.6	104.4	60.1	21.9	44.4	6.3

（三）小　结

（1）使用心率遥测是一种有效的监控训练课及阶段训练的方法。

（2）通过对体能训练课的监控可以使教练员把握某次训练课中运动员的负荷情况，通过平均心率可以了解练习的负荷性质（高、中、低强度有氧训练或其他）。

（3）通过对阶段训练的监控可以使教练员把握某阶段队员的整体负荷情况，同时也可以了解负荷的周期变化情况。

（4）通过长期的监控可以使教练员根据不同的需要建立阶段训练负荷安排模式（如赛会制比赛的赛前小周期负荷安排模式或赛季中周训练负荷安排模式）。

（5）针对不同运动员的个体情况安排个体化训练，并实施不同的营养策略。

二、结合球体能训练的负荷监控

（一）监测结果

1. 中路 2 对 1 交叉配合结合射门练习

防守队员负荷分析，一名防守队员在练习中防守队员完成了 20 次个人防守，平均心率为 62%个人最大心率（图 4–3）；而另一名同样完成了 20 次个人防守行动，平均心率为 64%个人最大心率。

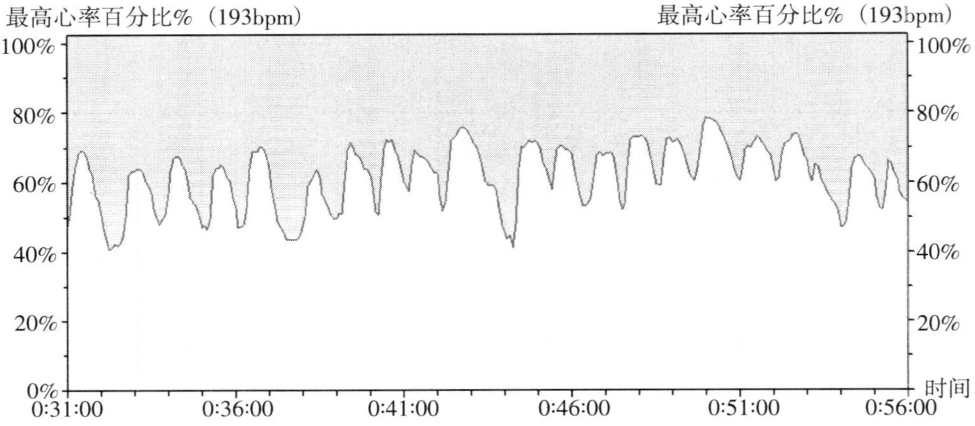

图 4–3　2 对 1 练习中防守队员的心率变化图

防守队员每次防守的时间为 4~8 秒，间歇时间约为 1 分 10 秒；练习与间歇时间之比约为 1:12。在进入下一次练习之前运动员已经完全恢复（低于 60%最大心率）。

进攻队员负荷分析，在该练习中，一名进攻队员的平均心率为 73%个人最大心率，远高于防守队员。

通过上述结果可知，同样一个练习，不同运动员所受到的负荷强度是不一样的。因此，教练员在安排训练时要考虑这方面的因素。从整体上来看，这是一个比较好的结合球的体能训练方法,对于发展运动员的无氧工作能力有很好的促进作用。

2. 整体防守训练监控

由于队员处于整体防守战术的学习阶段，训练中暂停次数较多，课的整体负荷强度不大，仍以一名防守队员为例，其心率主要分布在中低强度区间。整节训练课，只有 1.5%的时间心率处于 75%～85%最大心率区间。通过对队员训练中的心率进行监控可以了解运动员的负荷情况，以便教练员制订更为合理的训练计划。

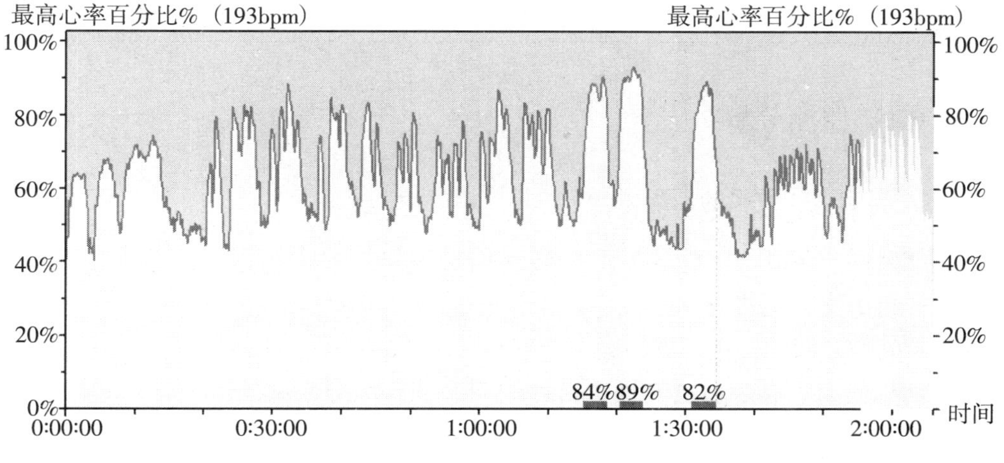

图 4–4　防守队员全课心率变化图

3. 结合球的不同训练设计的监控

(1) 1 对 1 训练

练习中，队员共进行了 6 组 1 对 1 练习，每组练习 3 分钟，间歇 1 分钟。6 组练习中队员完成 18 次攻守行动。队员的运动–恢复模式为：7～12 秒运动、55～80 秒间歇，运动与恢复时间之比的约为 1:8。

（2）2 对 2 训练

练习中队员共进行了 3 组练习，每组练习时间 3 分钟，间歇 2 分钟。队员在练习中进行 9 次攻守行动。练习时间约为 12 秒，间歇时间为 40～60 秒。练习与间歇时间之比约为 1:4。

（3）4 对 4＋2 守门员训练

场地：两个禁区大小。

每队进行 3 次练习，每次练习时间约 4 分钟。组间歇约 4 分 20 秒。在练习中，以李×为例，队员的心率达到 87%左右。监测结果表明，该训练的强度接近高强度有氧训练。

（4）结合球反复冲刺训练（射门）

在第一个结合球的速度训练中，队员的运动–恢复时间为 5～50 秒。运动–恢复时间比为 1:10。

在第二个结合球速度训练中，队员的运动–恢复时间为 8～60 秒。运动–恢复时间比为 1:7.5。

由于间歇时间较短，本练习应该是以发展高强度运动间歇期恢复能力为主的训练。

（二）监测分析

1. 影响训练效果的因素

巴尔松（Paul D. Balsom）指出影响小场地比赛练习强度的因素主要有3 大类，即组织类、动机类和其他因素，其中组织类因素有参与练习的运动员数量、练习及间歇时间的安排，场的大小和形状，比赛的规则，球的数量；影响运动员训练动机的因素有运动员对训练目标的明确性，练习心率的监控，比赛的竞争性，训练的组织；其他因素包括运动员现有的体能水平，运动员的技术能力等。伯林（Bjōrn Bolling）等指出，许多限制性因素（如战术）会降低训练强度，所以结合球时队员的运动强度还不够大。为了提高训练比赛的要求，可采用一些新规则，如可看过改变训练场地的大小、改变间歇时间等改变训练的负荷强度。此外，运动员对于练习的熟悉程度，以及运动中需要暂停比赛以便教练员进行战术指导都是影响负荷的因素。

2. 结合球的体能训练负荷监测

对于结合球的体能训练的监测常用方法是心率和血乳酸指标。相对于血乳酸，心率指标更易测量，遥测心率技术的发展使教练员能够随时了解运动员的心率变化。

研究证实，心率与运动强度、摄氧量与能量代谢之间存在着显著的线性关系，尤其当心率变化范围介于110~180b/min时。霍夫（Hoff，2002）的研究表明，足球专项练习（5对5小比赛，带球跑）时，运动员的心率–摄氧量关系（HR – $\dot{V}O_2$ relationship）与实验室所测得的心率–摄氧量关系无显著性差异。并且指出利用这种关系，可以分析运动员的代谢需要以及专项训练或比赛时的能量消耗。

希尔曼（Gilman，1996）指出，在设计和监控有氧训练方法的过程中，心率（HR）是经常采用的一种指标。尤春英（2002）认为，心率遥测系统可准确地记录安静时和运动状态下的心率，并可实时监测训练瞬间心率变化，教练员可随时现场指导训练及通过网络远程指导训练，并通过相关软件作出快速统计分析，调整训练计划，科学控制运动员的训练。苏志雄（2002）研究认为，心率变化反映出机体运动中的机能水平、能量代谢、训练负荷强度及身体机能恢复程度。通过心率变化可监控运动强度，促进运动伤病的恢复进程，保证训练效果以及预防过度训练。

但是研究者普遍认为，心率是一个灵敏性很高的易变指标，在评价运动心率变化时，一定要充分考虑并注意排除运动肌群、身体出汗与失水、心理焦虑与紧张、环境温度与衣着、海拔高度、水中环境等因素的影响，并注意年龄、性别以及日间差异等因素的作用。

3. 训练心率是否追求与比赛心率相一致

在观察高水平运动队训练以及与教练员交流过程中发现，教练员在使用结合球的体能训练时，往往追求练习的心率与比赛心率相一致，并以此作为评价训练方法好坏、训练是否成功的标准。从理论研究成果来看，也存在这种倾向。池建（1990）分析了中国优秀青年男子篮球队赛前训练负荷强度低于比赛负荷强度的原因。研究表明，无论长训练课还是短训练课，运动员心率指标都明显低于比赛。并建议应该缩小训练强度和比赛强度的差距，应在减少总间歇时间的前提下，采用短时间，多次数的间歇形式增大训练中的运动强度。这可通过严格控制每次间歇时间和间歇过程来实现。林克明（1993）采用心率遥测仪对篮球训练进行了研究，也表达了类似的观点。但也应该认识到，训练课的目标与要求不同，对负荷也会提出不同的要求。因此，不能简单地将训练负荷（训练心率）与比赛负荷（比赛心率）相对照来评价训练课。

以有氧训练为例，不同性质的有氧训练有着不同的心率指标要求。其中，低强度有氧训练是运动员进行轻微的身体运动，比如慢跑与低强度的比赛。这种训练通常安排在比赛后第一天或者是在刚刚经过大强度训练的恢复期进行，它有助于运动员的身体逐步恢复到正常状态。低强度有氧练习可以避免运动员因为频繁的训练（可能甚至是一天两次）与密集的赛程安排而引起的过度训练。中等强度有氧训练的目的是增加肌肉中（外周部分）毛细血管密度与肌肉氧化能力。其功能意义在于增强代谢底物的利用效率，从而增加运动员耐力水平。高强度有氧训练的主要目的是改善影响最大摄氧量的中心因素，如心脏的泵血能力、肌肉利用氧的能力等。这些改变都可以提高运动员在长时间的比赛中重复进行高强度运动的能力。

通过上述分析可知，不同的训练阶段有着不同的训练安排，不同的课有不同的训练目标，不同的训练安排需要符合相应的目标要求。教练员应该根据训练过程的整体安排以及训练目标、设计选择不同的练习方式。在训练心率的选择与控制上，教练员要追求的是练习心率与训练目标心率相一致，而不是与比赛心率相一致。

4. 心率历史记录的可靠性

结合球的体能训练是一种新的行之有效的训练方法，一些专业书籍中也提供了某种技战术训练手段方法的负荷指标。教练员也往往认为，相同的练习方法必定有着相同的负荷性质，往往会依靠心率指标的历史记录选择练习手段。

兰皮尼尼（E.Rampinini，2005）对心率历史记录的可靠性进行了分析后指出，（在意大利）很多教练员不能在所有的训练课里都使用心率遥测系统。因此，教练员会使用以往在相同形式练习时的心率历史数据来估计本次练习时运动员所承受的身体负荷。很多教练员认为只要练习是一样的，练习的负荷性质在短期内就不会随着训练时间的不同而变化。但兰皮尼尼等人的研究表明，除了无球练习的负荷性质基本不会发生变化外，结合球的练习中，前后两次同样练习的负荷性质可能会发生变化。研究者分析其原因，可能是因为教练员没有特意在训练中指导运动员保持或增加运动强度。霍夫等（2002）指出了强化运动员的训练动机是非常重要的，建议教练员在练习过程中，要不断地鼓励、指导运动员，从而使练习的强度达到训练要求，提高运动员的体能水平。兰皮尼尼同时也指出，如果缺乏这种有效的激励和指导，运动员可能会自己选择练习的强度，从而导致了前后两次同样的练习，表现为不同的负荷性质特点。因此，在进行结合球的训练时，倘若条件允许，建议每次训练都尽可能地使用心率遥测系统。

（三）训练建议

⑴ 大量的研究表明，结合球的体能训练是一种高效的体能与技战术结合的训练方式，是一种高度专项化的训练方式。

⑵ 只要练习方法设计合理得当，结合球的训练同样可以达到体能训练的目的，负荷调控的实现可以通过改变练习的人数、场地的大小、练习的规则、练习的形式、球的个数等因素实现。训练中负荷强度的监测主要依靠遥测心率来完成。

⑶ 结合球的体能训练是高度专项化的训练，但是它并不能代替一般训练。

⑷ 由于训练课有其不同于比赛本身的目标与要求，训练课的目标可能是比赛总目标中的若干小目标之一。训练课负荷的确定应根据训练课的小目标，不能在训练中简单地追求训练心率与比赛心率的一致。

⑸ 心率历史记录不能作为练习负荷性质判断的绝对标准，条件允许的情况下应尽可能地使用心率遥测系统。

⑹ 在体能训练理念研究与训练课的分析过程中要综合考虑技战术训练本身固有的负荷特征。

三、YOYO 体能测试的心率监控

（一）监测结果

定期的体能测试能够评价体能训练的效果，对体能训练计划的修改提供参考。中国女足分别于 4 月 29 日、5 月 9 日、5 月 25 日和 6 月 25 日进行了 4 次 YOYO 体能测试，测试时要求队员配戴 polar 心率表，因此，可以从测试跑动距离、测试时的平均心率、最高心率以及不同强度心率等多项指标进行分析，测试结果和分析见表 4－2，图 4－5。

表 4-2　中国女足不同时间 YOYO 测试心率比较表

测试日期	测试时间	平均心率	最高心率	130~140	140~150	150~160	160~170	170~180	180以上	160以上
4.29	463	174	186	8	15	27	62	179	168	409
5.09	488	172	183	13	21	32	78	190	154	422
5.25	521	175	188	11	19	30	60	161	237	458
6.25	576	175	187	10	18	26	65	199	254	518

注：表中平均心率和最高心率单位是次/分，测试时间的单位是秒。

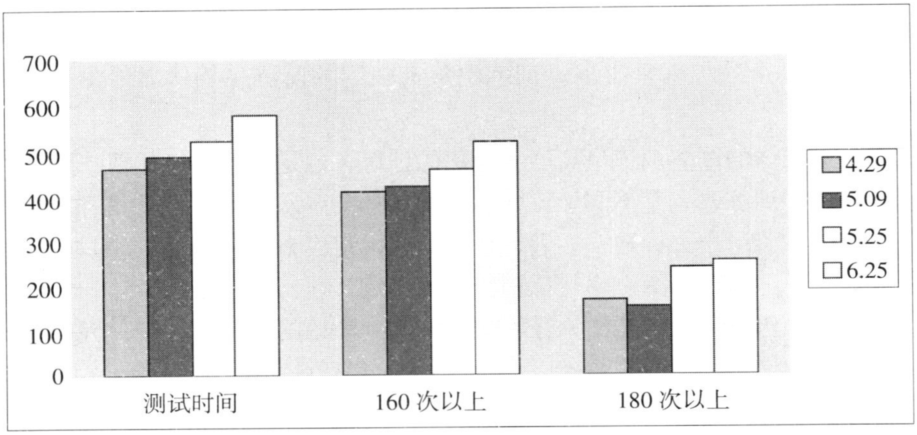

图 4-5　中国女足不同 YOYO 测试时间心率比较图

（二）监测分析

从以上表和图中可以看出，每次测试时间呈上升趋势，这与跑动距离的上升情况相符。YOYO 测试的特点是在测试的开始阶段人体以有氧供能为主，随着跑速的增加，运动强度不断增大，身体需要的能量不断增加，有氧供能逐渐不能满足机体对能量的需求，这时的供能形式以有氧和无氧混合供能为主。随着运动强度的继续增大，逐渐过渡到无氧供能为主，即磷酸原系统和糖酵解供能系统，而磷酸原系统供能时间只能维持 6~8 秒，所以长时间的无氧供能主要以糖酵解供能为主。糖酵解供能产生能量的同时，会伴随着乳酸的增加，随着乳酸在体内堆积，运动能力开始下降，直至无法跟上预定的节奏而停止。所以测试的最后阶段主要以无氧供能为主，也就是说运动员每次测试都比前一次测试时的抗乳酸能力有所加强，无氧能力有所提高。

在心率方面，每次测试的平均心率和最高心率没有发生明显变化，但每次测试的跑动距离却增加了。运动能力提高，说明运动员的身体机能，特别是心血管系统机能有所增强。每分钟 160 次以上心率时间呈明显上升趋势，根据相关研究，这种心率水平属于大强度或极限强度运动范围，说明女足队员在测试中大强度和极限强度运动的时间呈上升趋势。因此，跑动距离的增加主要原因是无氧运动的距离增加了。从 180beats/min 以上心率时间来看，总体呈上升趋势，但第一次测试要高于第二次，可能是因为集训之初，运动员心血管系统机能处于较低水平，而完成相同负荷时，机能较差时心率升高较快，很快达到极限强度，所以 180beats/min 以上心率时间第一次测试高于第二次。后面的测试中，随着运动员身体机能的提高，承受极限运动的能力有所提高，而这时 180beats/min 以上心率时间的增加是心血管系统功能增强的结果。

（三）小　结

通过 YOYO 测试的结果，结合心率遥测的数据可以很好地判断运动员的体能情况，特别是对于检验阶段性训练成果具有较高的价值。通过对中国女足运动员的测试表明，运动员的体能状况正在朝着有利的方向发展。

第三节　阶段训练负荷监控

一、中国国奥队 2008 奥运会准备期训练监控

（一）监控目标

在训练中采用生理生化指标以及运动学指标对运动员训练负荷进行监控，以保证训练的科学性，促进运动员的竞技状态向着最佳化方向发展。

（二）监控方案

在备战奥运会期间，为了保证教练员了解运动员身体机能状况的情况，科研团队拟定了在备战奥运会集训期间的测试方案。

1. 运动员基本状态测试指标

晨脉：每天早晨运动员刚清醒不起床，测试运动员的脉搏。

体重：运动员每天早上起床后排尿、排便后，只身穿短裤称量体重。

2. 训练过程中的测试指标

心率：根据教练员的训练要求在大负荷量训练时佩戴 Polar 心率表，记录训练过程中的心率变化，为教练员提供运动员完成训练情况的身体客观反映。

血乳酸：根据教练员要求在训练过程中进行测试。

尿十项：每次大运动量训练后次日晨取尿进行尿十项测试。

3. 测试时间

2008 年 6 月 30 日周一晨起，采静脉血测试运动员生化指标（血细胞参数、睾酮、皮质醇、CK 等），7 月 9~11 日期间测一次指血，7 月 17 日早晨在长春采静脉血测试上述血液生化指标，7 月 30 号~8 月 1 日之间再测一次全体队员的生化指标，作为奥运会前运动员状态评价的依据。

4. 每周一早晨采指血测试血细胞参数

倘若实际条件允许，在每周一早晨采集指血对血细胞参数进行测试。

5. 根据不同运动员的反应选择测试生化指标

在集训过程中，运动员在承受负荷时可能会产生不同的应答反应，对于不同运动员的反应选择不同的测试指标。

（三）监控的总体评价

2008 年 6 月 8 日开始进入备战奥运最为关键的阶段，这一阶段的训练效果对国奥队在奥运会上的表现起着重要作用，生理生化指标能够反映训练过程中的疲劳和恢复情况，为把握运动训练的量和强度提供科学的依据。国奥队这一阶段的生理生化指标测试结果如下。

1. 晨　脉

晨脉测试是在队员清晨起床前空腹卧位心率，即基础心率。基础心率较为稳定，如果突然加快或减慢，提示有过度疲劳或疾病的存在。图 4–6 是最后备战阶段晨脉平均值变化曲线，整体呈明显下降趋势，表明经过这个阶段的训练后，运动员的身体机能增强，达到了较好的体能状态。

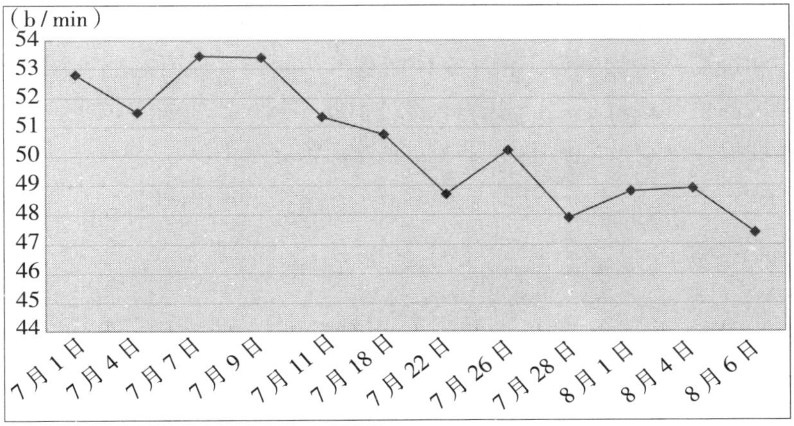

图 4–6　运动员晨脉变化图

2. 体　重

图 4－7 为运动员的体重变化图。图中显示，尽管体重变化曲线处于不断的波动状态，但其变化范围并不大，最高值和最低值只相差约 1.5 公斤，处于相对稳定状态，（一般体重在 0.5～1.5 公斤之间波动属正常现象）。对于体重的波动情况，可结合其他生理生化指标对运动员的身体机能进行评价。

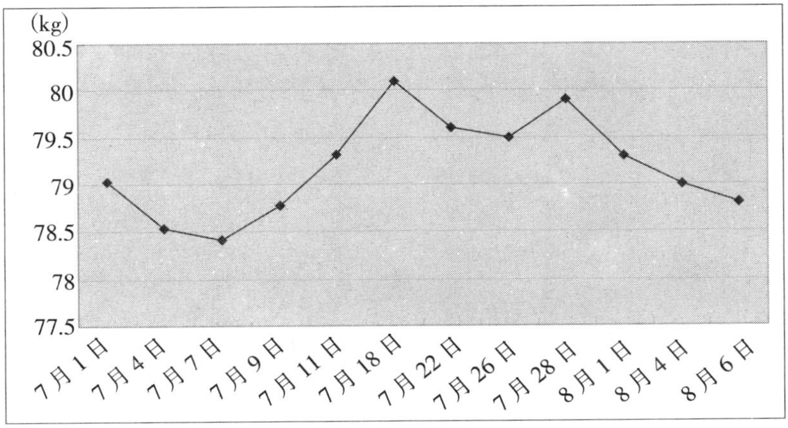

图 4–7　运动员体重变化图

3. 血　压

运动训练过程中，血压会随着运动强度的变化而产生一定的变化。从图 4-8 收缩压和舒张压的变化曲线中可以看出，在整个训练周期中，第一次测试值（7 月 1 日）和最后一次测试值（8 月 6 日）基本相同，其他时间的测试值有一定的波动，但最高值和最低值之间相差不超过 10mmHg，结果表明，此阶段训练没有过度训练现象，运动员最后阶段身体机能处于较好水平。

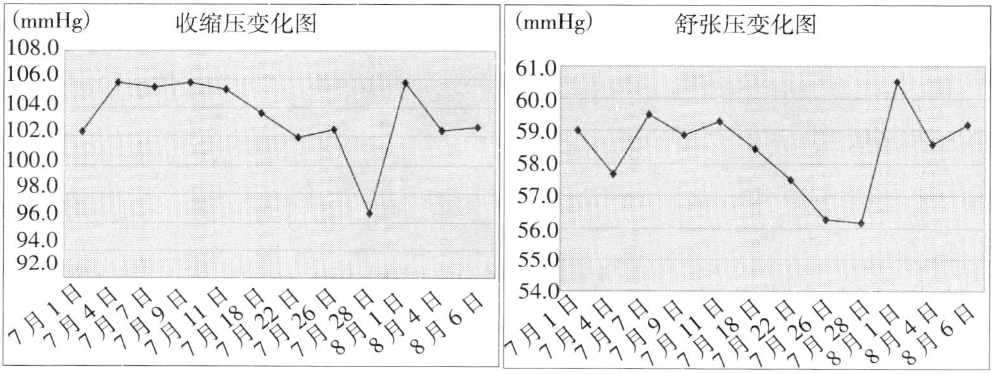

图 4-8　运动员血压变化图

4. 主观疲劳感觉

主观疲劳感觉 (RPE) 可以反映前一日训练对队员造成的疲劳程度，是身体状态监控较为直观的依据和第一手材料，主观疲劳感觉评分为：非常轻松（1 分)、轻松（2 分）、一般（3 分）、疲劳（4 分）、非常疲劳（5 分）。从监控结果可以看出（图 4-9），本次集训的最初一段时间运动员对于训练强度有明显的疲劳感觉，以后对训练强度逐渐适应，比赛前达到了相对较好的水平。

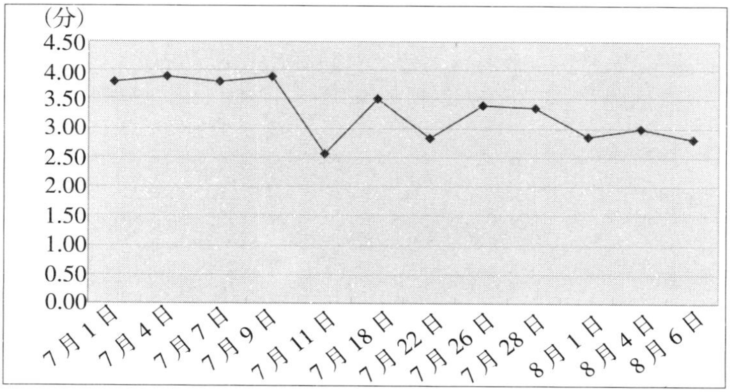

图 4-9　运动员 RPE 变化图

5. 睡　眠

睡眠状况的好坏可以反映训练刺激程度，良好的睡眠可以更有效地促进恢复，因此对于运动员来说十分重要。睡眠的评分原则是：好（1 分）、一般（2 分）、差（3 分）。从本次集训的睡眠变化曲线来看（图 4–10），训练的最初睡眠情况最差，以后虽然有小的波动，但睡眠情况总的趋势呈现出逐渐良好态势，比赛前达到了最好状态。

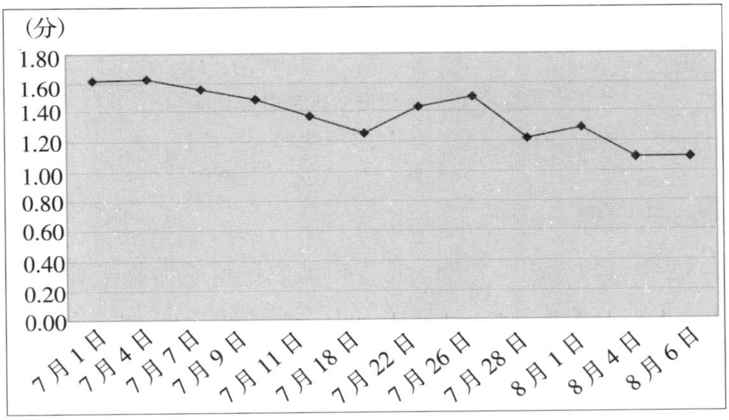

图 4–10　运动员睡眠变化图

6. 血红蛋白

血红蛋白是反映运动员身体机能的重要指标之一，运动员处于大负荷训练阶段血红蛋白有所降低，赛前阶段运动员个体血红蛋白的相对高低，可预示运动员身体机能是否完全恢复。从血红蛋白变化图可以看出（图 4–11），6 月 8 日集训之初的测试值是运动员的正常值，中间阶段随着运动员负荷的增加，血红蛋白下降，随着对运动负荷的适应，血红蛋白值逐渐升高，比赛前达到最高，表明运动员的身体状态已调整到较好水平。

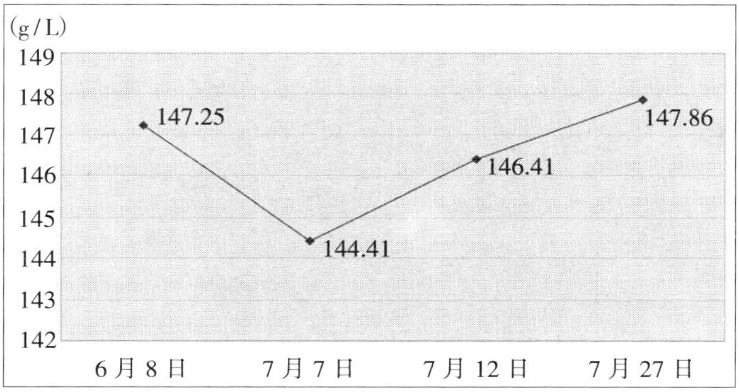

图 4–11　运动员血红蛋白变化图

7. 睾酮、皮脂醇

从图 4–12 中可以看出，7 月 1 日皮脂醇测试值总体高于 6 月 8 日，而睾酮值则低于 6 月 8 日，这是由于运动负荷的增加造成的，但两项值仍处于正常范围内，是运动负荷的正常反应，表明运动负荷没有造成运动员疲劳。从图 4–13 中可以看出，7 月 12 日睾酮值较 7 月 1 日有所提高，表明运动员对运动负荷逐渐适应。

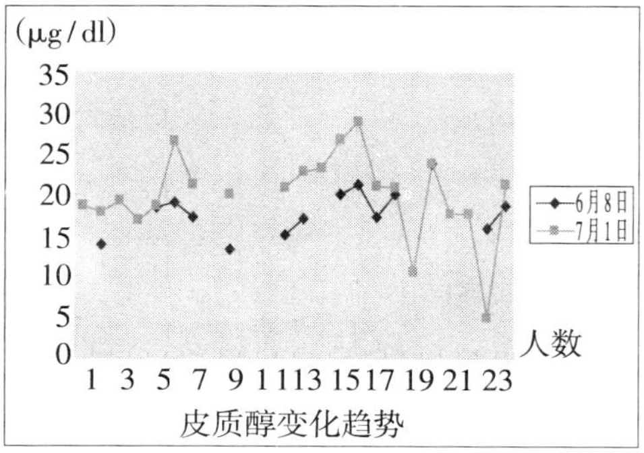

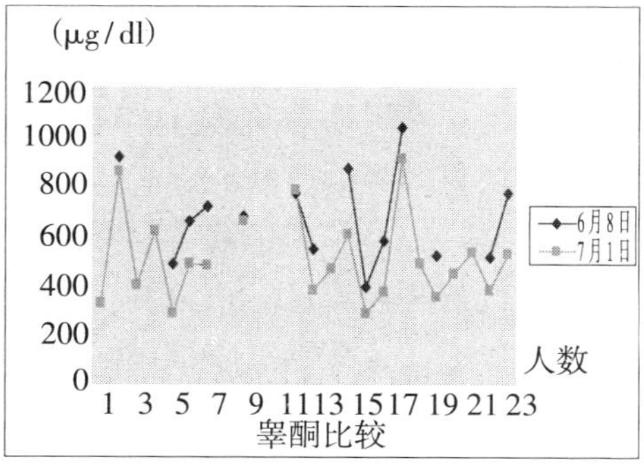

图 4–12　运动员皮质醇、血睾酮变化图

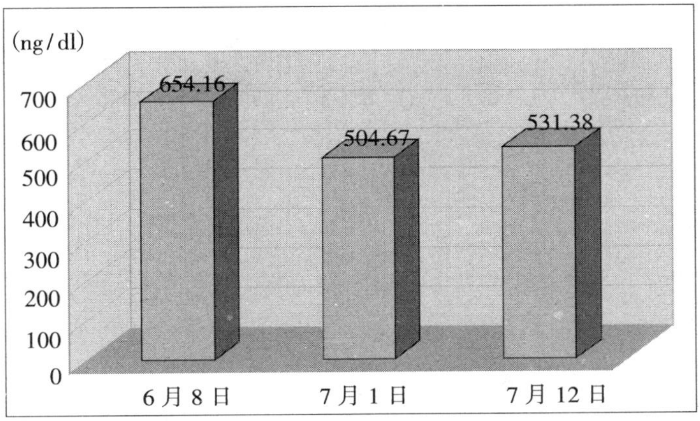

图 4–13　运动员血睾酮变化图

8. 血清肌酸激酶

血清肌酸激酶是反映运动负荷的指标。从图 4–14 中可以看出，6 月 8 日和 7 月 12 日两次测试的平均值处于正常范围，7 月 1 日的测试值则偏高，提示运动量过大，身体未完全恢复，可结合其他指标对运动员个体进行综合评价。

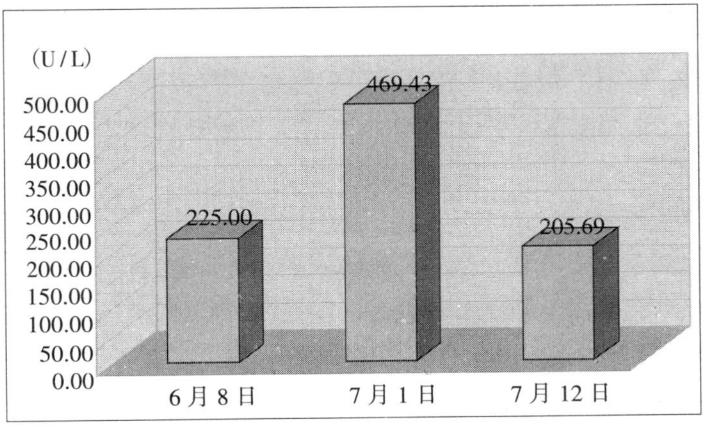

图 4–14　运动员血清肌酸激酶变化图

9. 血尿素

运动可以使血尿素升高，一般来说，优秀运动员晨起血尿素值的范围为4~7mmol/L，从图 4–15 中可以看出，3 次测试值均在正常范围之内。可结合其他指标对运动员个体进行综合评价。

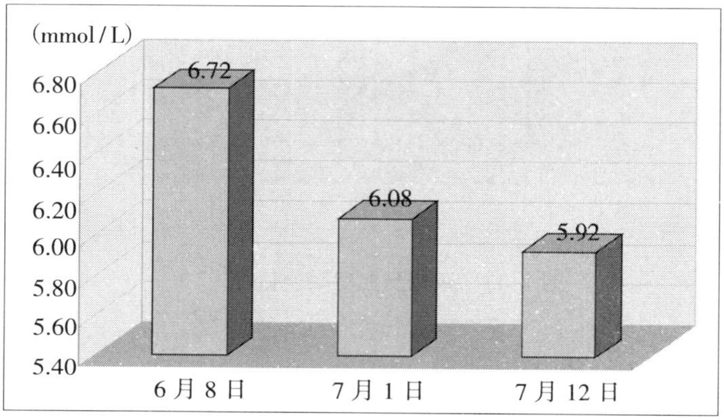

图 4–15　运动员血尿素变化图

10. 尿十项

尿十项检测包括尿比重（评价训练中及训练后水补充情况）、尿蛋白（评价训练课强度）、尿潜血（评价训练课强度及训练量）、尿酮体（评价训练前及训练中碳水化合物补充情况）、pH 值（评价饮食中酸碱摄入及均衡情况）、尿胆原（评价训练负荷所致的血红蛋白破坏情况）等项指标，在科研工作中既可以用于身体状态和营养状况监控，也可作为训练监控的手段。本次集训中进行了多次尿十项检查，以国奥男足 2008 年 6 月 29 日晚训练后尿十项检测报告为例，可以得出如下结论：

（1）大部分队员尿比重偏高超过 1.030，提示运动员发生一定的脱水现象，应该注意及时补水。

（2）半数运动员尿蛋白为阳性，说明运动量对运动员具有一定的刺激，但并不说明运动负荷量过大，1 名队员尿蛋白较高，要注意个体的纵向比较。

（3）值得注意的是两名队员出现尿潜血，另一队员尿胆红素高，应跟踪观察。

（4）1 名队员尿白细胞较多，观察其泌尿系统是否有炎症。

（5）运动员尿液普遍酸化，建议多吃水果和蔬菜。

为了判定运动负荷的适宜程度以及检测运动员机体的恢复情况，6 月 30 日中午测试所有上述指标异常的运动员全部恢复正常，说明运动员可以承受目前负荷量。在整个备战期，科研组多次检测了运动员的尿十项指标，对于辅助训练，提高训练的科学化程度起了重要作用。

二、中国国奥队不同集训阶段运动负荷监控

（一）香河集训分析

1. 训练内容

国奥男子足球队在香河训练基地集训期间训练内容的时间分配见表 4–3。

表 4–3　香河集训训练内容时间分配（单位：min）

训练内容　时间	6.10	6.11	6.12	6.13	6.14	6.15	6.17	6.18	6.19	6.20	总时间
体能训练											
有氧耐力	8	12	11	15	20	37	21	30	15	34	203
力量训练	23	24		24	40		25	56	10		202
快速力量	2	12	13		4	5		3	5		44
速度耐力	12	9				4			20		45
爆发力		23					18				41
总时间	45	57	47	39	64	46	46	107	50	34	535
技战术训练											
局部技战术	30	70		24	5	50	25	25	38		267
对抗			20			20				40	
练习比赛				40					60	100	
总时间	30	70	0	44	45	50	45	25	38	60	407

香河集训的有效训练时间为 942 分钟，平均每天 94.2 分钟。体能训练多于技战术训练；体能训练中以有氧耐力和力量训练为主，快速力量、速度耐力和爆发力训练相对较少；技战术训练以局部技战术为主，对抗训练相对较少，练习比赛时间适中。各项训练内容分配见图 4 – 16。

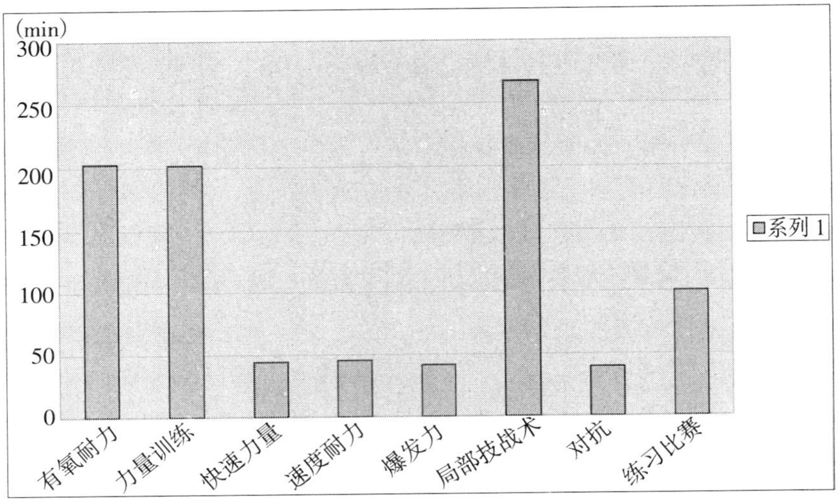

图 4-16　香河集训训练时间分配

2. 负荷强度

心率是反映负荷强度的生理指标之一，因其简便易测，因此多用它来评价负荷强度，可以用一次训练课的平均心率来评价该训练的强度。本次集训每次训练课的平均心率见表 4-4，图 4-17。

表 4-4　香河集训每日训练平均心率（单位：beats/min）

日期	6.10	6.11	6.12	6.13	6.14	6.15	6.17	6.18	6.19	6.20
心率	126.9	136.7	126.5	133.5	148.5	125.9	142.7	121.6	142.9	153.3

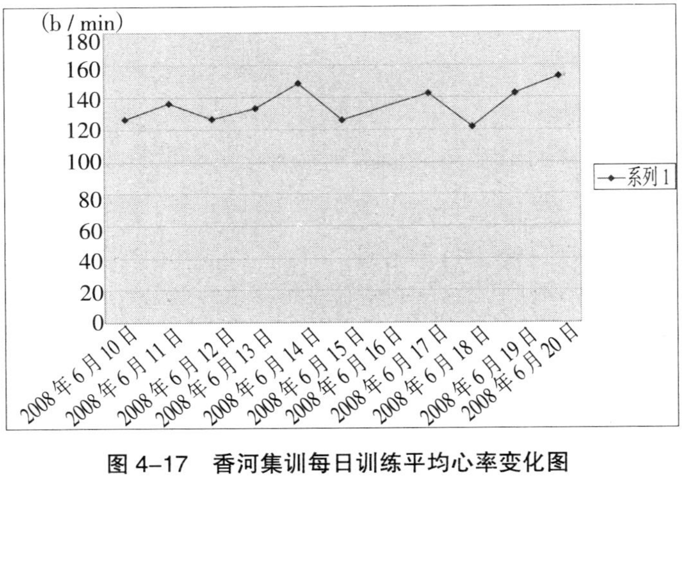

图 4-17　香河集训每日训练平均心率变化图

由图 4–17 可知，香河集训期间的平均训练强度基本呈波浪形上升的趋势。

3. 负荷量

每堂训练课的总心率可以在一定程度上反映训练量，总心率的计算方法是，用每项练习的平均心率乘以练习时间，所有练习心率相加，即得出总心率，表 4–5，图 4–18 为本次集训每日训练的总心率，总心率的变化可以反映出训练量的变化。

表 4–5　香河集训每日训练总心率（单位：次）

日期	6.10	6.11	6.12	6.13	6.14	6.15	6.17	6.18	6.19	6.20
心率	12054	17635	6070	12150	12180	16620	11700	10820	15430	17480

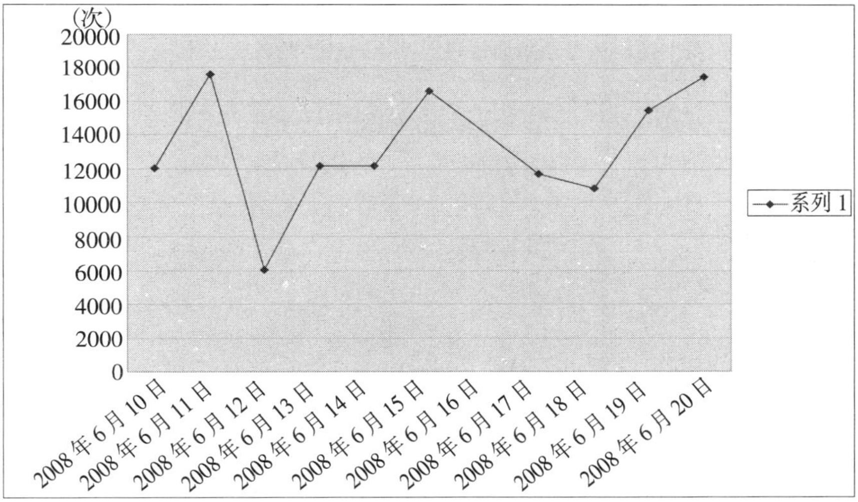

图 4–18　香河集训每日训练总心率变化图

从香河集训期间运动员每日训练中的心率来看，运动负荷量的安排基本呈波浪形。

表 4–6，图 4–19 为香河集训期间每日训练的跑动距离情况。从跑动距离来看，其变化趋势表现出了与总心率变化趋势相同的特征。

表 4–6　香河集训每日训练跑动距离（单位：m）

日期	6.10	6.11	6.12	6.13	6.14	6.15	6.17	6.18	6.19	6.20
时间	4500	5720	1150	3500	6200	6960	6700	4700	5700	9300

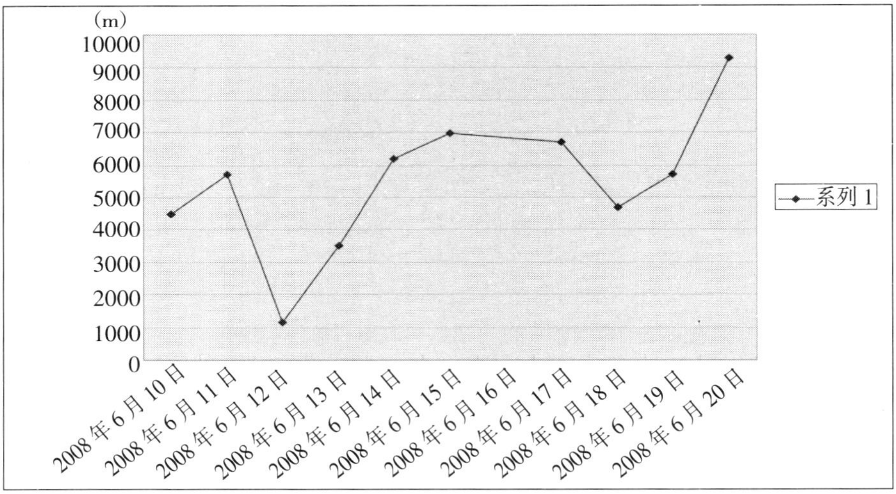

图 4-19 香河集训每日训练平均跑动距离变化图

以训练课的总心率代表训练量，以平均心率代表负荷强度，将得到训练量和训练强度变化趋势比较，如图 4-20 所示。

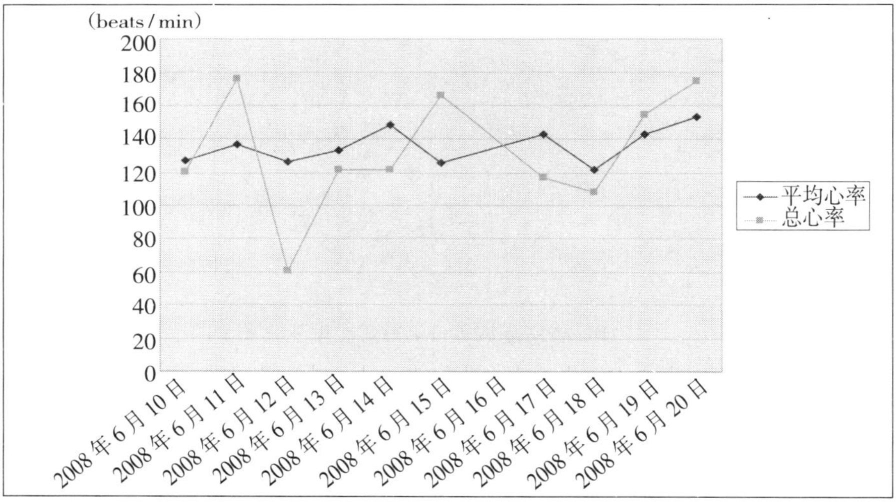

图 4-20 香河集训训练量和训练强度变化趋势图

由图 4-20 可知，在训练的起始阶段，训练的负荷量较大，负荷强度相对较小，并在之后呈现出交替上升的趋势，训练的最后阶段则表现出了训练负荷强度与训练量共同增大的趋势，对运动员的机体刺激较大。

（二）秦皇岛集训分析

1. 训练内容

国奥男子足球队在秦皇岛集训期间训练内容时间分配如表 4–7 所示。

表 4–7　秦皇岛集训训练内容时间分配（单位：min）

训练内容　　时间	6 月 27 日	6 月 28 日	6 月 29 日	6 月 30 日	7 月 1 日	总时间
体能训练						279
有氧耐力	36	43	8		32	119
专项力量训练		37		20	10	67
快速力量		10		10	4	24
专项速度耐力			20		24	44
爆发力		25				25
技战术训练						180
局部技战术		24	11	25		60
对抗			30		30	60
练习比赛				60		60

经过香河阶段的训练后，在秦皇岛集训训练的内容向技战术和实战发展，从上表可以看出，28 日开始技战术的内容开始增加，6 月 29 日出现对抗，6 月30 日的练习场地比正常比赛的略小，时间为 60 分钟，已经接近比赛的强度。

身体素质的训练中有氧耐力训练强度不大，一般以恢复性训练为主，力量的训练占比重较大，有 116 分钟，专项速度耐力训练为 44 分钟。6 月 29 日至 7 月 1 日，不但专项速度耐力的训练时间较长，而且对抗和比赛训练也较多，训练内容对队员机体的刺激比较强烈。在准备期的体能储备训练过程的后期，速度耐力和力量的训练比重逐渐增加，为技战术的训练奠定了坚定的基础，但从队员的反映来看，此过程还没结束，还需要一段对此负荷的适应期。

2. 负荷强度

国奥男子足球队秦皇岛集训期间的训练强度如表 4–8，图 4–21 所示。

由于 30 日安排了约 60 分钟的较大负荷强度的练习比赛，因此，在秦皇岛集训期负荷强度为最高，在一周中前 4 天负荷强度呈递增趋势，最后一天虽有下降，但仍高于前 3 天的训练。

表 4-8　国奥队秦皇岛集训训练强度分析（单位：beats / min）

	6月27日	6月28日	6月29日	6月30日	7月1日
训练课平均心率	117.5	133.2	140.1	156.5	149.9

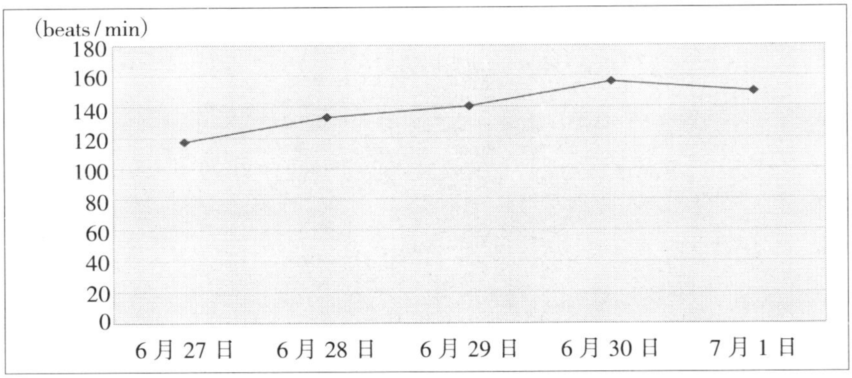

图 4-21　国奥队秦皇岛集训训练强度分析变化图

以上分析说明在 6 月 27 至 7 月 1 日的训练中，后 3 天负荷量和强度都达到了一个较高的程度，队员机体在承受了较高的刺激，在下一个阶段的训练中应注意观察队员的反应，加强恢复措施，促进队员机体疲劳状态的消除。此阶段训练的另一特征是力量训练比较多，队员普遍肌肉酸痛，肌肉疲劳易在对抗训练中产生伤病，应该予以重视。

3. 负荷量

国奥男子足球队秦皇岛集训期间的训练量如图 4-22 所示。

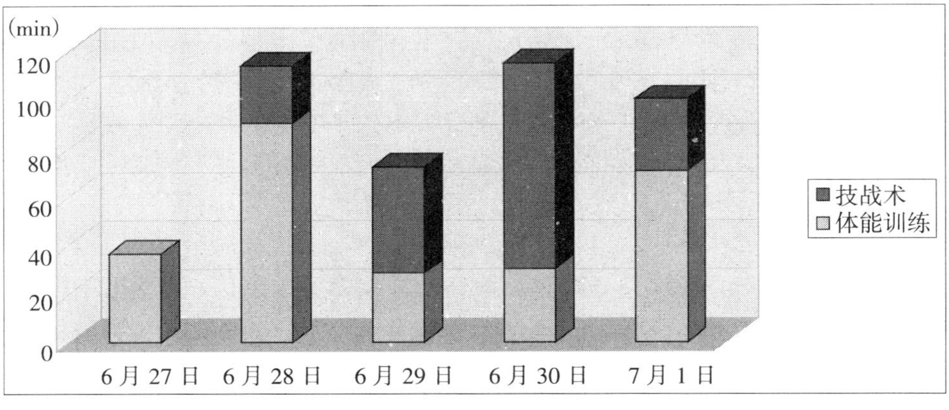

图 4-22　秦皇岛集训期间训练量的安排变化图

从图 4–22 可看到，训练量的安排比较合理，集训期间出现二次大量，二次大量之间有一个间隔。总体上看训练量在起伏中呈阶梯性上升。体能训练的比例在 6 月 28 日最多，后 3 天的对抗和比赛中也包含了较大强度的有氧训练。

（三）沈阳集训分析

1. 训练内容

国奥男子足球队在沈阳集训期间训练内容时间分配如表 4–9 所示。

表 4–9　沈阳集训期间训练内容安排（单位：min）

训练内容　时间	7 月 2 日	7 月 3 日	7 月 4 日	7 月 5 日	7 月 6 日	总时间
体能训练						127
有氧耐力	16	17	35			68
专项力量训练		22		8		30
快速力量（速度）		10		5		15
专项速度耐力						
爆发力			14			14
技战术训练						367
局部技战术	20	123	69	50（定位球）		262
对抗						
练习比赛				60	45（热身赛）	105

从国奥备战到沈阳阶段基本完成了体能储备训练，开始进入了整体技战术训练期，每周要完成一场热身赛。在沈阳阶段技战术训练的时间明显增加，技战术训练主要是以局部技战术训练为主，基本没有对抗训练，练习比赛的时间除去热身赛也仅有 60 分钟，可见此阶段主要是以完善局部配合为主要目标。

体能训练主要以有氧训练、专项力量训练及爆发力训练为主，没有速度耐力训练的内容。有氧训练多为恢复性和准备性的练习。

从图 4–23、4–24 可以看出沈阳期间的体能训练内容已经明显减少，技战术训练内容明显增加，秦皇岛集训期间有效训练总时间为 437 分钟，沈阳期间有效训练时间为 495 分钟，增加了 58 分钟。

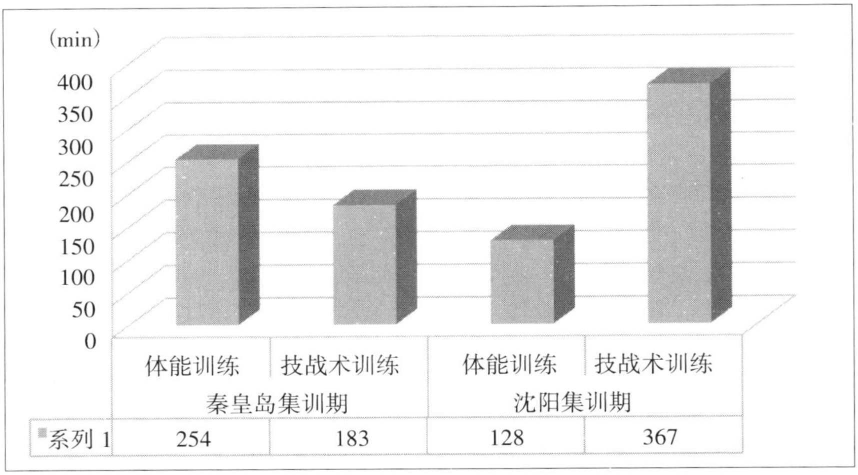

图 4–23　秦皇岛与沈阳集训期训练内容对比分析

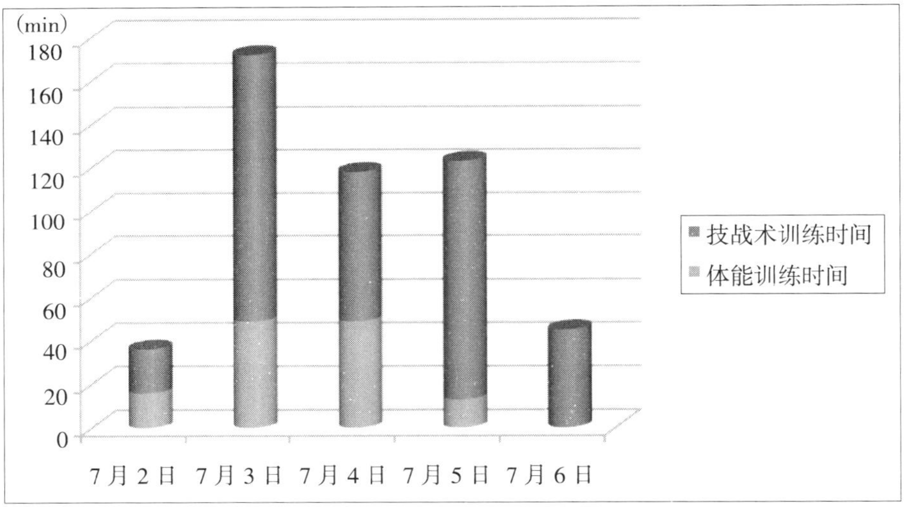

图 4–24　沈阳集训期间训练内容比例

从图中可以看出，在增加技术训练时间的同时，对抗训练却明显减少，除去 6 日的比赛，其他训练时间内对抗和比赛的内容仅有 60 分钟，甚至比秦皇岛还少 60 分钟，可见技战术训练基本是在无对抗条件下完成的，国奥队于 2006 年11 月组队，大部分队员都参加过集训，基本的配合套路仍为此阶段训练的主要内容值得商榷。这个阶段更多的应该是在对抗的条件下完善进攻与防守技战术能力。

2. 负荷强度

国奥男子足球队沈阳集训期间的训练强度如图 4–25 所示。

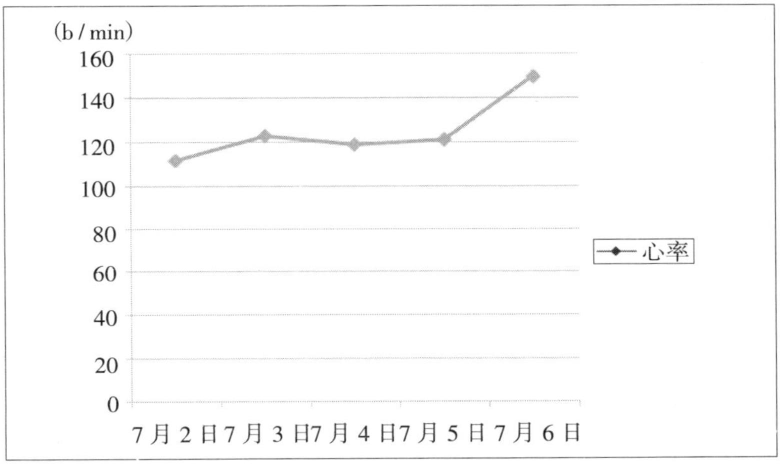

图 4–25　沈阳集训期间训练强度变化图

训练强度是以一天每个练习内容的总心率之和除以练习时间计算的。它基本反映了每天训练的负荷强度的变化。7 月 5 日虽然有 60 分钟的练习比赛，负荷接近热身赛，但是由于 7 月 5 日训练时间较长，平均心率低于热身赛心率。足球比赛一般心率在 160 beats/min 左右，6 日的热身赛强度较低，预计强度为 150 beats/min。

从图 4–25 来看，队员的负荷强度还没有达到整场激烈比赛要求，在比赛中队员体能和心理难以应付整体比赛。加之 3 日较大负荷量和强度的训练后，4 日和 5 日持续保持较大的负荷量度，队员疲劳叠加，机能处于较低水平，主教练安排绝大多数队员打半场比赛是合理的。

3. 负荷量

国奥男子足球队沈阳集训期间的训练量如图 4–26 所示。

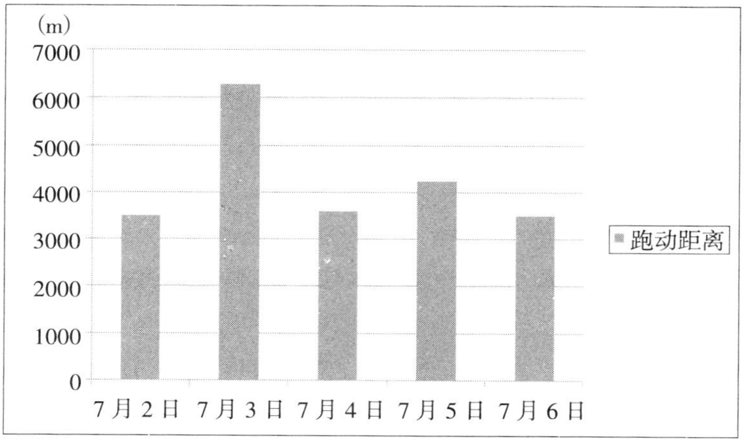

图 4-26　沈阳集训期间跑动距离变化图

训练时间和跑动距离的变化相一致，在 7 月 3 日负荷量较大。7 月 4 日、5 日持续大运动量，3 天的训练跑动距离是在技战术训练中完成的。

从 7 月 2 日到 6 日的训练过程中，训练量较大，但训练强度不高，对抗训练的内容较少，整体技战术训练时数有限。下个阶段的训练应该加强对抗训练，及早确定主力队员，提高整体技战术配合能力。

4. 生理生化检测

从香河集训到沈阳集训科研小组进行了多次生理生化测试，秦皇岛结束后的测试指标变化见图 4-27，表 4-10（6 月 8 日为香河集训前，7 月 1 日为秦皇岛集训结束时当天）。

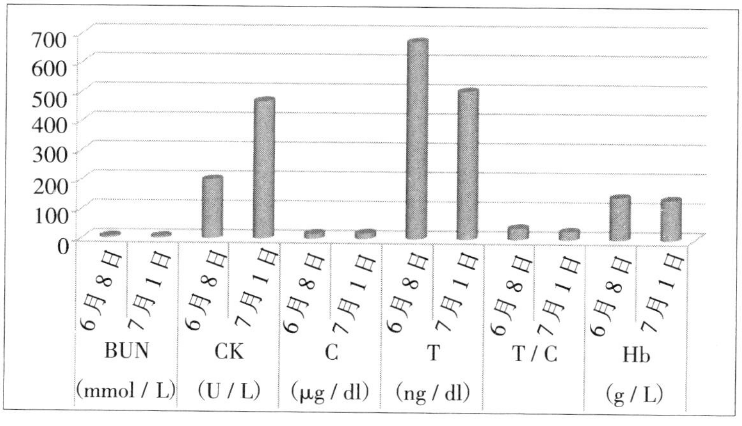

图 4-27　6 月 8 日与 7 月 1 日生化指标变化

表 4–10　6 月 8 日与 7 月 1 日生化指标变化

	BUN (mmol/L)		CK (U/L)		C (μ g/dl)		T (ng/dl)		T/C		Hb (g/L)	
时间	6月8日	7月1日	6月8日	7月1日	6月8日	7月1日	6月8日	7月1日	6月8日	7月1日	6月8日	7月1日
测试值	6.69	6.08	200.86	469.43	17.89	19.91	673.82	504.67	37.66	25.35	145.36	137.62

从生化指标检测来看，在秦皇岛集训期间主要目标是体能储备，队员承受了较大的训练负荷，在秦皇岛集训结束后队员普遍处于疲劳状态。

沈阳集训结束后的生理生化检测结果见表 4–11，图 4–28（6 月 8 日为香河集训前，7 月 7 日为沈阳集训结束后 1 天）。

表 4–11　血常规检测结果分析

白细胞 (×10⁹/L)		红细胞 (×10¹²/L)		血红蛋白 (g/L)			HCT 红细胞压积 (%)		RDW 红细胞分布宽度（%）	
6月8日	7月7日	6月8日	7月7日	6月8日	7月1日	7月7日	6月8日	7月7日	6月8日	7月7日
6.46	6.61	4.94	5	147.25	137.62	145.58	43.44	46.52	12.75	10.63

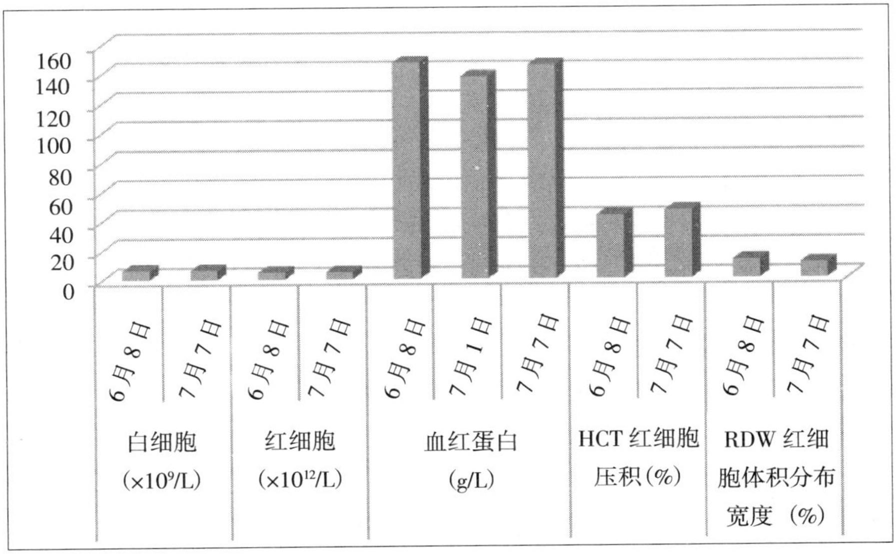

图 4–28　血常规检测结果分析

从生化检测结果来看，沈阳 7 月 7 日比赛后，可以看到队员的疲劳开始缓解，说明队员的机体逐渐恢复，队员同样在承受大负荷训练的同时，血红蛋白已经接近集训前的初始水平，说明队员已经逐渐适应负荷训练，身体机能朝着有利的方向发展。

图 4–29 是从香河集训到沈阳集训结束这一阶段尿十项分析结果变化图。

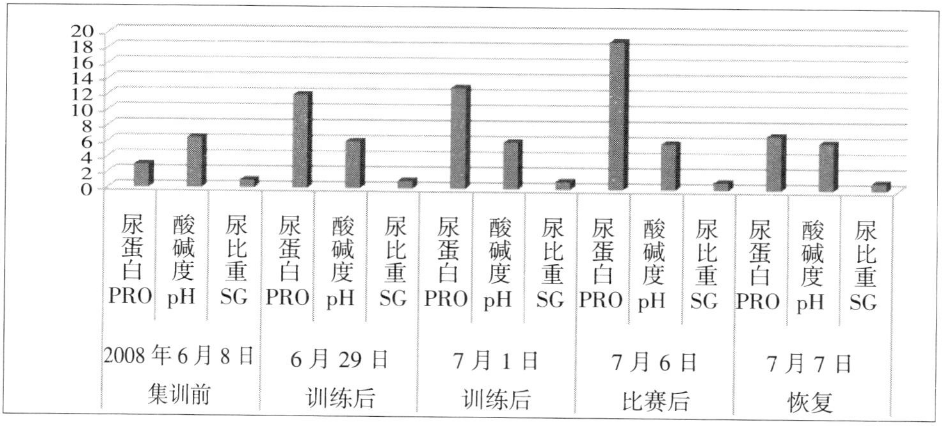

图 4–29　尿十项检测分析

从两次大强度训练后和与越南热身赛后的结果来看，队员在承受大强度训练和比赛后的即刻出现尿蛋白的人数较多，这应该是机能承受大强度训练的合理现象。在 7 月 7 日比赛第二天晨尿十项测试显示，队员仅有 7 人出现尿蛋白，比初始测试少了 4 人，说明队员的大负荷运动后的恢复速度加快。

图 4–30 为沈阳集训期间日常指标的检测结果。日常检测的结果显示队员的机能向好的方面转化。疲劳感觉测试中，在 7 月 4 日有 22 人感觉疲劳，在 7 月 7 日出现疲劳感觉的有 12 人，比 4 日少了 10 人。晨脉增加 0.65 beats/min，舒张压增加 2.67mmHg，考虑到生理变化影响因素较多，基本可以认为以上指标没有明显变化。此外，体重下降 0.61 公斤，还应该注意营养的加强。

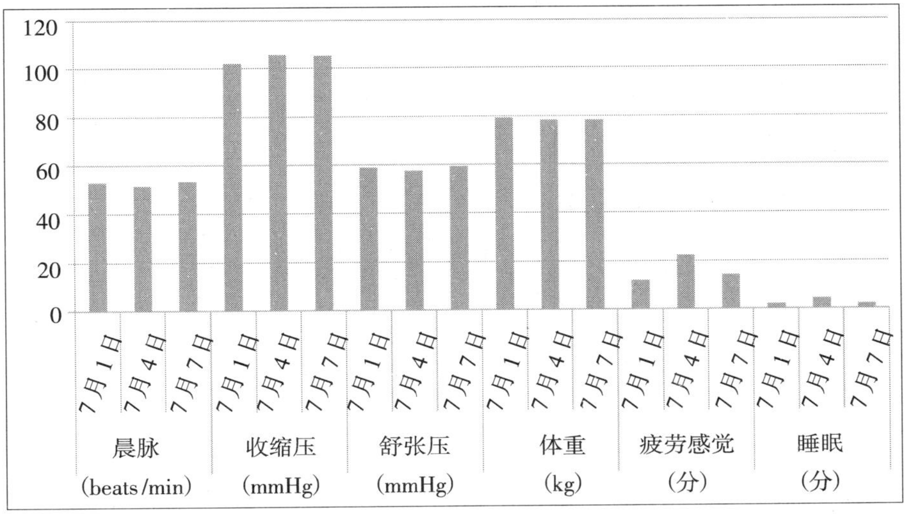

图 4–30　日常检测分析

（四）延吉集训分析

1. 训练内容

国奥男子足球队延吉集训期间的训练内容时间分配如表 4–12 所示。

表 4–12　延吉集训训练内容分配（单位：min）

训练内容	7月8日	7月9日	7月10日	7月11日	7月12日	总时间
体能训练						59
有氧耐力	10		9	8	10	37
专项力量训练	5					5
快速力量（速度）	5			7	5	17
专项速度耐力						
爆发力						
技战术训练						231
局部技战术	55	25	32	37	25	174
对抗	20					20
练习比赛				37		37

由上表中可知，延吉集训的有效训练时间远远少于秦皇岛（437 分钟）与沈阳集训（495 分钟）的时间，仅达到 291 分钟。训练内容是以非对抗的局部技战术为主，其中抢圈训练与网式足球的训练所占时间较长，只在 8 日与 11 日有对抗训练的内容。没有专项的有氧耐力训练和专项速度训练，专项力量训练与快速力量训练的时间也比前两期集训大为缩减。在对抗训练不足的同时，减少速度与力量训练不利于队员体能水平的保持。

图 4–31 为秦皇岛、沈阳、延吉集训体能与技战术训练时间分配图。从图中可以看出，在延吉集训不但体能训练时间最少，技战术训练也与沈阳期间相比也大为减少，仅仅多于以体能储备为主要目标的秦皇岛训练阶段。

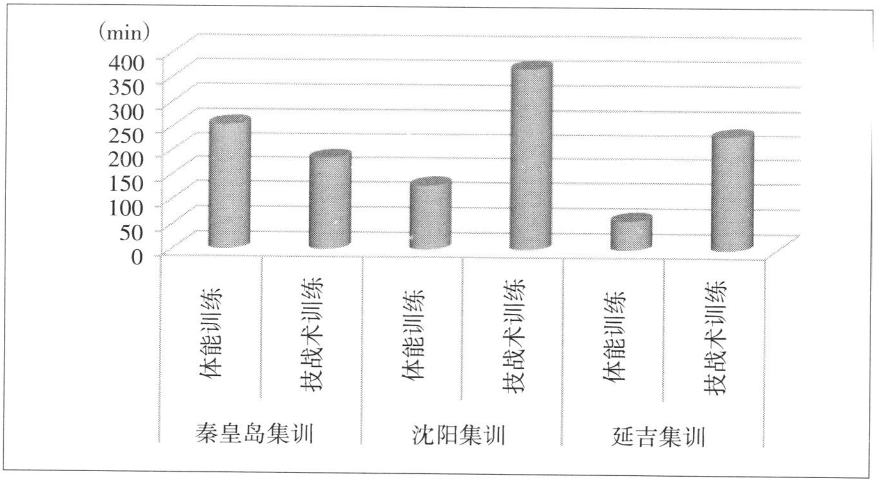

图 4–31　秦皇岛、沈阳、延吉集训体能与技战术训练时间分配

2. 负荷强度

国奥男子足球队延吉集训期间的训练强度如图 4–32 所示。

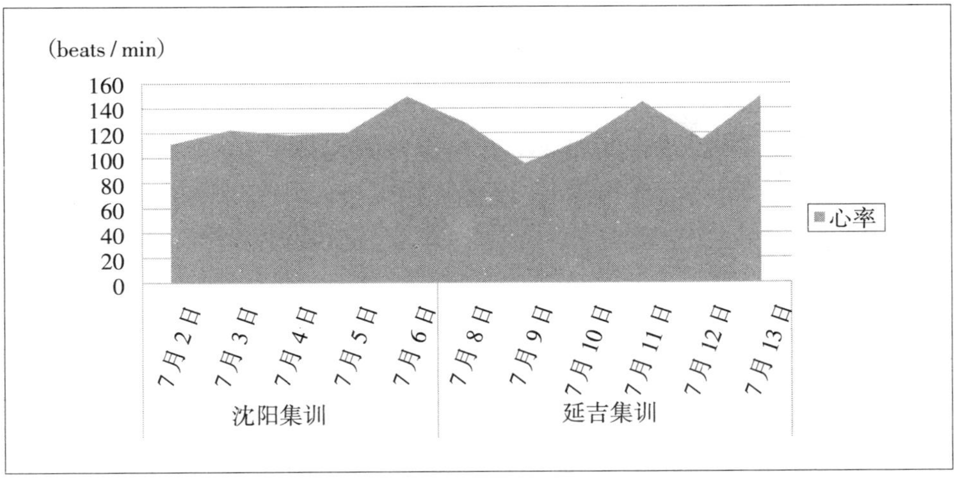

图 4-32 沈阳与延吉平均训练心率分析变化图

总体上看，延吉集训训练强度偏小，在 7 月 7 月休整一天后，7 月 8 日保持了较高的负荷强度，但在 9 日、10 日两天训练强度较低，11 日强度又迅速提高，这种负荷量度无序的忽升忽降，打乱了队员已经形成的对训练节奏的适应，易导致竞技能力结构的紊乱。

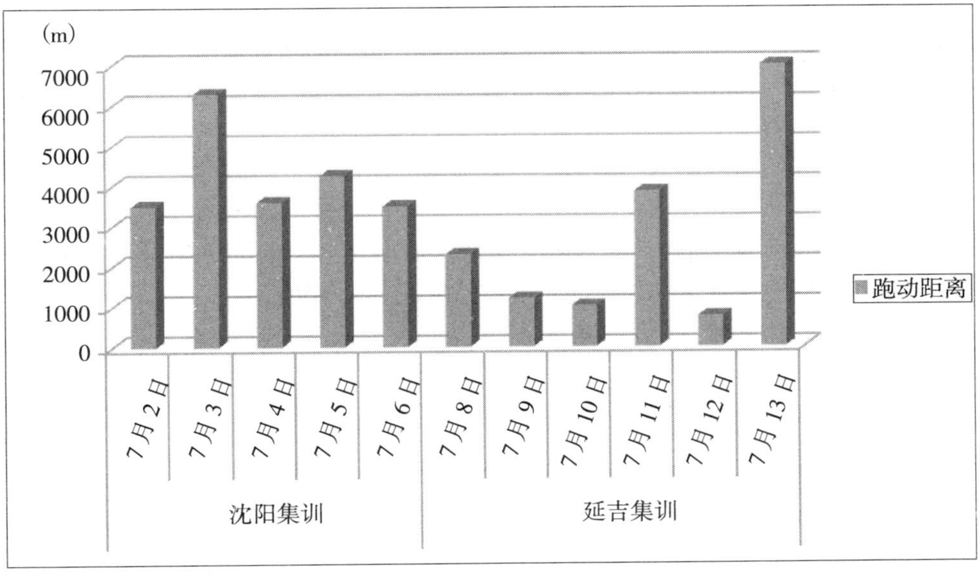

图 4-33 延吉集训与沈阳集训跑动距离变化图

3. 负荷量

国奥男子足球队延吉集训期间的训练量如图 4–33 所示。从图中可以看出，跑动距离自延吉集训开始就逐渐下降，只有 11 日出现一次大训练量，13 日是比赛日，从负荷量度来看，训练量度的安排难以提高运动员的机体能力。

以训练课的总心率代表训练量，以平均心率代表负荷强度，我们可以看到两个阶段的训练中出现以下趋势。

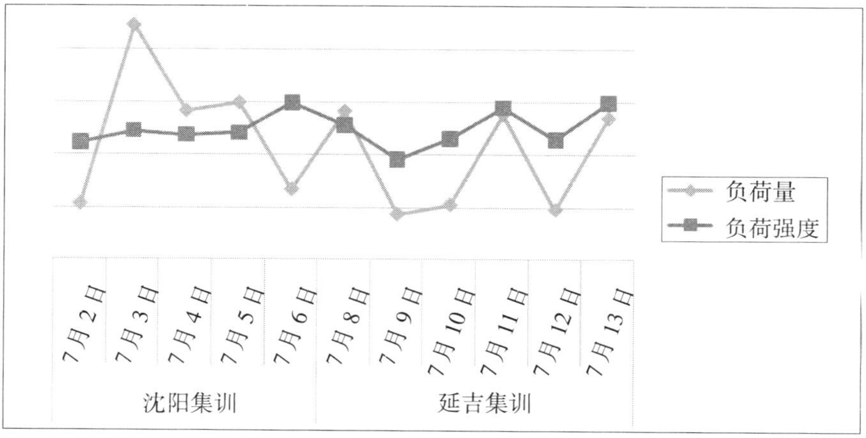

图 4–34 两个阶段的负荷量与强度变化图

由图 4–34 可以清楚地看到沈阳集训期的负荷量度较大，在负荷量调整变化的同时，始终保持一定的负荷强度。而在延吉期间负荷量和强度变化相一致，强度和量同时下降或上升，这种负荷安排方式，不但打乱了队员疲劳消除节奏，还可能由于在负荷下降期机体得不到应有刺激，形成的体能状态逐渐消退。建议在减少运动量的同时增加运动负荷的强度或保持原有的强度。

第五章　足球运动员身体素质监控

第一节　身体素质监控的内容

身体素质监控的内容主要包括耐力、速度、力量、灵敏和柔韧等，以下对此几个方面进行论述。

一、耐力素质测量与评价

耐力素质是指人体在长时间进行工作或运动中克服疲劳的能力。耐力又分为有氧耐力和无氧耐力。足球运动是一种非周期性不规则的、有氧和无氧混合供能、大小强度和快慢速度不断交替的运动。在比赛的大部分时间里主要依靠有氧代谢方式供能，在无氧供能方面要求运动员应该具备较高的非乳酸无氧代谢能力和适当的乳酸性无氧代谢能力。足球比赛中并没有长距离低强度不间断的跑动出现。贝赫叶（Berheijen）观测到荷兰运动员在比赛中大于30米的跑动后卫有6次，中场队员9次，前锋队员6次。邦斯伯也观测到运动员在比赛中慢跑共有253次，平均每次3.5秒。低速跑251次，平均每次时间3.5秒，后退跑26次，平均每次3.6秒。可见有氧耐力的主要作用并不是维持运动员长时间连续跑动能力，而是维持足球比赛的长时间、间歇性的跑动能力和加快间歇时的恢复能力。从比赛中的中小负荷运动的比例和间歇时间来看，足球比赛整体上是有氧运动，要求有氧耐力水平应满足长时间比赛的需要。同时，比赛的间歇性大强度运动的存在，要求运动员的有氧供能系统能在反复动用无氧能量系统的间歇期提供快速恢复的能力，这种能力在足球运动中极其重要，它直接影响着反复高强度运动的质量，尤其是对下半场比赛中保持快速运动的能力显得更为重要。因此，足球比赛中高强度运动的间歇期，磷酸原供能系统能源物质的恢复速度是足球运动员所具备较强有氧能力的重要特征。

基于上述分析认为，足球专项耐力评价有两方面，以有氧耐力评价为主，兼有适当的速度耐力评价。以前评价有氧耐力的常用指标是库珀（Cooper）测试，也就是我国原先采用的12分钟跑的体能测试方法。该方法的缺点在于队员基本上以恒定的速度跑，不能体现足球比赛的跑动特征。Cooper测试可以用作评价足球运动员有氧耐力的参考指标之一，但是它主要是测定运动员持续跑的能力，不能反映足球比赛中间歇性的跑动特征。经常采用这种长距离的持续跑，势必使足球运动员身体机能和生理生化特征向耐力型进行适应性转化，这种适应性转化对完成足球比赛中的拼抢冲刺、起跳争顶、起脚射门等各种快速爆发用力的关键技术动作极为不利。

现在国外应用最广泛的有氧耐力测试方法是YOYO测试。有研究表明，利用YOYO测试和12分钟跑测试与实验室跑台测试预测最大摄氧量时，3种方法具有很高的相关性，YOYO和跑台测试结果的相关系数是0.86，12分钟跑和跑台测试结果的相关系数是0.92，但YOYO测试最符合足球比赛的运动特点（Grant et al，1995）。YOYO测试不是单纯的有氧耐力测试，它把体能测试与足球体能特点相结合起来，更能准确反映足球运动员专项体能水平。它应用了间歇训练法的原理，模仿足球运动中的运动节奏，可以最大程度地发展运动员的心肺功能和有氧耐力，同时还有助于发展运动员无氧耐力、下肢爆发力、速度和灵敏素质。

二、速度素质测量与评价

速度素质在比赛中主要表现为反应速度、动作速度、位移速度，任何一种速度素质都是运动员必不可少的重要元素。因此对运动员速度素质进行监控具有重要的意义。

（一）反应速度和动作速度

足球运动员往往在事先无准备或准备不足的条件下，通过视觉感受器接受各种刺激（如各种不同性质的来球、瞬间出现的空当等），然后根据本队、本人技术和战术需要，经过瞬间复杂的思维、判断，迅速采取行动。这一过程不仅时间短，而且所遇到的情况复杂。在比赛中运动员反应速度和动作速度是密不可分的，运动员的反应速度通过动作速度表现出来。

反应时对足球运动员非常重要，显示了一个人对外界刺激信号作出反应所需要的时间。反应时反映了人对自己运动行为控制的一个复杂过程。这一复杂的行为控制过程基本上包括：（1）人对外界信息的辨认；（2）人对反应行为的选择；（3）人对具体反应动作的程序化。从行为控制学的角度看，单纯研究反应时似乎意义不大。但研究影响反应时的因素，认识反应时与运动动作的速度及准确性的关系等问题，可以解决一些具体的理论和实际问题。研究发现，主力队员和替补队员之间的简单反应时无显著性差异，但是高水平运动员具备较强的快速判断复杂局势和果断采取正确行动的能力。

从反应时的行为控制过程来看，快速判断复杂局势的能力就是人对外界信息的辨认能力，果断采取正确行动的能力就是人对反应行为的选择过程。另外高水平的运动员也具有较强的比赛不同情境程序化应答能力，这些能力使高水平运动员在比赛中的动作反应时快于低水平运动员。

（二）位移速度

比赛中运动员需要根据来球的情况和战术进行移动。为了实现对球的控制和应付突变情况，运动员移动方向随机多变及移动距离长短不定，移动形式也不尽相同，有直线、弧线、折线、曲线，同时还交替着快跑、慢跑、走、跳跃、后退、侧跨、停等多种复合形式。

有研究表明，荷兰职业联赛中后卫运动员共有 162 次位移运动，其中 1~10 米的运动占 80.24%，10~20 米的运动占 11.11%。中场队员 1~10 米的跑动占总跑动次数的 79.53%，10~20 米的运动占 8.7%。前锋队员 1~10 米的跑动占 73.78%，10~20 米的运动占 15.3%。

足球运动员在比赛中 90%左右的跑动在 20 米距离内，其中 10 米以内跑动占 70%以上。可见对足球运动员来说，10 米、20 米高速度的反复跑动能力在足球比赛中起着重要作用。10 米的跑动速度与运动员的起动速度有重要的关系，以往评定中以 30 米的跑动速度来反映运动员速度素质，实际上 10 米的跑动速度更能反映足球运动员的起动速度。对英格兰 3 个级别运动员的 10 米和 30 米的速度的测试也证明这一点。相对 30 米跑速度而言，10 米的跑动速度更能反映足球专项速度水平。研究表明，我国运动员的 30 米跑动速度高于国外运动员，但是更具专项跑动特征的 10 米跑速还不得而知，因此，在评价我国运动员起动速度时还应该考虑 10 米的跑动能力。

三、力量素质测量与评价

力量素质是足球运动的基础素质，它深刻影响着其他素质，也是足球运动员掌握运动技能、提高运动成绩的基础。现代竞技体育的发展要求足球运动员必须具备全面的力量，但并不是所有类型的力量都在足球运动中起决定性作用。在日趋激烈的90分钟的足球比赛中，足球运动员主要是克服自身体重、球及对手冲撞的阻力来完成无数次的突然起动、快速冲刺跑、跳跃、多次大力量的踢球、传球、射门、各种急停、闪躲、变向、运球突破以及不可避免的身体接触等。足球的这种特点要求运动员在具有一定绝对力量的基础上，必须具备良好的快速力量和力量耐力。绝对力量是速度力量的基础，速度力量的发展主要依赖于绝对力量的水平，速度力量又与力量耐力关系密切，3种力量素质相互影响、相互促进、相互制约。

研究表明，最大力量对足球运动员具有重要意义。最大力量与50米冲刺跑和弹跳力具有较高的相关性，相关系数分别为R=0.63的中度相关和R=0.93的高度相关。20世纪80年代的大量研究不仅证明了这一结论，而且也进一步表明最大力量在高水平与低水平足球运动员之间存在着显著差异。另外，有关踢球能力与最大力量的研究结果表明，远距离射门、长传等能力不仅与技术水平相关，而且与膝、髋关节肌肉的快速屈伸力量也紧密相关。足球比赛中不计其数的有球和无球的爆发性动作，以及最大力量已成为评定高水平运动员身体训练的重要指标。

足球比赛中运动形式比较复杂，需要的力量也有所区别。在冲刺、跳跃、对抗、急停、急转等多种运动形式中，几乎全身的肌肉都会在完成技术动作时得到不同程度的利用，因此要量化足球运动中的力量就比较困难。而常用的实验室测试可能低估了训练效果，这是因为实验室测试的运动形式与训练时的运动形式有着较大的区别，实验室环境下的运动形式无法真正反映实际运动中的情况。在场地中经常测试的就是腿部力量，主要通过各种形式的跳跃来评价，包括反向跳跃、纵跳、反弹跳和足球专项跳跃等。比较专项化的足球跳跃测试是跳起后头顶悬挂的球，从触地点到触到球的最大高度减去运动员的站立高度即为起跳高度。另外运动员跳跃能力还可以通过立定跳远、立定三级跳远、立定六级跳远、立定十级跳远、单脚跳30米等予以反映。实践表明，采用原地纵跳和立定跳来评定运动员的爆发力，仰卧起坐评价运动员的腹部力量是行之有效且简单易行的方法。

四、灵敏素质测量与评价

队员在比赛中迅速、合理、省力和机敏地完成任务，特别是在复杂和突变的情况下完成任务的能力被称之为协调能力，也有人称其为灵敏能力。运动的协调难度，完成动作的准确性和灵巧性可作为灵敏性的标准。“协调”既与力量、速度、耐力等素质之间有着密切的纵向关系，又与技术动作存在着密切的横向关系，还与心理等其他方面密切相关。相对说来“运动协调”是一种立体、综合的多向联系，且有整体性、系统性、层次性的宏观特征。素质变化的非衡性结构，肌纤维的非线性伸缩，肌体能量的耗散等，都在“协调”的工作流程中井然有序地按照最有效率步骤运行，实现着“整体功能大于孤立部分的功能之总和”的目标。子系统要素之间的耦合一旦发生细微的偏差，协调的形式立刻发生改变，其整体功能的性质就会产生变化。因此，有机体某一方面的提高必然带动其他方面的改变，某一方面的削弱也必然造成其他方面的影响。

现代足球比赛日益激烈，比赛对抗程度不断提高，比赛时运动员完成各种有球、无球技术时所拥有的时间、空间不断被压缩。特别是在前场，对方队员对有球队员及无球队员都会进行紧密盯防，因此对运动员的灵敏性要求越来越高。灵敏素质的发展水平主要从以下三个方面进行评价：第一，是否具有快速的反应、判断、躲闪、转身、翻转、维持平衡和随机应变的能力。第二，在完成动作时。是否能自如地控制身体，在任何条件下都能准确熟练地完成动作。第三，是否能把力量（爆发力）、速度（反应速度）、耐力、协调性、节奏感等素质和技能通过熟练的动作综合表现出来。总之，灵敏性在足球比赛中主要表现为快速改变运动方向的能力，它是速度、力量、平衡和协调性组成的综合素质。对灵敏性的评价一般结合专项耐力或者速度进行，多采用一些变向跑的测试方法。

五、柔韧素质测量与评价

柔韧性主要取决于组织与器官连结部位的解剖学特征和生物力学关系，包括关节的活动度、角度、杠杆、摩擦，以及肌肉、神经生理条件等。研究表明，阻碍关节运动的主要作用力与软组织（肌肉）的弹性有关。人体的运动是通过骨骼、肌肉、关节、肌腱、结缔组织和皮肤完成的（特别是对抗性比赛项目，如足球）。柔韧性和灵活性是人体运动所必需的，特别是当身体需要进行大幅度运动来发挥最大力量时更显得重要（髋关节的灵活性能提高踢球时大腿摆动幅度和跑动的步幅）。

影响关节柔韧性的主要因素之一是肌肉，所占比率为40%。如果通过伸展练习来改善肌肉的柔韧性，那么关节的运动幅度就能提高。如果关节（踝关节、髋关节、肩关节）周围的软组织柔韧性得到改善，那么身体各部位活动的幅度会加大，就会使关节产生更大的力量和速度。身体柔韧性的提高也有助于球员完成复杂的技巧，特别是要求较高灵敏性的技巧动作（如射门）。在训练中，如果肌肉力量的提高与肌肉柔韧性发展之间达到平衡，那么关节周围运动幅度就不会受到损失。队员只要遵循柔韧性练习的原则，那么力量训练所导致的肌肉肥大（肌肉体积增加）就不会限制关节的活动。此外有计划地加强力量和柔韧性练习，还可以对关节起保护作用。

运动员柔韧性的评价是通过对关节运动范围的评价来实现的，评价动作范围的目的是为了评估围绕关节的运动有多大程度上受肌键、韧带等因素的限制。足球运动中可采用测角器测量那些关节不能达到标准位置的运动员，另外还可以采用“坐—伸”测试和修改的“坐—伸”测试等传统方法进行测试。

第二节　身体素质简易评价指标的选择与应用

足球专项体能是比赛能力的重要组成部分，客观地评估运动员专项体能水平是评价运动员综合比赛能力的基础。因此，设计一个专项体能评价模式就可以对运动员的专项体能状况作出比较全面的了解，从而为体能训练提供科学的依据。评价指标的选择应具有代表性，符合测量学有效、可靠、客观的“三性原则”，且方法要简便、易行。

一、身体素质评价流程

建立一个评价体系，首先要明确评价的对象与评价的目的，即“评价谁与评价什么”的问题。评价对象与评价目的明确后应采用相应的方法确定评价的指标，众多评价指标的建立就构成了该评价的指标体系，指标体系在反映评价目的时要具备较高的效度，否则评价结果就失去了可靠性。指标体系中的每个指标反映评价目的的程度不一样，因此为了更加合理地对被评价者进行评价，就要制订指标的权重。指标的重要程度明确后还要制订评价的标准，即评价的依据。最后要对评价体系进行检验，根据检验的结果对指标体系进行修订。图 5-1 为足球运动员身体素质评价体系建立的流程图。

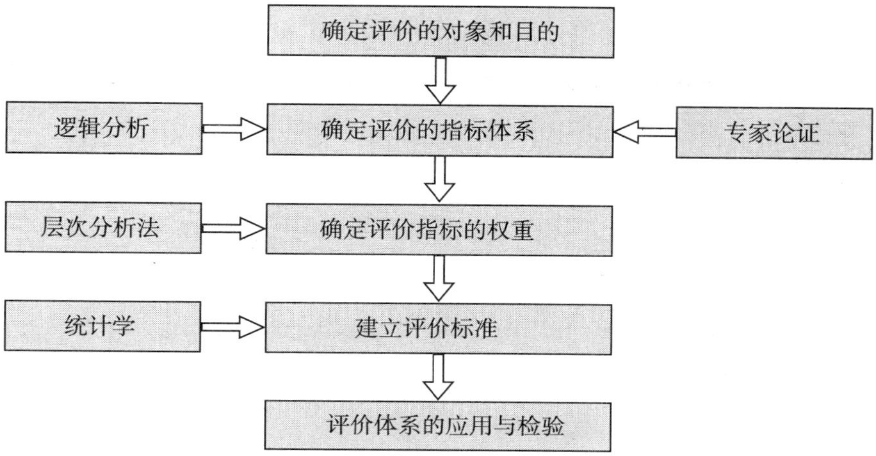

图 5-1　足球运动员身体素质评价流程图

二、身体素质监控指标体系的建立

（一）评价指标的筛选

1. 专家的观点

足球运动员的身体素质评价是体能评价的核心内容，相关的研究理论和方法比较成熟。身体素质由速度、力量、耐力、柔韧和灵敏 5 个因素构成。首先，必须明确要从哪几个方面对足球运动员身体素质进行评价，也就是说身体素质的 5 个主要组成因素全部包括，还是重点选择几个因素进行评价。

瑞典的比约恩·埃克布罗姆博士是足球体能方面的权威专家，对体能测试与诊断作了系统的研究。他的一个重要研究成果就是建立了足球运动员的体能测试模式（图 5-2），以帮助教练员制订出高效的有针对性的体能训练计划。

埃克布罗姆博士建立的足球运动员身体素质评价模式中，主要包括 3 方面的内容。第一，足球专项耐力，包括持续练习和间歇练习两种测试形式。第二，冲刺能力，包括短距离冲刺和变向短距离冲刺两种形式。第三，跳跃能力，包括各种不同形式的跳跃测试。

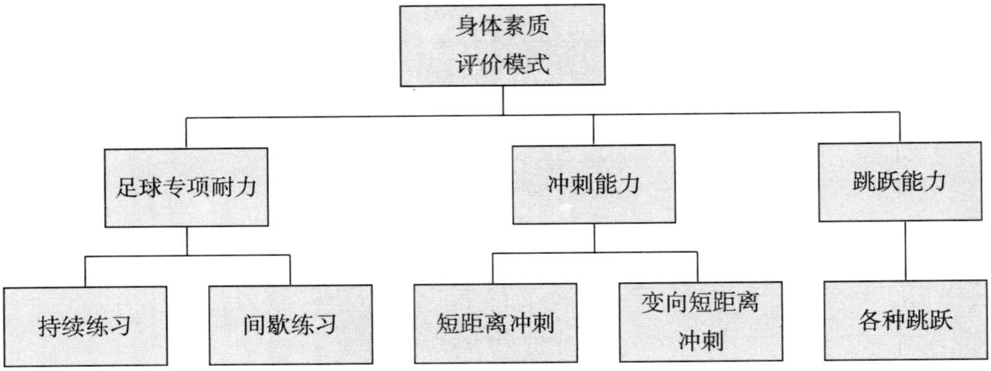

图 5-2 足球运动员身体素质评价模式图（根据布罗姆资料绘制）

2. 理论上的筛选

我国科研人员在长期工作中，充分听取国内外体能专家的意见，制订了中国运动员的身体素质评价指标体系。

(1) 足球专项耐力测试

足球专项耐力测试主要有两种场地测试形式，即持续练习和间歇练习。持续练习的代表性评估方法是 12 分钟跑测试（Cooper 测试），间歇练习的代表性评估方法是 YOYO 测试。YOYO 测试是目前常用的足球专项耐力测试方法，也是中国足协现行的体能测试方法。此方法的优势在于能够较大程度地反映足球运动的专项特征，并且操作简单易行。12 分钟跑测试是传统的有氧耐力测试评估方法，是中国足协曾经使用的体能测试方法。该测试的缺点是，持续测试不能反映足球比赛跑动特征，仅能显示一般有氧耐力。所以，从这个角度分析，YOYO 测试更适合足球专项耐力测试。

(2) 足球专项速度和专项灵敏测试

足球专项速度测试主要为冲刺能力测试，包括各种短距离的冲刺跑测试，及变向冲刺跑测试。目前，具有代表性的测试方法是 Illinois 速度灵敏性测试。该项测试既包括了短距离冲刺，也包括了变向冲刺，是一种综合性的测试方法。

(3) 足球专项力量测试

足球力量素质测试的方法较多，虽然测试涉及到身体不同部位的力量，但是在足球测试的重点为腿部力量，通常采用各种跳跃测试，主要包括单腿跳远、单腿跨步跳和立定跳远等评估方法。由于跳跃测试种类较多，形式不一，是采用多个评估方法，还是选取某个代表性评估方法进行测试是目前面临的问题，所以还需从其他角度进行选择论证。

3. 统计学上的筛选

根据理论上的筛选，虽初步确定了足球身体素质评价的主要内容和指标，但仍然存在力量测试指标相对较多的问题，是进行多个指标的测试，还是选择有代表性的指标进行测试，有待解决。本书作者利用统计学方法对其进行选取，即对单腿跳远、单腿跨步跳和立定跳远指标的相关性进行了检验，结果见表 5–1。

表 5–1　不同跳跃测试结果相关性分析一览表

	单腿跳远	单腿跨步跳远	立定跳远
单腿跳远	--	--	--
单腿跨步跳远	0.568*	--	--
立定跳远	0.512*	0.213*	--

注：* 为 $P < 0.05$。

从上表可以看出，单腿跳远测试与单腿跨步跳远测试的相关系数为 0.568，单腿跳远与立定跳远的相关系数为 0.512，而单腿跨步跳远与立定跳远的相关系数为 0.213。可以看出，3 种不同跳跃测试之间的相关程度不高，说明 3 种测试是代表不同的足球专项力量形式，因此从统计学的角度分析，有必要采取多种测试形式对运动员的专项力量进行综合评价，才能确保评价结果的客观性和全面性。

最后，在文献资料分析和中国女足科研团队专家建议的基础上，结合中国女足训练和比赛的实践需要，初步确立了 YOYO 测试、Illinois 速度灵敏性测试和 3 种跳跃测试等身体素质评价指标。

（二）评价指标的论证

在专项理论分析和统计学检验的基础上，吸取科研团队专家的意见初步确立了中国女足身体素质评价指标体系。由于指标体系的选取决定了素质评定的成败，所以有必要从不同的角度对所选的指标进行科学的论证，以确保指标体系的科学性和客观性。本研究从逻辑理论和专家论证两个角度对指标体系进行论证分析。

1. 逻辑理论论证

(1) YOYO测试

YOYO 测试主要有两种形式，一种是现行的间歇耐力测试，另一种是间歇恢复测试。两者的主要区别在于间歇时间长短的不同，间歇耐力测试的间歇时间为 5 秒，而间歇恢复测试的间歇时间为 10 秒。中国足协体能测试采用的是间歇耐力测试。YOYO 测试应用了间歇训练方法的原理，模仿足球比赛中频繁出现的加速、减速、急停、转身等动作，把体能测试与足球专项运动的特点很好地结合起来，改变了人们对足球体能的认识，具有良好的导向性。

从供能特点来看，目前比较流行的观点是，足球运动供能形式是以有氧供能为基础，非乳酸无氧供能为关键，并有适量乳酸无氧供能的一种形式。YOYO 间歇耐力测试是递增负荷的测试，在每次 2×20 米的跑动后有 5 秒的休息时间。测试的开始部分，跑动强度比较小，此时的能量供应以有氧供能为主。随着强度的增加，在测试的后半阶段，强度相对较大，有氧供能逐渐向无氧供能转变，并伴有乳酸产生。在达到乳酸阈前，有氧供能为主，而到达乳酸阈之后，两种供能方式同时发生作用。所以，YOYO 测试过程中 3 大能量供应系统均发生作用，对 3 大能源系统的供能能力均有评价作用，比较适合足球专项耐力测试。

YOYO 测试作为一种力竭性的专项耐力测试，在众多足球强国得到广泛的应用。Grant 等比较了场地测试和最快跑台测试的结果（Cooper’12 分钟跑测试，Multistage 往返跑试验）。对比结果显示出了高度相关性，利用 YOYO 测试和 12 分钟跑测试与利用实验室跑台测试预测最大摄氧量时，3 种方法有很高的相关性，Cooper 试验和 Multistage 往返跑试验的所得的系数分别为 0.92 和 0.86。由此可见，利用 YOYO 测试评价足球运动员的专项耐力是有效的。

(2) Illinois 速度灵敏性测试

灵敏素质是指快速改变运动方向的能力，它是由速度、力量、平衡和协调性组成的综合运动素质。Illinois 速度灵敏性测试是一种速度和灵敏性的综合测试评估方法，包括起动速度（前 10 米）、冲刺速度(最后 10 米）以及变向灵敏跑等测试形式，比较好地反映了足球比赛的跑动特征，可以对足球运动员的速度和灵敏性做出综合的评价，并广泛地应用在足球运动员专项体能评价中。

(3) 3 种跳跃测试

- 单腿跳远测试反映的是运动员力量生成的能力。测试可以从两个方面进行评估：

①运动员单腿力量的生成能力。一般人的达标值为 89%（相对于身高），建议运动员至少要达到自己身高的 100%；

②通过对双侧腿力量生成能力的比较，可以了解运动员双腿的平衡性。如果双腿力量相差 10%以上，运动员的受伤可能性将增加 250%。

• 跨步跳反映的是运动员力量吸收能力（缓冲力量的能力）。测试可以从两个方面进行评估：

①运动员单腿力量吸收能力。一般人的标准为单侧腿的力量吸收能力要达到另一侧单腿跳的 109%。

②评估运动员双腿力量吸收能力的均衡性。

• 立定跳远测试是一种反映腿部和腰腹力量与爆发力的测试形式，也是一种传统的足球体能评价指标，它可以反映运动员双腿的爆发能力。

足球专项力量是一种全身的力量，包括很多种形式。因此，要想用一两种指标来综合评价足球专项力量是很困难的。本评价体系选择了比较常用的、能够反映足球运动员腿部力量与爆发力的 3 种跳跃测试项目。

2. 专家论证

在初步确定评价指标的基础上，为了确保所选指标的科学性，采用专家评定法对所选指标的效度进行检验。我们对全国范围内 10 名知名体能专家和教练员进行了调查，了解他们对体能指标的认同程度。调查结果见表 5–2。

表 5–2 评价指标专家效度检验一览表

非常同意	同意	基本同意	基本不同意	不同意
30%	50%	20%	0%	0%

从上表的结果可以看出，表示非常同意和同意的占 80%，无基本不同意和不同意的，因此，所选的指标基本得到了专家的认同，说明指标具有较高的效度。

三、确定评价指标的权重

确立和论证指标体系后，因不同指标在评价模式中的贡献不同，所以需要利用适当的方法对指标权重进行确立。由于指标权重确立的客观性和准确性关系到评价模式的科学性，所以，在广泛听取统计学相关专家的建议后决定采用层次分析法确定指标权重。具体步骤如下：

（一）建立专家判断矩阵

对指标进行两组比较评分，如两个指标重要程度相当就得 1 分，如果一个指标优于另一个指标，按不同程度评为 3 分、5 分、7 分和 9 分；如果一个指标劣于另一指标，按不同程度评为 1 / 3 分、1 / 5 分、1 / 7 分和 1 / 9 分。通过该方法建立指标的判断矩阵。

（二）计算特征向量

计算判断矩阵每一行元素的乘积 M，也就是各个指标的评分乘积。并计算 M 的 n 次方根 W。

（三）对 W 进行归一化

对 W 进行归一化处理，计算公式 $W'=W/\sum W$，具体到本研究，W′ 的值也就是各指标的权重值。

根据层次分析法的原理和方法计算得到各指标的权重分别为：YOYO 测试的权重为 0.4，Illinois 速度灵敏性测试的权重为 0.32，跳跃测试的权重为 0.28。

四、确定指标的评价标准

评价标准分为 3 部分的内容，分别为一般量值模式、评分标准和等级评价标准。其中等级评价标准又分为单项评价标准和综合评价标准。

（一）一般量值模式

一般量值模式就是对测试结果的总体描述，测试结果见表 5–3。需要说明的是，YOYO 测试结果是根据运动员多次测试中选取的个人最好成绩。

表 5–3　中国女足身体素质测试结果一览表

测试项目	平均值	标准差	最大值	最小值
YOYO 测试（m）	1877.0	250.7	2213.3	1506.7
Illinois 测试（s）	19.55	0.9	21.36	18.17
单腿跳远（cm）	174.32	12.25	202	152
单腿跨步跳（cm）	181.84	9.88	202.5	155
立定跳远（cm）	241.3	11.2	265	221

从上表可以看出，YOYO 测试值的均值为 1877.0±250.7m，最大值为 2213.3m，最小值为 1506.7m。Illinois 测试值的均值为 19.55±0.9s，最大值为 21.36s，最小值为 18.17s。单腿跳远测试值的均值为 174.32±12.25cm，最大值为 202cm，最小值为 152cm；单腿跨步跳测试值的均值为 181.84±9.88cm，最大值为 202.5cm，最小值为 155cm。立定跳远测试值的均值为 241.3±11.2cm，最大值为 265cm，最小值为 221cm。

（二）评分标准

评价的目的是为了建立一种标准，使受试者在所测量指标中的差异得到客观、定量化的体现。本评价体系按照测量与评价原理，采用统一标准，对每项入选指标均采用 20 分制的评分方法。而后将各单项评分表汇总成入选指标的单项评分表。制订单项评分表的步骤为：

（1）找出指标的最大值和最小值；

（2）分别计算第 5、10、15、20…95 百分位数的指标值；

（3）将最小值定为 0 分，分别将第 5~95 百分位数的指标值定为 1~19 分，最大值定为 20 分；将相应百分位数对应的值列入表中，即是该项成绩评分表。如表 5–4 所示。

表 5-4 体能评价模式各项指标评分量表

测试得分	YOYO 测试 (m)	Illinois 测试 (s)	单腿跳远 (cm)	单腿跨步 (cm)	立定跳远 (cm)
20	2213.30	18.17	202.00	202.50	265.00
19	2177.97	18.33	199.50	200.10	262.80
18	2142.64	18.49	197.00	197.80	260.60
17	2107.31	18.65	194.50	195.40	258.40
16	2071.98	18.81	192.00	193.00	256.20
15	2036.65	18.97	189.50	190.60	254.00
14	2001.32	19.13	187.00	188.30	251.80
13	1965.99	19.27	184.50	185.90	249.60
12	1930.66	19.45	182.00	183.50	247.40
11	1895.33	19.61	179.50	181.10	245.20
10	1860.00	19.76	177.00	178.80	243.00
9	1824.67	19.93	174.50	176.40	240.80
8	1789.34	20.08	172.00	174.00	238.60
7	1754.01	20.24	169.50	171.60	236.40
6	1718.68	20.40	167.00	169.30	234.20
5	1683.35	20.56	164.50	166.90	232.00
4	1648.02	20.72	162.00	164.50	229.80
3	1612.69	20.88	159.50	162.10	227.60
2	1577.36	21.04	157.00	159.80	225.40
1	1542.03	21.20	154.50	157.40	223.20
0	1506.70	21.36	152.00	155.00	221.00

（三）等级评价标准

等级评价标准可以清晰界定运动员在单项和综合体能水平所处的等级，有助于发现运动员个体体能的优势和弱点，还能对运动员的体能水平进行横向和纵向比较分析，为个体化训练计划的制定以及训练计划的效果评价提供依据和参考。

本研究采用百分位数法，对运动员的单项和综合体能评价标准进行了标定。等级评价标准分为 5 个等级，包括上等、中上等、中等、中下等、下等，所对应的百分位数分别为下等（10%以下）、中下等（10%~25%）、中等（25%~75%）、中上等（75%~90%）、上等（90%以上）。

1. 单项标准

根据上述方法，制订的身体素质单项评价的等级标准如表 5-5 所示。

表 5-5　中国女足身体素质单项评价等级标准一览表

测试项目	上等 10%	中上等 15%	中等 50%	中下等 15%	下等 10%
YOYO 测试（m）	>2220	2220~2070	2069~1570	1569~1420	<1420
Illinois 速度灵敏性测试（s）	<18.49	18.49~18.97	18.98~20.55	20.56~21.04	>21.04
单腿跳远（cm）	>197	197~189.5	189.4~164.6	164.5~157	<157
单腿跨步跳（cm）	>119.1	119.1~117.8	117.7~113.3	113.2~111.9	<111.9
立定跳远（cm）	>260.6	260.6~254.0	253.9~231.9	232.0~225.4	<225.4

2. 综合标准

根据上述方法制订的身体素质综合评价的等级标准见表 5-6。

表 5-6　中国女足身体素质综合评价等级标准一览表

评价等级	评价标准（分）	理论百分数
上等	17.3 以上	10%
中上等	15~17.3	15%
中等	11.2~14.9	50%
中下等	7.3~11.1	15%
下等	7.2 以下	10%

五、评价体系的应用与检验

（一）评价体系的应用

利用本评价体系对中国女足运动员的身体素质进行了评估，现以某运动员为例对评价体系的应用进行说明。

将某运动员的单项测试成绩依次填入表 5-7 中，首先根据评分表查出单项指标得分，然后根据单项指标的权重加权得分，最后得出综合分值。需要说明的是，由于跳跃测试涉及 3 项指标，所以在加权计算时取 3 跳跃测试的平均分值进行计算。

表 5-7 某运动员专项体能综合评价一览表

测试项目	测试值	单项分值	指标权重	加权分值	等级
YOYO 测试（m）	1920	11	0.40	4.4	中等
Illinois 测试（s）	19.34	13	0.32	4.16	中等
单腿跳远（cm）	178	10			中等
单腿跨步跳（cm）	191.5	15	0.28	3.64	中上等
立定跳远（cm）	252	14			中等
综合分值				12.2	中等

从上表可以看出，该运动员 YOYO 耐力测试处于中等水平，Illinois 速度灵敏性测试处于中等水平，单腿跳远测试处于中等水平，单腿跨步跳远处于中上等水平，立定跳远处于中等水平。身体素质综合得分为 12.2 分，处于中等水平。

（二）评价体系的检验

本研究利用体育测量与评价的理论和方法建立了中国女足身体素质评价体系和标准，为了验证评价体系的效度，拟采用鉴标法对其进行验证。具体操作方法，先利用专家主观评定的方法对运动员的体能水平进行打分，参与打分的包括教练组成员、科研团队专家等，总分为 10 分。然后利用此评价体系对运动员的体能水平进行综合评定，得出每位运动员的综合分值。最后利用统计软件对主观评价分值与测试评价分值作相关性分析，统计分析结果显示 $R=0.76$（$P < 0.05$），二者具有较高的相关性，说明本课题建立的评价体系具有较高的关联效度。

六、小 结

（1）依据体育测量与评价的理论和方法，按照严格的程序选取了 YOYO 测试、Illinois 测试和多种跳跃测试组成了中国女足身体素质评价的指标体系，并从理论和统计学的角度对其进行了论证，结果显示，所选指标体系基本能够反映女足运动员的专项体能水平。

(2) 利用层次分析法确定了不同指标的权重，YOYO 测试为 0.4，Illinois 测试为 0.32，跳跃测试为 0.28。

(3) 根据百分位数法建立了单项和综合指标评价等级标准，并进行了关联效度检验，说明此评价体系具备较高的可靠性。该体系可以作为运动员素质评价的工具推广使用。

第三节　中国女足运动员身体素质监控与评价的实证研究

运动员体能提高的最直接表现就是身体素质的提高，通过对身体素质进行评价可以了解训练的效果，从而可以判断训练计划、训练方法与手段的安排得当与否，以便为后期训练提供参考。本节以中国女足备战 2008 年奥运会为例，全面讲述身体素质与训练效果的评价过程。

一、YOYO 体能测试

(一) 整体情况

从整体上看(2007 年成绩为世界杯备战期间运动员最好成绩),中国女足运动员的 YOYO 测试成绩呈现逐步上升趋势,2008 年 5 月 14 日的测试结果已经超过了 2007 年的最好成绩,整体上说明球队的前期训练效果显著。测试结果见图5–3。

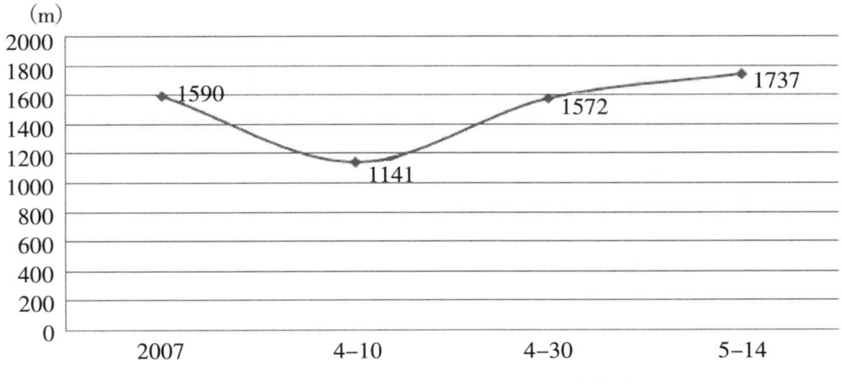

图 5–3　中国女足 YOYO 测试成绩对比图

（二）个体分析

图 5-4 为 2008 年 5 月 14 日运动员 YOYO 测试结果，按照运动员测试等级依次进行了排序。11 名运动员成绩达到 16 级以上（1720m），其中两名队员的测试成绩达到 17 级；但少数运动员的测试成绩低于 15 级（1320m）。与 2007 年的最好成绩相比，有 6 名运动员测试成绩下降，说明这 6 名运动员跑动能力仍未达到个人最好水平。

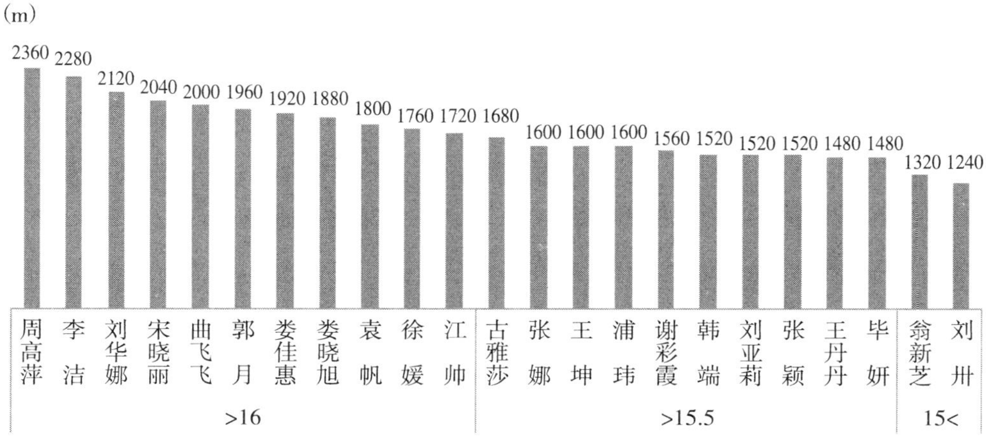

图 5-4　2008 年 5 月 14 日运动员 YOYO 测试成绩分级图

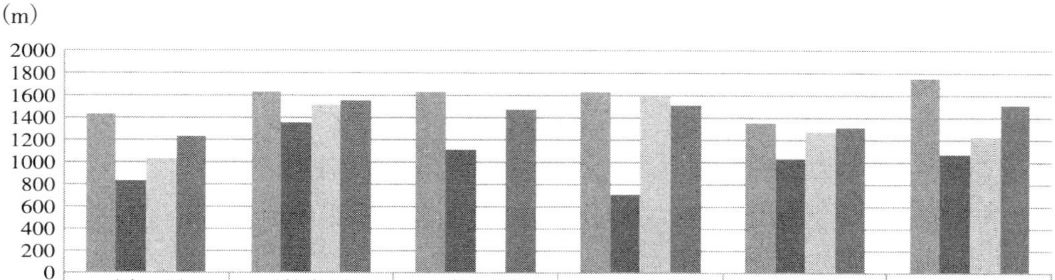

	刘　卅	谢彩霞	毕　妍	刘亚莉	翁新芝	张　颖
2007	1440	1640	1640	1640	1360	1760
4-10	840	1360	1120	720	1040	1080
4-30	1040	1520	0	1600	1280	1240
5-14	1240	1560	1480	1520	1320	1520

图 5-5　低于 2007 年 YOYO 测试成绩的运动员变化图

（三）不同位置运动员评价

根据 5 月 24 日的测试结果而针对性地安排了训练，之后在 6 月 15 日、6 月 28 日又对运动员进行了测试，并根据运动员的位置对测试结果进行了汇总，分别进行了评价，详细结果如下：

1. 前锋队员评价

图 5–6 为前锋运动员测试结果变化图。如图所示，娄晓旭的测试成绩逐步提高，综合成绩是最好的。徐媛通过近几周的训练，成绩有了很大提高，从 5 月 14 日的 1760 米，到 6 月 15 日的 2080 米，一直提高到 6 月 28 日的 2320 米，并且是 6 月 28 日测试中前锋队员表现最好的。

尽管与其她前锋队员相比，刘卅的成绩处于明显劣势，但也取得一定程度的进步。如果她能持续目前的趋势，经过 2~3 周的训练，应该能够超过 2000 米。

韩端的测试成绩有了明显的提高，但是离预想的结果还略有点偏低，最好成绩仅为 1920 米，后期训练仍需加强，使其跑动成绩达到 2000 米以上。

马晓旭取得了令人吃惊的进步，从伤病恢复到现在，跑动成绩从 680 米提高到 1480 米。如果能持续这种进步，那么她将能参加奥运会的比赛。

从整体上看，前锋队员的跑动能力正在逐步增强，反映了前期良好的训练效果，在后期训练中应该继续根据不同个体的情况加强训练。

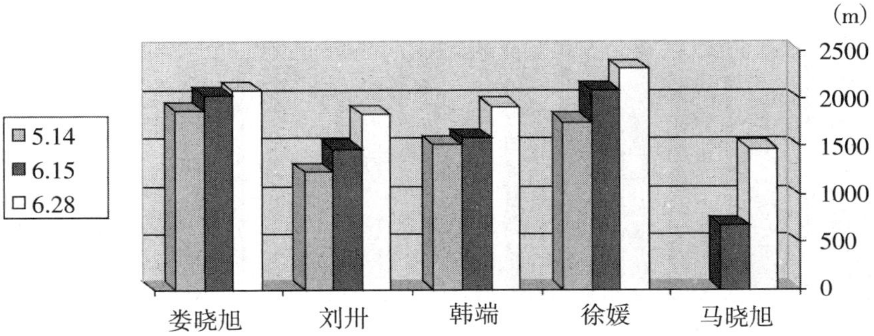

图 5–6 前锋队员 YOYO 测试结果变化图

2. 前卫队员评价

图 5-7 为前卫运动员测试结果变化图。从曲飞飞的 3 次测试成绩看，已经取得了一定进步，但是第二次测试成绩与第一次相比有一定下滑，经过一段时间强化训练后，跑动能力已经恢复，并且超过 5 月 14 日的测试成绩。毕妍的跑动能力一直稳步提高，但是与预想成绩还是有一定差距，下一阶段的训练目标应该突破 2000 米。张颖的测试成绩也是逐步提高，应该继续保持。张娜的测试成绩稳步提高，在第三次测试中仅次于郭亚沙，位于第二名。谢彩霞最近两次测试进步明显，但是仍有提高的空间。浦玮第二次测试比第一次提高幅度较大，第二次测试达到 2320 米。但是第三次测试仅为 1960 米，有一定程度的下降，教练员应该深究其因，并作出针对性安排。王丹丹的测试成绩不够理想，作为一名中场队员，这个测试成绩明显偏低，在后期训练中教练员应该予以重视。娄佳慧有伤病，但测试成绩仍达到 2320 米，说明机体能力并未出现显著下降。古雅莎的成绩从第一次的 1680 米已经提高到 2320 米，测试成绩较理想，在后期训练中应继续保持。

从整体看，一直到 6 月 28 日大部分运动员经过系统训练后测试成绩逐步增强，说明前期的训练较为适宜，达到了预期的效果。有的运动员的测试成绩虽然也呈现上升趋势，但是仍未达到理想状态，对于不同的运动员，教练员应该根据运动员的现实状态对训练计划作出针对性的安排。

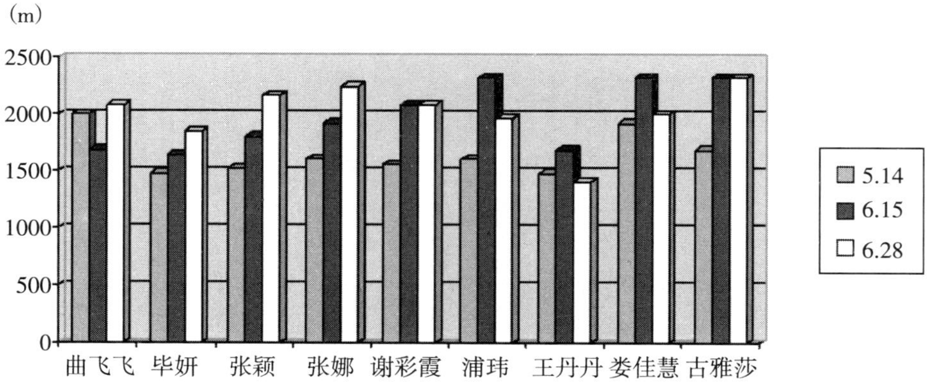

图 5-7　前卫队员 YOYO 测试结果变化图

3. 后卫队员评价

图 5–8 为后卫运动员测试结果变化图。由图可知，李洁、宋晓丽、周高萍和刘华娜的跑动能力一直处于良好状态，表现较为稳定。刘亚莉的成绩已经从前两次测试的 1520 米和 1800 米提高到 2320 米。江帅的成绩相对于前一次测试成绩提高也较大，在两周的时间内从 1400 米提高到 2000 米。袁帆的测试成绩不够理想，说明该运动员受伤病影响较大，身体机能状态并未完全恢复，教练组应该采取一定措施使其体能尽快恢复并进一步提高。

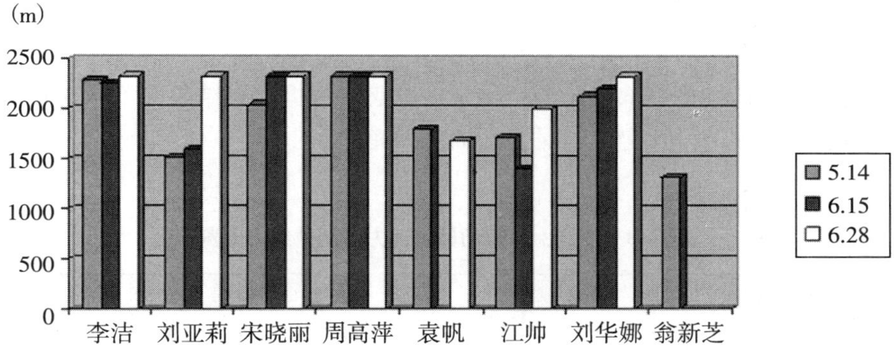

图 5–8　后卫队员 YOYO 测试成绩变化图

（四）综合分析与训练建议

我国现行男足的 YOYO 测试达标标准为高原 17.1 级 ,平原 17.3 级。而目前中国女足的平均测试成绩为 16.2 级。如果将中国女足的平均目标成绩定为 17.1 级，则每名运动员需要平均提高 11 次折返跑，如果就目前的水平，平均再提高 6 次折返跑，则中国女足的成绩可以提高至 16.5 级（即平均达到 2000 米的成绩）。

从目前情况来看，已经达到这一标准能力的运动员有 7 位，接近这一标准的运动员有 4 位，其她运动员与标准成绩相差为 8~13 次不等。

从目前情况来看，15.5 级是部分运动员容易犯规的负荷区。如果按照赛前还有 20 次大强度有氧课计算，中国女足可以提高 10%的有氧能力，每个人的目标成绩至少是现在成绩的 120%，平均成绩可以基本达到 2000 米的成绩（16.5 级）。

因此，在下一阶段的训练中，应该根据运动员的水平进行针对性训练，进一步提高运动员的耐力水平。

二、力量素质评价

（一）腿部爆发力评价

腿部爆发力评价主要采用跳跃测试，包括左右腿的单腿跳远、左右腿的跨步跳远和立定跳远。同时需对左右腿的力量平衡情况进行分析。

1. 测试结果

表 5-8 为运动员腿部力量测试结果一览表。根据测试结果，可以对运动员的腿部爆发力情况进行评定，同时提出训练的建议。

表 5-8　中国女足运动员腿部力量测试结果一览表

	左腿跳远（cm）	右腿跳远（cm）	左腿跳远/身高	右腿跳远/身高	左右平衡	左腿跨步跳（cm）	右腿跨步跳（cm）	左腿跨步/身高	右腿跨步/身高	左右平衡	立定跳远（cm）	
李 ×	180.5	164.0	103	94	10	187	180	114	100	4	252	254
王 ×	173.5	168.0	100	97	3	183.5	175.5	109	101	5	242	245
曲××	186	0.0	111	0	0	0	192.5	0	103	0	221	216
毕 ×	178.5	167.0	106	99	7	175	177	105	99	1	244	239
韩 ×	171	178.0	100	104	4	183.5	191.5	103	112	4	252	249
徐 ×	178.5	173.0	110	107	3	178	182.5	103	102	2	238	239
刘 ×	168.5	167.5	102	102	1	167	173.5	100	103	4	238	240
张 ×	179	182.5	102	104	2	184	189.5	101	106	3	243	243
宋××	171	166.0	105	102	3	170.5	176	103	103	3	242	238
马××	181.5	152.0	107	89	19	155	182	102	100	15	255	253
周××	184.5	182.0	110	109	1	181	173	99	94	5	252	247
张××	194	187.0	106	102	4	189	195.5	101	101	3	265	263
翁××	188	0.0	107	0	0	181	189.5	0	101	4	232	246
张 ×	156.5	0.0	93	0	0	0	171.5	0	110	0	225	238
谢××	172.5	174.5	107	108	1	182.5	185.5	105	108	2	237	240

（续表）

	左腿跳远（cm）	右腿跳远（cm）	左腿跳远/身高	右腿跳远/身高	左右平衡	左腿跨步跳（cm）	右腿跨步跳（cm）	左腿跨步/身高	右腿跨步/身高	左右平衡	立定跳远（cm）	
浦 ×	160.5	158.5	95	94	1	179	176.5	113	10	1	231	235
江 ×	183.5	164.5	105	95	12	177	195.5	108	107	9	237	238
刘××	163	162.5	100	100	0	175	172.5	108	106	1	225	220
娄××	178	178.5	106	106	0	191	193	107	108	1	241	242
王××	153	158.5	94	98	3	170	165.5	107	108	3	235	228
娄××	202	201.0	120	120	0	200.5	202.5	100	100	1	252	244
古××	180.5	185.5	111	114	3	182	193.5	98	107	6	227	236
魏××	192	181.0	110	104	6	189.5	197.5	105	103	4	252	253
韩××	155	162.0	86	90	4	173	179.5	107	116	4	252	254

注：测试成绩为 0 的代表未测试。

2. 分析与建议

（1）单腿跳反映的是运动员力量生成的能力。测试可以从运动员单腿力量的生成能力和双腿力量生成能力的平衡性两个方面进行评估。

由单腿测试可知，运动员左腿单腿跳成绩低于 89%的运动员有 1 名，90%~100%的运动员有 5 名。右腿单腿跳成绩低于 89%的运动员有 1 名，90%~100%的运动员有 7 名。上述运动员需要提高弱势腿的爆发力。

通过双腿均衡性分析，均衡性大于 5%的运动员有 5 名。

（2）跨步跳反映的是运动员力量吸引能力（缓冲力量的能力）。测试可以从运动员单腿力量吸收能力和双腿力量吸收能力的均衡性两个方面进行评估。

由测试数据可知，几乎所有队员的力量吸引能力都低于达标值。其中左腿力量吸收能力低于 100%的有 4 名，低于 100%~105%的有 9 名。上述运动员需要重点强化左腿力量吸收能力。右腿力量吸收能力低于 100%的运动员有 5 名，低于 100%~105%的有 7 名。其中 3 名运动员需要重点强化左腿的力量吸收能力。

表 5-9 为科研人员结合测试数据制订的每位运动员下肢力量训练的目标。

表 5-9　中国女足运动员下肢爆发力训练目标一览表

运动员	个体化训练重点
浦×、刘××、王××、韩××	加强左右腿爆发力训练
毕×、马××	加强右腿爆发力训练；加强左右腿力量吸收能力
江×	加强右腿爆发力训练；加强左腿力量吸收能力
王×、李×	加强右腿爆发力训练；加强右腿力量吸收能力
韩×	加强左腿爆发力训练；加强左腿力量吸收能力
周××、娄××、刘×、徐×、宋××、张××、魏××	加强左右腿力量吸收能力
古××、张×、谢××	加强左腿力量吸收能力

（二）腹肌力量评价

表 5-10 为运动员仰卧起坐测试结果一览表，通过测试结果可以了解运动员的腹部力量情况，并提出针对性训练建议。

表 5-10　中国女足仰卧起坐测试一览表（单位：个）

运动员	6 月 15 日	6 月 24 日	6 月 28 日	平均值
曲××	67	73	—	70.0
张 ×	55	67	78	66.7
宋××	63	64	67	64.7
马××	62	—	64	63.0
娄××	54	60	70	61.3
王××	52	59	72	61.0
毕 ×	59	—	—	59.0
浦 ×	55	58	64	59.0
江 ×	54	53	69	58.7
张 ×	54	58	62	58.0
刘××	52	54	67	57.7
刘××	48	—	67	57.5

(续表)

运动员	6月15日	6月24日	6月28日	平均值
周××	49	57	61	55.7
谢××	51	51	62	54.7
刘 ×	48	57	58	54.3
娄××	47	55	61	54.3
郭××	49	55	59	54.3
李 ×	50	55	56	53.7
王 ×	53	53	—	53.0
徐 ×	44	59	55	52.7
韩 ×	46	48	56	50.0
平均值	53.0	57.6	63.8	58.1

仰卧起坐是传统的测试方法。从测试结果可以看出，6 名人员 3 次测试结果的平均值都在 60 个以上，说明腰腹力量相对较好；而其她 4 名队员都在 54 个以下，需要重点加强腰腹力量的训练。

(三) 上肢力量评价

表 5-11 为运动员俯卧撑测试结果一览表，通过测试结果可以了解运动员的上肢力量情况，并提出针对性训练建议。

表 5-11 中国女足运动员俯卧撑测试一览表（单位：个）

运动员	6月15日	6月24日	6月28日	平均值
娄××	33	43	59	45.0
宋××	34	42	53	43.0
韩 ×	32	35	48	38.3
娄××	30	30	53	37.7
刘××	32	38	42	37.3
刘××	29	39	44	37.3
马××	26	—	46	36.0
张 ×	29	30	49	36.0
周××	28	36	43	35.7

(续表)

运动员	6月15日	6月24日	6月28日	平均值
浦 ×	27	30	43	33.3
徐 ×	26	31	38	31.7
张 ×	25	32	38	31.7
江 ×	23	30	42	31.7
谢××	25	30	39	31.3
王××	26	26	42	31.3
李 ×	25	30	36	30.3
郭××	22	31	38	30.3
曲××	24	31	35	30.0
刘 ×	19	27	38	28.0
毕 ×	19	29	33	27.0
王 ×	22	31	—	26.5
平均值	26.5	32.6	43.0	33.8

从俯卧撑的测试结果来看，3 名队员测试结果较好，在 38 个以上，说明上肢力量相对较好。而其她 6 名队员的测试平均值都在 31 个以下，需要加强上肢力量的训练。

三、速度和灵敏测试

（一）Illinois 速度灵敏性测试

1. 测试路线

在长为 10 米，宽为 4 米的长方形的区域内，场地的中间竖直摆放 4 个标志物，标志物之间，以及标志物和端线之间距离都是 2 米（图 5–9）。

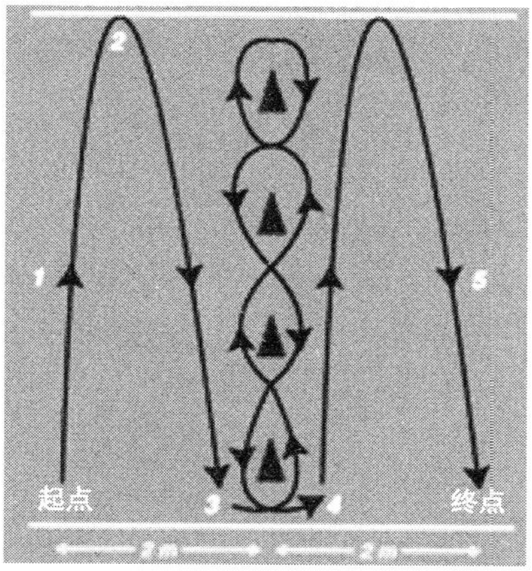

图 5–9 Illinois 速度灵敏测试场地图

2. 测试结果与分析

运动员听口令后起跑，共测试两次，取最好成绩为最终测试结果。测试结果如表 5-12 所示。

表 5-12　中国女足 Illinois 速度灵敏性测试结果一览表

运动员	测试成绩（秒）
王××	18.17
娄××	18.34
刘××	18.51
谢××	18.58
郭××	18.63
江 ×	19.02
魏××	19.03
娄××	19.21
张 ×	19.24
韩 ×	19.34
浦 ×	19.4
徐 ×	19.67
张 ×	19.68
曲××	19.71
毕 ×	19.93
王 ×	19.96
刘××	19.97
刘 ×	20.1
韩××	20.23
宋××	20.44
周××	20.63
张××	20.89
李 ×	21.14
马××	21.36
平均值	19.63

从 Illinois 速度灵敏性测试结果可以看出，5 名队员的成绩较好，都在 19 秒以内，说明速度和灵敏素质较好。但有其她 5 名队员的测试成绩都超过 20 秒，说明仍需要加强速度和灵敏素质的训练。

四、小 结

对运动员的身体素质进行评价既可以检验阶段训练效果，也可以作为下阶段训练的依据。对中国女足运动员的身体素质从耐力、力量、速度灵敏性 3 个方面进行了评价，实践证明，通过对运动员跑动能力测试、力量素质测试以及速度灵敏测试基本能够评定运动员的身体素质水平。

第六章　足球运动员营养监控与干预

第一节　足球运动的营养需求特征

一场业余足球比赛所需的能量估计为 21kJ / min，一场顶级职业足球比赛所需能量估计为 73kJ / min（5~17kcal / min）。一名 70 公斤体重的球员一场比赛大约消耗 100~200 克碳水化合物。由于人体内碳水化合物的储量有限（300~400 克），如果得不到及时补给，会导致肌糖原浓度降低，运动能力将明显下降。

另一方面，足球运动中较高的能量需求有可能是造成体温升高的一个重要原因。即使在寒冷的条件下，为了散热也有相当数量的汗水丢失，从而造成一定程度的脱水（Maughan，1991）。轻度脱水将降低运动技能，并影响到运动员的力量、速度和耐力。因此，及时充分的补液是必要的，在一定程度上可以补偿失水所带来的负面影响。

尽管足球运动员疲劳的主要原因是肌糖原的耗竭和脱水，但队员总是寻找营养补剂来帮助他们提高运动能力和辅助恢复。事实证明，充足的营养补给对于维持或者提高运动能力具有重要的作用。在本章将对足球运动员的能量需求加以探讨，以期对训练或比赛前、中、后营养的合理使用提供参考。

一、机体供能

人体能量系统可以为所有肌肉运动提供能量，任何成功的表现取决于运动员在适当的时机提供适量的能力。体育项目不同，其能量需求各异，因而每名运动员必须依据项目特定的能量需求来强化。足球运动员除了具备诸如冲刺跑这种高功率输出运动的能力外，同时还应具备维持 90 分钟，甚至更长时间持续供能的能力。

三磷酸腺苷（ATP）是肌肉收缩时唯一可用的能量形式。肌肉收缩时，ATP 在肌丝横桥头部通过腺苷三磷酸酶（ATPases）的酶化作用，分解为二磷酸腺苷

（ADP）并释放能量。ATP 是一种高能化合物，是肌肉活动最直接的能量来源。因此，CP 和 ATP 也被称为磷酸原储存库，是肌肉活动供能的快速反应系统，可维持最大供能强度运动时间为 8~10 秒。由于此种供能方式的能量来源直接由 ATP、CP 提供，有时也被称为 ATP－CP 供能系统。

足球比赛中运动员大部分的能量是由有氧供能提供的，有氧供能是基础。但是运动员在冲刺跑或者高速跑时所需能量是由无氧供能提供的，特别是磷酸原供能能力的强弱直接决定了运动员完成冲刺、急转、急停等爆发性动作的效果。同时，运动员有氧工作能力的高低也决定了高强度运动间歇期无氧供能的恢复情况，运动员有氧供能能力强，间歇期无氧供能能力恢复就快，反之，无氧供能能力恢复就慢。因此足球比赛中运动员的供能是以有氧供能为基础，无氧供能为关键的一种形式。

二、能量来源

1. 碳水化合物

碳水化合物由碳、氢、氧 3 种元素组成，其中最简单的形式是单糖，如葡萄糖，果糖和半乳糖等。双糖由两个单糖分子组成，如蔗糖由葡萄糖和果糖组成，麦芽糖由两个葡萄糖组成。复合碳水化合物是多糖，其中淀粉存在于植物之中，糖原存在于动物之中。所有碳水化合物大约含同等数量的能量，约 16kJ / g。表 6–1 举例说明各类高碳水化合物食物中的多糖或单糖含量。

表 6–1　含 100 克多糖或单糖的各类食物

多糖	单糖
400g 白面包	100g 糖
250g 全麦面包	150g 巧克力
400g 意大利面	130g 蜂蜜
400g 马铃薯	150g 果酱
300g 大米	140g 脆饼
130g 饼干	170g 水果蛋糕
120g 脆玉米片	11L 可乐
750g 豆子	21L 柠檬汁

传统上，食物中所含的碳水化合物被分为单糖或多糖。含有丰富单糖的食物有葡萄糖、蔗糖、水果、果酱、糖果及糖果制品等，而富含淀粉的多糖食物有面包、面食、土豆和大米等。

2. 脂肪

脂肪主要由碳、氢和氧 3 种元素组成。脂肪由一个甘油分子和 3 个脂肪酸分子组成，以甘油三酯的形式储存在人体之中，分布于肌间的脂肪组织和肌细胞之内。运动时，脂肪组织中的甘油三酯水解成甘油和脂肪酸，然后再运送到肌细胞线粒体内氧化。根据碳原子结合物的饱和与否，脂肪酸分为饱和或不饱和脂肪酸。饱和的脂肪酸一般来源于动物，具有保持体温的作用；而不饱和脂肪酸主要来源于植物，具有保持体液温度的功效。从健康的角度来看，消耗不饱和脂肪酸较饱和脂肪酸更可取。

3. 蛋白质

蛋白质由 20 余种天然氨基酸组成，这些分子均含碳、氢、氮 3 种元素。如果蛋白质吸收过量，氮原子必须被分解并以尿素形式排出。蛋白质是人体不可少的物质基础，不仅是组成有机体的结构成分，而且所有的酶都是蛋白质；许多参与新陈代谢的激素是蛋白质，许多高分子如血红蛋白也是蛋白质。人体对蛋白质的质和量有最低需求量。就蛋白质的质而言，其基本单位是 20 余种氨基酸，其中有 8 种是“必需氨基酸”。由于人体无法自行合成这 8 种必需氨基酸，因此必须定期少量摄取。必需氨基酸常见于肉类、鱼类和奶类制品中，以及植物产品，如谷类、豆类和坚果等。表 6–2 表明了富含高蛋白及必需氨基酸的各种食物。

表 6–2　富含高蛋白及必需氨基酸的各种食物

必需氨基酸	富含高蛋白的食物
组氨酸（仅限儿童）	牛奶（全脂或脱脂）
异亮氨酸	奶酪和用酸奶做的干酪
亮氨酸	酸奶
赖氨酸	肉
蛋氨酸	鱼
苯基丙氨酸	蛋
苏氨酸	豆 / 豌豆 / 扁豆
色氨酸	花生 / 豆制品
缬氨酸	椰菜 / 豆芽

三、足球运动员的摄入量

足球运动员主要营养的摄入量大约多少合适，国际上的许多专家学者对此有所研究。例如，已知在英甲足球联赛中，运动员能量消耗约为 69kJ（16.4kJ / min）（Reilly and Thomas，1979）。这表明一场 90 分钟的足球比赛运动员将消耗 6210kJ（1480Kcal）能量。如果 60%能量来自碳水化合物，那么 227 克碳水化合物将被消耗并需要在赛后得以补充。由上述分析认为，摄入足量的碳水化合物对于保证运动员足够的能量供应具有重要的意义。赖蒙研究认为，足球运动员每天蛋白质推荐摄入量为 1.4~1.7g / kg。调查研究发现，足球运动员的营养素摄入量存在不足（表 6-3），优秀足球运动员的膳食存在摄入碳水化合物较低和脂肪偏高的倾向。

表 6-3 足球运动员各营养素摄入量

	受试者数量	能量(kJ)	碳水化合物(%)	脂肪(%)	蛋白质(%)
雅各布斯（Jacobs，1982）	15	20700	47	39	14
肖特（Shortand Short，1983）	8	12500	43	41	16
默罕（Maughan，1997）	26	11000	54.4	31.5	15.9

四、体液的重要性

在持续长时间的运动中，肌糖原和肝糖原的减少是产生疲劳的主要因素，但体液丢失造成的脱水可能也是另一重要因素。有研究表明，轻度脱水可造成运动能力的下降，脱水达到体重的 5%（以 70 公斤的人为例，即为 3.5 公斤），可导致运动能力下降 30%（Saltin；Costill，1998）。运动中体液的丢失，与不能保持相对恒定的体温密切相关。运动导致供能增加以及新陈代谢和产热加速，从而提升了体温。

1. 水

在炎热、潮湿的环境中进行长时间运动将导致体液的大量丢失，因而合理有效地补充水分对维持比赛能力具有重要作用。20 世纪 70 年代初期有证据表明，补充糖水将抑制胃的排空（Costill；Saltin，1974），因而导致补水远远高于补碳水化合物饮料。随后根据胃排空的特点，人们研究了很多种不同的饮料。结果证实，在炎热、潮湿的环境下，饮用碳水化合物饮料将抑制水的补充。

2. 碳水化合物饮料

许多研究报道，碳水化合物的摄入有利于运动表现（Coyle，1991）。但是碳水化合物的类型、浓度及摄取时间应慎重对待。运动时摄取碳水化合物的主要目的在于维持血糖浓度；长时间运动摄取碳水化合物的目的则是维持运动后期碳水化合物的氧化率，以保持一定强度下的持续运动能力；运动后碳水化合物的摄取主要在于尽快地恢复肌糖原和肝糖原储量。

研究表明，长时间运动中给予运动员补充足够的碳水化合物比不补充或仅补充水的效果更好，可延长运动时间及增强运动后期的运动能力（Coggan；Coyle，1991）。运动使大量糖原消耗致使运动能力降低，因此建议运动时应补充碳水化合物。研究表明，各种碳水化合物饮料对保持血糖浓度、改变碳水化合物的氧化率及提高运动表现方面无显著性差异。这些碳水化合物的来源主要有葡萄糖、蔗糖、果糖、麦芽糖和麦芽糊精（也称为葡萄糖聚合物）等。

五、膳　食

1. 赛前

对足球运动员而言，赛前正餐时间应至少与比赛间隔 3 小时，以尽量减少比赛中出现恶心和胃胀、胃肠问题等。由于胃消化和吸收食物将与肌肉竞争血供，因此建议比赛时胃处于适度的空净状态。含脂肪的食物将降低胃排空率，因而赛前应避免食用。膳食应以高碳水化合物为主，最好是多糖，如面包、谷物、面食、大米、土豆、水果和蔬菜等。运动员实际消耗的总能量取决于个体差异和运动前膳食，只要不是脂肪（高脂肪肉类或含脂肪酱料或脂肪奶酪），赛前正餐可摄食蛋白质。赛前正餐（包括饮料）应确保碳水化合物的摄入量约 4g / kg 体重，以 70 公斤足球运动员为例，即需要摄入 280 克碳水化合物。赛前正餐所摄取的饮料应含高碳水化合物，但不是果糖形式。临近比赛数小时前，如果一些运动员因为心理紧张不想进食，建议摄入一些高碳水化合物饮料和食用少许点心。

赛前膳食最重要的方面是提升机体碳水化合物的储量，确保水合作用，为运动员提供良好的舒适度。赛期应避免尝试新的膳食或大幅度改变饮食模式。对于新的赛前膳食可在训练期或非重要的比赛期间进行尝试。

2. 赛后

赛后膳食主要考虑的是重新补充碳水化合物和丢失的体液，以快速恢复机体碳水化合物储量。相关研究表明（Ivy 等，1998），赛后 2 小时内是补充碳水化合物的最佳时机间。一般建议赛后或训练后30 分钟内，以 1.5g / kg 体重的摄入量进行碳水化合物的补充。以 70 公斤体重的运动员为例，意味着需要摄入 105 克碳水化合物。摄入碳水化合物的形式是固体还是液体，这取决于运动员的个人喜好。在艰辛的训练之后，一些运动员通常更愿意饮用而不是食用碳水化合物。事实证明，赛后或训练后摄入高碳水化合物饮料对运动员也是非常有益的。

对运动员而言，运动后补液最好是依据事先确定的时间表进行，而不是感到口渴后再补液。补液充足的条件下，口渴是不可能发生的。摄取纯净水是一种补液方式，但由于尿量增加和口渴反应降低，仍无法完全补充细胞内的水分。研究表明，添加少量的钠离子（食盐形式）将提高体液平衡的恢复率，有助于保留水分，维持正常的血浆容量（Nadel，1988）。饮用运动饮料是一种较好的补液方式，运动饮料比水更有助于提高运动员自我摄入液体的几率，因而有利于运动后补液的实现（Johnson，1988）。运动后恢复期，摄取碳水化合物电解质饮料有其独特的优势，可达到补液和恢复糖原储量的双重目的。

六、维生素和矿物质的补充

虽然很多维生素不具备任何能量，但在代谢中起着关键作用。例如，维生素 B 与肌肉供能和恢复密切相关。运动员可以通过均衡膳食来补充维生素，但没有证据表明补充维生素能够提高运动表现，然而机体缺乏某些维生素必将降低运动表现（van der Beek，1985）。人体每天需要一定数量的维生素，体育活动则增加了额外数量的维生素需求，这可通过均衡膳食予以保障。

运动员膳食调查结果表明，维生素实际摄入量通常都超过推荐膳食摄入量（Brotherhood，1984；van Erp–Bart，1989）。可见运动员一般不存在维生素摄入不足的问题。研究表明，补充矿物质对提高运动员的竞技能力作用不大。对运动员有影响的唯一矿物质是铁离子，铁离子的缺失可以导致运动性贫血。铁吸收的降低、随汗液、粪便及尿液的丢失，或者摄入量不足是造成运动员贫血的重要原因（Economos，1993）。女子足球运动员由于经期失血，更易受到因铁的流失而造成的影响，因此女子足球运动员应该注意铁的补充。贫血会引起运动能力的下降，最主要的是导致有氧工作能力的降低，这一负面影响可通过额外摄入铁及维生素

C 得以弥补。

第二节　运动员营养监控与评价的方法

一、营养监控的内容

（一）身体成分的评价

适宜的脂肪含量是维持高水平运动表现的基础，在营养监控的过程中有必要掌握身体成分的变化，尤其是体脂变化，以便在饮食和各种物质的摄入中尽可能做到精确化。

（二）膳食状况的调查

随着现代训练科学化的发展运动员的营养需求越来越受到关注，利用营养学手段帮助运动员进行恢复，有助于运动员竞技能力的提高。因此，利用相关手段对运动员的营养状况进行调查，并采取相应策略调整其营养状况就显得十分重要。

（三）日常生活中的饮食评价

对运动员的膳食状况可以从两个方面进行评价。第一，运动员的膳食量是否能够满足运动员的热量需要及各种营养素的需要；第二，膳食的结构与各种营养素占供给量的比例。无论从哪一个角度进行评价，其根本目的都是尽可能地保证运动员膳食的合理化，有效促进运动员体能的恢复。

二、监控的指标和方法

（一）克托莱指数和体重（BMI）指数

克托莱指数和 BMI 两个指标是反映人体充实度的指标。这两个指标对于帮助了解人体外部形态结构、生长发育水平具有一定的意义。

（二）体脂含量

对职业足球运动员来说，保持合理的体脂含量是十分必要的，因为过多的体脂可能会影响其运动能力的发挥。而体脂含量也在一定程度上反映其营养状况和训练情况，因此，科学测定运动员的体脂含量具有很高的实践意义。

测定体脂含量的方法有很多，主要有水下称重法、双能量 X 线分析法、皮褶厚度测量法和生物电阻抗法（BIA）。足球中比较常用的是皮褶厚度测量法和生物电阻抗法。

对几种测试方法的比较研究表明，水下称重法的误差为 2%~3%；皮褶厚度测量法的误差为 7%~8%；生物电阻抗法的误差为 8%。在这些方法中，皮褶厚度测量法和生物电阻抗法具有简单易行的特点，训练实践中利用价值较高。测试中要注意严格控制测试条件，尽量减少误差。

（三）膳食调查

膳食调查的方法有询问或回忆法、记账法和称重法 3 种。将膳食调查收集到的数据输入相应的软件即可进行数据计算和分析。

对膳食结果可从以下几面进行评价：

（1）膳食实际摄入是否能满足运动员热能及各种营养素要求。

（2）评价能量及各种营养素占供给量标准的百分比。

（3）三餐热能比例。

（4）食物构成。

（5）膳食合理化。

通过上述 5 个方面的评价，可以很好地了解运动员的膳食与营养状况，为实施营养干预提供科学依据。

第三节　运动员营养监测与干预的实证研究

一、研究目的

了解奥运备战阶段中国女足运动员的身体状态与膳食营养状况，并提出针对性的应对策略，为最后奥运冲刺阶段的训练和比赛提供依据和参考。

二、结果与分析

（一）体成分测试

对足球运动员来说，身体成分是身体素质基础和重要影响因素。而体脂含量是足球运动员形态评价的重要指标，足球项目的运动特征决定了运动员需要合理的体重和体脂含量。中国女足运动员体成分测试结果见表 6–4。

表 6–4　中国女足体成分测试结果一览表

指标	最大值	最小值	平均值	标准差
身高（cm）	183	161	170.0	6.0
体重（kg）	80	55	62.1	6.0
体重指数（%）	29.0	13.0	18.7	3.6
体脂含量（%）	25.3	19.1	21.5	0.03

从上表可以看出，中国女足的身高为 170±6（cm），其中最大值为 183cm，最小值为 161cm。体重为 62.1±6（kg），其中最大值为 80kg，最小值为 55kg。BMI 为 18.7%±3.6%，其中最大值为 29%，最小值为 13%。体脂含量为 21.5%±0.03%，其中最大值为 25.3%，最小值为 19.1%。

研究显示，一名成年女性的正常体脂含量约为 25%。一般认为男子足球运动员体脂含量宜在 10%左右。据报道美洲足球运动员，前锋和后卫的体脂率约为 8.3%。而日本男子球员的平均体脂为 8.9%，由此可见，人种和地域的不同体脂含量可能存在一定的差异。由于位置技术特点的不同，每个人的情况都会有些差别。从不同位置运动员的比较来看，守门员的体脂平均值高于场上其他队员，这可能与守门员在比赛和训练时负荷比较小有关。

中国女足测试与其他国家运动员的体脂含量结果比较见表 6–5。

表 6–5　中国女足与其他国家运动员体脂含量比较一览表

队名	测试方法	测试结果（%）
西班牙足球运动员	未注明	21
克罗地亚甲级队	未注明	18~20
丹麦国家队	皮褶厚度	22.3
英国国家队	皮褶厚度	21.1
芬兰国家青年队	水下称重	25.8±3.0
中国女足	生物电阻抗（BIA）	21.5±0.03

从上表可以看出各国队员体脂含量，西班牙女足运动员为21%，克罗地亚甲级队女足运动员为18%~20%，丹麦国家队运动员为22.3%，英国国家队运动员为21.1%，芬兰国家青年女足运动员为25.8%±3.0%，而中国女足运动员的体脂测试值为21.5%±0.03%。中国女足运动员与其他国家运动员的体脂含量无显著差异，约为20%左右，并且与正常成年女性相当。

值得注意的是，在评价身体成分时要考虑运动员个体的人种、饮食习惯、场上位置和所处的不同训练阶段，并充分考虑个体差异性。测试结果的准确性取决于测试方法的科学性，对测试结果进行横向比较时还应考虑测量误差的影响。

（二）膳食状况调查

对运动员进行膳食状况调查，是评价运动员营养状况的重要方法。随着调查方法的不断改进和提高，膳食调查的精确性和科学性不断提高，而且相对简单易行。调查的主要目的在于了解运动员的膳食摄入能否满足营养素的供给，以判断其营养状况，并能发现膳食存在的问题，提高营养的平衡性和合理性。科研组对中国女足的膳食情况进行了调查分析，结果见表6-6。

表6-6　中国女足运动员热能及三大营养素的摄入情况一览表

队员编号	总热能（Kcal/d）	碳水化合物（%）	蛋白质（%）	脂肪（%）
01	2182	60	16	24
02	2382	46	23	31
03	2839	59	18	23
04	1893	61	15	24
05	3368	62	16	22
06	2276	60	17	23
07	2389	60	16	24
08	2462	54	18	28
09	2000	62	15	22
10	2626	60	18	22
11	2202	70	14	19
平均值	2420	59	17	24
正常范围	3300~4920	60~65	10~15	25~30

从上表可以看出，中国女足运动员总热能摄入量为 1893~3368Kcal / d，此数据严重低于正常范围，总体看来中国女足运动员几乎全部存在主要营养素摄入不足的问题。由于处于训练调整期，运动量不大，能量消耗也相对较低，虽然实际的膳食和营养补给相对推荐值较低，但也属于正常范围。但是考虑到大强度或负荷运动时，会影响运动员的胃口和食欲，因此还是要鼓励运动员在膳食和运动饮料两个方面尽量做到充分补充。

从碳水化合物的摄入情况来看，总体上摄入偏低，仅为 59%，低于正常值 60%~65%。从运动员个体情况来看，有个别运动员的摄入严重不足。有的运动员碳水化合物的摄入量占总热能的比例仅为 37%，即使加上运动型饮料的补充，离正常值仍有一定的距离，需要引起充分重视。

从蛋白质摄入情况看，所有运动员的摄入量比较充足，能够满足正常的营养需要。个别运动员的摄入量略高于正常范围，需要稍加控制，但是需要充分考虑运动员的个体差异性。

从脂肪的摄入情况来看，由于观念上有了科学的认识，对脂肪的摄入有一定的控制，总体上在正常范围，仅有个别运动员的摄入量稍微偏高。

表 6-7 为中国女足运动员主要维生素的摄入情况。从表中可以看出，几乎所有的队员摄入视黄醇（VA）、VB_1、VB_2 的量严重偏低，仅 02 号运动员摄入充足，这需要引起足够重视。B 族维生素在体内以辅酶或多种酶的前体形式存在，它有助于营养素向能量的转化。当碳水化合物摄入不足时，维生素 B 的缺乏会进一步加重运动中能量供应的不足。从表中还可以看出，VC 也有摄入不足的现象，可以通过每天摄入复合维生素解决该问题。

表 6-7　中国女足运动员主要维生素的摄入情况一览表

队员编号	视黄醇当量（RE）	VB_1（mg）	VB_2（mg）	VC（mg）	VPP（mg）	VE（mg）
	551	0.6	0.9	142	24	19
01	438	0.6	0.8	112	26	27
02	1670	0.8	1.1	180	27	30
03	714	0.4	0.7	154	15	21
04	743	1.0	1.2	185	26	24
05	392	0.7	0.6	182	20	23
06	547	0.5	0.7	135	19	24
07	556	1.3	1.7	104	26	29
08	600	0.5	0.8	181	16	20

（续表）

队员编号	视黄醇当量（RE）	VB_1（mg）	VB_2（mg）	VC（mg）	VPP（mg）	VE（mg）
09	766	0.8	1.0	160	22	26
10	914	0.7	1.1	197	23	17
数据范围	438~1670	0.4~1.3	0.6~1.7	104~197	15~27	17~30
推荐值	1500	3~5	2.0~2.5	140~200	20~30	15~20

表 6-8 为中国女足运动员微量元素摄入情况。在微量元素方面，所有队员锌的摄入量均缺乏，部分队员铁摄入不足，结合血液生化指标结果显示，不少队员的血色素水平偏低与缺铁有关，铁摄入不足会导致大运动量后血色素的进一步降低，使得体能恢复出现延迟。此外大多数队员的钙摄入也不足，这会影响到肌肉收缩的功能，并且在高温、高湿及脱水的状况下，缺钙极易引起肌肉抽筋。

表 6-8　中国女足运动员微量元素的摄入情况

队员编号	钙（mg）	铁（mg）	锌（mg）	硒（ g）	钾（mg）	钠（mg）
01	641	18	11	53	1992	1662
02	943	21	11	124	2703	3022
03	945	26	15	75	2804	2980
04	612	16	8	35	1365	1332
05	924	36	14	99	3227	3191
06	215	18	8	63	2251	1650
07	653	24	9	64	2547	1851
08	822	25	10	69	2430	2912
09	635	17	7	44	2522	1340
10	1044	26	10	25	4014	1541
11	632	21	10	60	3004	2552
数据范围	215~1044	16~36	7~15	25~124	1365~4014	1332~3191
推荐值	1000~1200	20~25	20~25	50~150	3000~4000	<5000

表 6-9 为中国女足运动员各餐热能分配情况。从各餐热能分配来看，少部分运动员早餐热能比达不到 20%，这比以前运动员普遍不重视早餐的情况大有改观；一半队员的加餐比例过高，主要是在正餐时摄入过少，主要靠运

动饮料以及正餐以外的水果或点心来弥补所造成，建议运动员尽量在正餐中增加摄入量。

表 6–9　国家女足运动员各餐热能分配情况

队员编号	占能量百分比（%）			
	早餐	午餐	晚餐	加餐
01	23	32	29	15
02	24	33	24	19
03	23	25	26	26
04	18	19	33	30
05	29	34	21	16
06	22	27	31	20
07	24	30	27	19
08	33	22	29	16
09	24	29	23	24
10	17	29	28	26
11	13	33	26	28
数据范围	13~33	19~33	21~33	15~30
推荐值	20~25	30~35	30~35	5~15

三、分析与讨论

（一）足球项目营养需求特征分析

足球比赛的特征决定了足球运动员特殊的营养需求特点。首先，足球比赛能量消耗较大，但人体碳水化合物的储量是有限的，如果肌肉内的碳水化合物储量得不到充分补给，运动能力将下降。神经系统特别是大脑工作主要由碳水化合物供能；足球运动员的糖储备不足，将影响运动员的判断和决策能力。另外，由于部分氨基酸分解代谢增加，以及为满足训练后合成代谢的需要，蛋白质摄入量应适当增加。

其次，足球运动中有相当数量的汗水丢失，从而造成一定程度的脱水。轻度脱水将降低运动技能，并影响力量、耐力和速度。因此充分的补水是必要的，及时的补水可以补偿失水所带来的负面影响。

另外，女足运动员的营养需求除遵循运动员营养的一般规律外，又有其项目特点。从热能消耗上看，一名体重 65 公斤的女足运动员，如果每天训练 3~4 小时，每小时训练的能量消耗在 500kcal 左右，每天的能量需求加上基础代谢为 3200~4000kcal。女足运动员的蛋白质摄入量应不低于推荐运动员的每天每公斤体重 2 克。同时，足球运动员还需要有充足的水、电解质和各种维生素补充，特别是维生素 B 族和维生素 C，以满足较长时间运动时能量生成、利用以及肌肉正常工作的需要。

（二）主要营养素摄入量和比例分析

人体需要的主要营养素包括碳水化合物、脂肪和蛋白质。关于三者的摄入比例有多种不同的观点，但是训练中运动员推荐的比例碳水化合物为 55%~60%，脂肪为 25%~30%，蛋白质为 10%~15%。运动员营养配餐的原则是在数量上满足训练或比赛的消耗，在质量上保证全面的营养需要和适宜的配比。其中，蛋白质、脂肪和碳水化合物的比例应适应于女足项目特点，概括起来应是充足的糖，足够的蛋白质和适量的脂肪摄入，另外要有丰富的矿物质和维生素以及补充足够的水。

从中国女足运动员的膳食调查结果来看，碳水化合物总体为 59%，脂肪为 24%，蛋白质为 17%。从以上比例来看，中国女足运动员总体膳食比例较为合理，但是仍然存在个别运动员碳水化合物摄入比例较低的问题。从三餐食物摄入比例来看，存在分配比例不合理，早餐相对偏少，加餐过多的问题。

碳水化合物也就是我们所说的主食，是运动员训练和比赛的最佳能量来源。女足运动员每天能量应大部分从碳水化合物获得。运动员碳水化合物缺乏会影响其训练质量和竞技能力的提高。不同运动水平的运动员对碳水化合物的需求是不同的，水平越高的运动员需求的比例应该越高。所以，高水平的运动员应该适当增加对碳水化合物的摄入量，同时相对减少对脂肪的摄入，使三种主要营养素的比例达到合理的水平。

早餐应该是人体一天中比较重要的一餐，因为它直接能够影响到上午的工作效率。但是从中国女足膳食的调查结果来看，早餐的摄入比例明显偏低，而加餐的比例相对过高，需要引起重视并采取有效措施，改善这种用餐比例。

（三）维生素与矿物质摄入情况分析

维生素在能量代谢过程中起重要作用，维生素的缺乏将降低运动表现。由于运动员要进行大量的训练和比赛，这增加了额外数量的维生素需求，但均衡的膳食足以满足这些额外数量维生素的需求。运动员膳食调查结果表明，维生素实际摄入量通常都超过推荐膳食摄入量。可见，运动员通常都不存在维生素摄入不足的问题。

矿物质在人体中起着十分重要的作用，它不但是构成人体各组织的成分，而且在维持人体的生理机能中发挥极为重要的功能。由于大负荷的运动训练容易造成运动员矿物质的代谢失衡，从而影响其身体机能，导致运动能力的降低。运动员补充特殊矿物质的主要目的，不但是为了维持人体内环境稳定，更重要的是通过补充这些矿物质来充分发挥其特殊的生物学作用。目前运动员主要补充的矿物质有铁、钙、锌、硒、铬、硼制剂等。

需要注意的是，如果大量补充矿物质超过机体的需要，会对人体产生毒害作用。因此，虽然这些矿物质对提高运动员身体机能和运动能力具有十分重要的作用，但在补充时一定要加强监测，避免盲目大量补充这些矿物质。

任何营养素的补充都要以膳食营养为基础。女足运动员日常训练和比赛所需要的能源物质、各种维生素和矿物质，基本都可以从合理膳食中获得。微量维生素和矿物质的需求虽然很少，但是却是机体内众多生物化学反应必须的物质。女足项目对维生素的需求高于一般正常人，特别是维生素 B 族和一些与能量代谢有关的微量元素。从目前的研究来看，通过补充维生素和矿物质来提高运动能力的报道很少。但是由于机体内维生素和矿物质的含量很小，并且在机体能量供应的某些环节发挥其重要作用，所以还是建议对处于特殊时期的运动员进行适当的维生素和微量矿物质的补给。

四、调控策略

(一) 合理膳食，平衡营养

日常膳食是运动员营养的主要来源，因此保证合理的膳食结构比例对平衡营养来说是至关重要的。在运动员日常饮食过程中，首先必须纠正几种错误的饮食观念。

一方面，很多运动员认为多吃主食容易发胖，这其实是非常错误的饮食观念。主食的主要成分是碳水化合物，是肌肉能量的主要来源，对运动员来说是非常必需和重要的。运动员必须确保合理比例的碳水化合物的摄入，才能保证训练和比赛的能量需求。

另一方面，多数运动员认为肉食的营养较大，所以把肉食作为膳食的首选。动物肉食是日常饮食必需的，但是绝对不能以肉食代替主食或者其他营养膳食。

有研究表明，过多地食用肉食可能造成体能下降。

运动员的膳食中应包括充足的糖，足够的蛋白质和适量的脂肪，另外还要有丰富的矿物质和维生素以及补充足够的水。女足运动员每天所需的3200~4000kcal能量，应大部分从碳水化合物获得，碳水化合物供能应占总热能的55%~65%，相当于主食约1斤生成的热量，分配到三餐的供能比例应为早餐30%、午餐40%、晚餐30%，即早餐主食3两，午餐4两，晚餐3两，以血糖指数高的碳水化合物为主，可适当加入粗粮食物。

另外，在训练前后可以再安排以碳水化合物类食物为主的加餐，此时应以血糖指数低的碳水化合物为主，如小甜点、面条、酸奶、香蕉等，这样更有利于加快训练后的恢复。蛋白质则应从优质蛋白食物中获得，如牛羊肉、鱼、禽、蛋、豆、奶及奶制品300~400克/天，膳食中还要有500克以上的蔬菜和水果。

根据上述分析，结合膳食营养调查（采用简化称重法）发现，中国女足在营养摄入上存在的主要问题有：

（1）主食摄入量明显不足，即糖补充不足；

（2）3餐分配不合理，多数队员早餐吃得过少，不利于上午的训练。

（3）部分队员维生素摄入不足，主要为B族维生素缺乏，不利于神经系统的恢复。

根据调查的结果以及运动员膳食习惯，我们制定了中国女足膳食配餐计划，如表6–10所示。

表6–10　中国女足营养配餐建议

	主食	蛋白质类	蔬菜水果
早餐	3两 （西式粗面包、黄油、果酱；中式杂粮糕饼、面条、粥、馄饨等）	火腿、鸡蛋（煮、煎）、奶	应时蔬菜、应时水果1~2种、果汁
午餐	4两 （各类中西式主食3~4种，适当加入粗粮）	鱼虾类、牛羊肉、鸡鸭肉菜各1式、酸奶	应时蔬菜（凉拌或清炒）、应季水果2~3种
晚餐	3两 （各类中西式主食3~4种）	鱼虾类、牛羊肉、鸡鸭肉菜各1式、酸奶	菌类、应时蔬菜（凉拌或清炒）、应季水果2~3种
训练前1小时加餐	香蕉、酸奶、点心	—	—
训练后加餐	香蕉、酸奶、点心	—	—
晚睡前加餐	汤面、八宝粥、牛奶、面包等	—	—

比赛期间，除遵循以上营养配餐原则外，还要注意在赛前 2~3 天适当增加糖原储备和保证充足的体液补充，可以通过机能状态监测帮助评价营养情况。

（二）营养品补给与强化

营养品补给与强化是现代运动训练的重要环节，也是运动员能够承受高强度训练和比赛的保证。营养品是浓缩和提纯的营养素，对运动员体力恢复、调整机能状态方面有一定作用。

营养品作为膳食营养的有益补充，因其浓缩和提纯的营养素成分特性，可以帮助提高恢复的效率，但在使用上决不能与膳食营养本末倒置，甚至以大量使用营养品取代膳食营养。中国女足在营养品的使用上始终遵循“有的放矢、预防为主、膳食为先、个体对待”的原则，所使用的营养品全部选自国家队营养品采购目录，主要分为日常基础营养素强化类，以及围绕训练和比赛使用的增强营养储备和促恢复类（表 6–11）。

鉴于女足项目对维生素的需求高于一般正常人，特别是维生素 B 族和一些与能量代谢有关的微量元素，建议女足运动员将复合维生素列为日常基础营养素类强化使用。在天气炎热的情况下，还可以适当使用电解质胶囊增加矿物质的摄入。在训练前、中、后要特别注意对女足运动员水和碳水化合物的补充，训练前、后都要安排小吃或加餐。

表 6–11　中国女足常用营养品清单

名称	作用	备注
高能固体饮料	满足机体对水、无机盐和部分维生素的需求，促进体能恢复	普食
电解质	预防肌肉痉挛	高温下训练使用
维他保	促进能量代谢，消除疲劳	普吃
维 C 泡腾片		老队员或体质下降明显的可增服
蛋白粉	促使机体在运动后由分解状态尽快转化到合成状态，快速恢复体能	练力量时、运动量大时用
支链氨基酸		高原时可以用；后期加力量时用
力血康	补铁，维持血红蛋白水平	血色素和铁蛋白水平偏低的人使用；运动量大时普吃 1 周，一般情况下针对性吃 2 周。
中枢双胞胎	调节中枢神经，缓解中枢疲劳，调节睡眠	睡眠不好时用

（续表）

名称	作用	备注
Leci-PA	加强合成代谢，促进恢复	运动量大或高原普吃 1 周，一般情况下针对性吃
活性糖	促进肌肉恢复，保护心肌	运动量大或高原普吃；饮食条件好，可以不吃
关节强	保护膝关节，增加钙	针对性吃
野山参	提气，抗疲劳	重大比赛时

（三）水和运动饮料的补给

目前，大多数运动员对运动补水的知识比较缺乏，认为口渴的时候才进行补充，其实这是错误的观念认识。事实上，当感觉口渴的时候，脱水已经比较严重。运动员发生严重脱水，会造成体重快速下降，疲劳的产生，甚至可能引起肌肉痉挛，对训练和比赛影响很大。

在训练前、中、后要特别注意对女足运动员水和碳水化合物的补充。训练前、后除了要安排小吃或加餐，也要适当给予水和保护细胞膜的营养品，如 1，6-二磷酸果糖；训练中应适当补充含糖和电解质的运动饮料 150~200ml，每 20 分钟补充一次。训练后即刻除补充碳水化合物外，还应尽早补充支链氨基酸或乳清蛋白，在两个小时内进正餐，因为训练后两个小时是机体吸收和恢复最快的时间段，要充分利用这个时机进行积极的恢复。

（四）特殊训练期间营养补给

除了日常训练过程中的营养补给外，还必须充分重视特殊训练时期运动员营养的补充与恢复。如大负荷运动训练时期、特殊环境条件下的运动训练与竞赛时期等，都必须根据训练和比赛的实际需要，并充分考虑外界客观因素，采取有针对性的营养补给措施。

由于大负荷训练对营养物质的过量消耗，机体首先表现为在神经内分泌活动增强下的恢复增强，如果负荷持续增加，机体会出现保护性抑制，此时血液激素水平降低，机体表现为疲劳状态。此时则需要在调整训练的同时使用促恢复类营养品，如 leci-PA 或激励皂甙以提高内分泌功能，同时增加铁剂、支链氨基酸等合成代谢原料，也要注意提高运动员免疫力，减少由疲劳免疫力下降造成的“开窗”问题，避免感冒等感染情况。在剂量上注意遵循个体化原则，使用营养品时要做好机能状态监控。

（五）营养知识的普及与教育

营养知识和营养观念必须普及到运动员，使他们在日常生活中充分注意到膳食均衡及合理营养的重要性，并对适当使用营养品有正确和积极的认识。在中国女足营养知识的普及教育是通过不定期营养知识讲座以及和运动员一起就餐时聊天逐步实现的，目前中国女足每名运动员都了解在训练前、中、后补水和补糖的重要性。对营养知识的认识，应将其提升到与训练同等重要的地位，让运动员建立“合理营养是训练成功的一半”的观念。如果运动员具备了“合理营养”的意识，那将大大提高运动营养监控的效率。

第七章　足球运动员心理监控与干预

第一节　运动员个体心理状态的监控与评价

通过长时间的追踪测试，可以了解运动员在集训过程中的心理状态、情绪、训练负荷的适应情况、运动损伤后的情绪反应情况等。在备战 2008 年奥运会过程中，科研组对中国女足运动员进行了心理状态的监控，并提出了相应的调控策略，为中国女足备战奥运会起到了积极的促进作用。

一、监控目的

了解备战奥运会过程中运动员的情绪、睡眠、性格等方面的心理状态变化，保证 2008 年奥运会备战的顺利进行。

二、监控方法

使用 POMS 量表了解运动员睡眠情况、训练欲望、乐观情绪、精力状况、食欲状况和肌肉感觉 6 个方面的基本状态。每项满分为 5 分，根据自己的感觉，如果不同意则为 1 分，依次类推，非常同意则为 5 分。6 项内容总分共 30 分。测试时间为每天早晨起床后。

作为 POMS 监测的补充，对运动员的简单反应时、选择反应时、性格等方面进行全面测试，以保证对运动员的心理特征进行准确评价。

三、监控策略

科研人员每天收发表格，将运动员的心理情况，特别是对出现自我感觉起伏较大的队员的情况反馈给教练员，并提出训练调整等方面的建议。

对于出现异常数据的运动员，则直接与其沟通、询问具体情况，结合其他测试指标为运动员发放营养品。如根据量表反映的问题，为大量课期间睡眠不好的运动员提供促进睡眠类的营养品（中枢双胞胎）；为大量课期间身体恢复不好的运动员提供促进机能恢复的营养品（康比特激力皂甙）等。

四、测试结果与分析

通过对 2008 年 4 月 5 日至 4 月 25 日部分队员自我感觉得分的分析发现，运动员的心理状态主要表现为两类。一类运动员在心理状态上呈现上升趋势（类型 1，图 7-1），另一类运动员在心理状态上无明显变化（类型 2，图 7-2）。

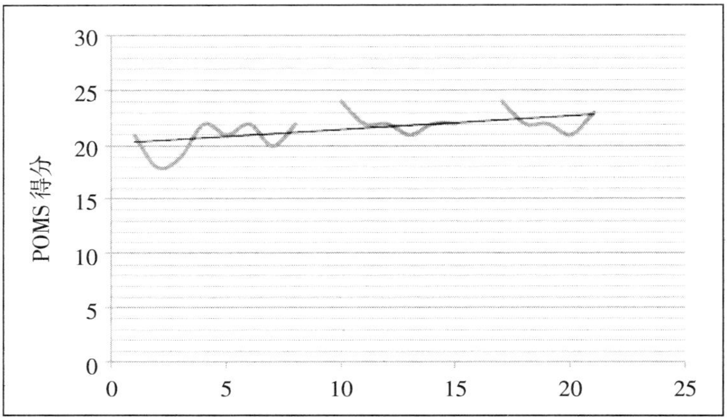

图 7-1　运动员心理状态上升的趋势图

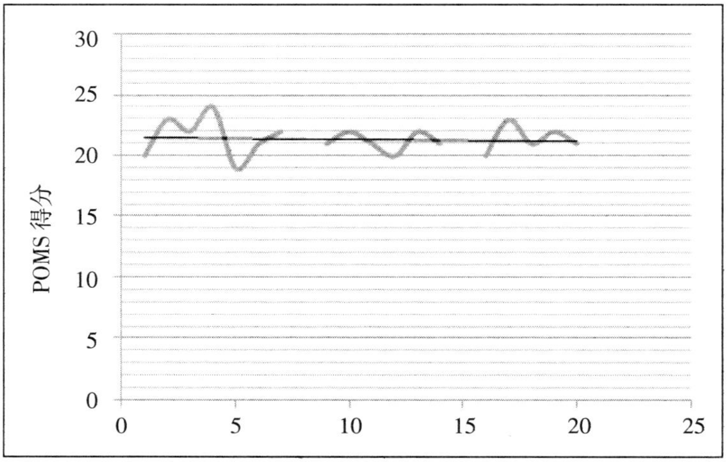

图 7-2　运动员心理状态无变化的趋势图

类型 1 的运动员整体自我感觉呈上升的趋势，说明运动员对集训期间的负荷安排能够很好地适应。但是，类型 2 的运动员整体自我感觉一直处于中等偏较低的水平，这种现象值得教练员和科研人员关注，并作进一步分析。

从整体来看，多数运动员的状态还是处于一种上升趋势，但仍没有达到最佳的竞技状态。目前球队只有少数队员的整体状态值超过 25 分，而状态监控的理想值应该在 25 分以上，科研人员应继续监测队员是否能在本期集训末达到这一数据，并结合营养、训练、心率监控等作出综合分析。

为了进一步了解运动员的心理品质，对运动员进行系统测试。测试结果表明，运动员在心理品质上主要表现为 3 类：第 1 类运动员主要表现为缺乏与队友的交流及沟通（表 7–1）；第 2 类运动员主要表现为赛前焦虑（表 7–2）；第 3 类运动员主要表现为缺乏自信（表 7–3）。根据不同类型的运动员，科研组给出了相应的建议，详见表 7–1、表 7–2、表 7–3。

表 7–1　类型 1 运动员的心理测试评价反馈表（中国女子足球队）

<table>
<tr><th>姓名</th><th>简单反应时（秒）</th><th>选择反应时（秒）</th><th>认知方式</th><th colspan="2">性格</th><th>自我效能</th><th>特质焦虑</th><th colspan="2">赛前情绪</th><th>简评</th></tr>
<tr><td rowspan="5">毕×</td><td rowspan="5">0.1656</td><td rowspan="5">0.5603</td><td rowspan="5">11</td><td>情绪稳定性</td><td>11</td><td rowspan="5">29</td><td rowspan="5">36</td><td>自信</td><td>16</td><td rowspan="5">优点：1. 大脑对简单信息加工的能力较强；2. 比较冷静、放松，不易激动；3. 健谈，精力旺盛，勇敢活跃；4. 富于想像力，创造性较强；5. 对自己能力充满自信；6. 责任心强，办事效率较高，富于条理性；7. 赛前通常焦虑不明显

建议：1. 进一步加强与他人的交流与合作；2. 加强应变反应能力的训练</td></tr>
<tr><td>激情或外向</td><td>41</td><td>躯体焦虑</td><td>6</td></tr>
<tr><td>智慧或寻求体验</td><td>28</td><td>个体失败焦虑</td><td>5</td></tr>
<tr><td>随和或宜人</td><td>29</td><td rowspan="2">社会期待焦虑</td><td rowspan="2">6</td></tr>
<tr><td>尽责或认真</td><td>41</td></tr>
</table>

表 7–2　类型 2 运动员的心理测试评价反馈表（中国女子足球队）

姓名	简单反应时（秒）	选择反应时（秒）	认知方式	性格		自我效能	特质焦虑	赛前情绪		简评
李×	0.1871	0.4079	11	情绪稳定性	12	28	36	自信	13	**优点：** 1. 应变反应速度较快；2. 责任心强，办事效率较高，富于条理性；3. 比较冷静、放松，不易激动；4. 对战胜各种困难充满自信 **建议：** 1. 赛前经常担心比赛重要，应加强合理的思维方式训练；2. 想像力和创造性欠缺，需加强综合素质的培养；3. 加强与他人的交流与合作
				激情或外向	28			躯体焦虑	8	
				智慧或寻求体验	18			个体失败焦虑	6	
				随和或宜人	28			社会期待焦虑	9	
				尽责或认真	34					

表 7–3　类型 3 运动员的心理测试评价反馈表（中国女子足球队）

姓名	简单反应时（秒）	选择反应时（秒）	认知方式	性格		自我效能	特质焦虑	赛前情绪		简评
潘××	0.1971	0.4925	18	情绪稳定性	14	25	40	自信	13	**优点：** 1.应变反应速度较快；2.有主意，不易受外界环境或他人的左右；3.随和，待人有礼貌；4.责任心强，办事效率较高，富于条理性 **建议：** 有时对自己的能力缺乏自信，尤其是战胜各种困难的信心，在平时的训练以及赛前需要加强自信心方面的培养
				激情或外向	31			躯体焦虑	7	
				智慧或寻求体验	23			个体失败焦虑	8	
				随和或宜人	35			社会期待焦虑	8	
				尽责或认真	36					

第二节　团队凝聚力及团队建设若干问题的实证研究

一、高水平足球团队凝聚力的方法研究

与一般群体的凝聚力相比，运动群体凝聚力具有更突出的作用。因为，由运动员组成的群体有着明确的任务目标并承受着巨大的比赛压力，其群体线较为分明，受社会关注程度较高。张忠秋认为，运动群体凝聚力的实质是反映一定运动群体成员在目标、情感和行为上的整合力量。群体凝聚力作用之所以重要，根本原因在于运动群体环境对其成员的心理影响非常特殊。身处群体环境的运动员随时可受到群体其他成员的情绪感染和行为影响。人人都会在群体特殊规范等因素作用下做出从众、服从或去个性化等行为。所以，一支优秀的运动员都应有与其相适宜的凝聚力水平。

足球队作为参与人数较多的运动项目，团队凝聚力对于球队运动成绩的影响不言而喻。为了使教练员更深入直观地了解球队凝聚力情况，更为积极主动有的放矢地进行团队心理建设，有必要对高水平运动员进行团队凝聚力的调查与分析。

（一）量表来源及研究背景

本问卷是根据卡伦（Carron）1985 年编制的群体环境问卷（Group Environment Questionnaire，简称 GEQ）修订而来。卡伦经过不断地修正最终将凝聚力定义为“反映群体在追求其工具性目标的过程中和（或）为了满足成员的情感需要，团结在一起、保持一致倾向的动态过程”。GEQ 强调每一个群体成员对群体凝聚力的感受，包括群体对个体成员的吸引程度（群体对个体的吸引）及成员对群体作为一个整体的感受程度（群体一致性）两大类。这两大类又分为任务和社交两个方面，即形成了四个维度：群体任务吸引（ATG-T）、群体社交吸引（ATG-S）、群体任务一致性（GI-T）、群体社交一致性（GI-S）。这四个维度构成了 GEQ 的四个分量表。其操作定义见表 7-4。本问卷的理论是基于卡伦的群体凝聚力概念模式产生的。

表 7-4　群体环境问卷各维度的操作定义

维度	操作定义
群体任务吸引(ATG-T)	个体成员就其自身对群体任务、产出、目标、目的投入程度的感知
群体社交吸引(ATG-S)	个体成员就群体对其接受程度及社交关系的感知
群体任务一致性(GI-T)	个体成员对运动队作为一个整体围绕群体任务的相似性、亲近性的感知
群体社交一致性(GI-S)	个体成员对运动队作为一个整体围绕群体社交的相似性、亲近性的感知

以往对 GEQ 信、效度的研究表明，GEQ 作为运动群体凝聚力的测量工具具有良好的信、效度。所以本问卷的修订以原问卷的项目为主，采用 GEQ 的四个维度的操作定义与国内高水平运动队的运动员进行团体访谈，以了解各项目内容的表达是否明确，是否符合国内运动队实际，或项目内容是否需要补充。

根据访谈结果，初步修订主要体现在项目内容及方向上的调整。首先，每个项目的分值范围过细，不利于运动员作出判断，故将 GEQ 采用的 Likert 9 点（1–非常不同意，9–非常同意）量表改为 Likert 7 点量表。每个项目的分值范围在 1~7 分，最高分为 7 分，最低分为 1 分。另外，GEQ 共有 18 个项目，其中 12 个项目为反向题，6 个项目为正向题，这种项目设置方向不利于受试者反应，故对这些项目的方向进行重新调整。其中正向题为 1、2、3、4、5、6、8、9、10、12、13、14、15、16、18；反向题为 7、11、17。最后，修订了所有与语言或情境有关的一些项目，以符合国内运动队训练或赛事的实际情况。如国内一些运动项目还未实现联赛制，故将“联赛结束后， 我不会想念队里的任何成员”，改为“比赛结束后，我会想念这个队的成员”；将“赛季后，我们队喜欢共度时光”，改为“比赛结束后，在闲暇时我们队的成员喜欢在一起休闲”。问卷经修订删除 3 个项目得到四个维度的 15 个项目。

（二）量表的检验

经过检验，量表四个维度的内部一致性在 0.71~0.82 之间，各维度的内部一致性均高于 0.70。项目分析的结果表明，运动群体凝聚力问卷的每一项目与对应维度的总分相关都较高，而删除每个维度中的任何一个项目都不会引起信度的上升，表明运动群体凝聚力问卷项目的设计是合理的、有效的。

四因素模式的结构得到了数据的验证，验证性因素结果显示：χ^2/df 小于 3；CFI、IFI、GFI 均大于 0.90；NFI、NNFI 大于 0.85；RMSEA 小于 0.08，每个观测变量在相应潜变量的负荷为 0.56~0.78 之间，负荷值均超过 0.5，说明该问卷的结构效度较好。

（三）应用指南及评分方法

检验表明，本问卷具有良好的信度与效度，可以广泛地应用于运动队凝聚力的评价和诊断，但却不能作为选拔或决定组队的标准，因为问卷的四个维度并不是完全覆盖了凝聚力的方方面面，所以在使用本问卷作决策时要慎重，运用本问卷者应具有一定的该领域的知识。

本问卷采用 7 点计分（1–非常不同意，7–非常同意），每个项目的分值范围在 1~7 分，最高分为 7 分，最低分为 1 分。正向题为 1、2、3、4、5、6、8、9、10、12、13、14、15、16、18；反向题为 7、11、17。各维度项目分配如下：

群体任务吸引 3 个项目；

群体社交吸引 4 个项目；

群体任务一致性 4 个项目；

群体社交一致性 4 个项目。

二、中国女足团队凝聚力实证分析

（一）中国女子足球队群体社交吸引（ATG–S）分析

表 7–5 为中国女子足球队群体社交吸引统计表。

表 7–5　中国女足队员群体社会吸引统计信息表

问题	最小值	最大值	平均数	标准差
我愿意成为队内交往中的一员	4.00	7.00	6.29	0.85
离队后，我会想念这个队的成员	4.00	7.00	6.10	0.83
我的一些好朋友在这个队里	2.00	7.00	5.62	1.24
这个队是我所处的最重要的团队之一	2.00	7.00	6.14	1.28

根据表 7–5 可知，中国女足队员就群体对其接受程度及社会关系的感知较好。除在后两项存在否定性的回答外，多数运动员在群体社会吸引类题目中都表现出了积极的态度。整体来看，该团队对运动员有较高的吸引力，运动员也乐于成为球队中的一员，并在球队内建立起了良好的人际关系或社会圈。

值得注意的是，有 2 名运动员在“我的一些好朋友在这个队里”这一项选择了否定项；1 名运动员在“这个队是我所处的最重要的团队之一”这一项中选择了否定项。

（二）中国女子足球队群体社交一致性（GI-S）分析

表 7-6 为中国女子足球队群体社交一致性统计表。

表 7-6　中国女足队员群体社交一致性分析

问题	最小值	最大值	平均数	标准差
我们队的成员更喜欢独自外出，而不愿一起活动	2.00	7.00	4.57	1.36
我们队的成员经常在一起聚会	3.00	7.00	5.10	1.18
比赛结束后，在闲暇时我们队的成员喜欢在一起休闲	3.00	7.00	5.14	1.15
除了比赛和训练，我们队的成员很少来往	1.00	7.00	4.95	1.56

由表 7-6 可知，中国女足队员对国家队社交活动中的相似性和亲近性感知较差。各个题目中均大量出现了负项选择以及“未定”的选择，其他 4 个问题的总体选择平均数在“未定和基本同意”之间。这说明女队的群体社交一致性较差，这在一定程度上影响到队员之间的沟通与交流，应当引起重视。

（三）中国女子足球队群体任务吸引（ATG-T）分析

表 7-7 为中国女子足球队群体任务吸引统计表。

表 7-7　中国女足队员群体任务吸引分析

问题	最小值	最大值	平均数	标准差
我对本队的求胜欲感到高兴	3.00	7.00	6.38	1.02
这个队提供了足够的机会提高我的个人成绩	4.00	7.00	6.43	0.93
我喜欢本队的打法风格	4.00	7.00	5.95	1.02

由表 7-7 可知，从中国女足群体任务吸引来看，团队任务对运动员个体的吸引力较高。对第一个问题，有 1 名运动员选择了负项，对第二个问题，1 名运动员选择了“未定”；对第三个问题，2 名运动员选择了“未定”。从总体上来看，

运动员对球队的打法风格，球队提供给自己的提高运动成绩的机会以及对球队的求胜欲的感知都具有积极的态度。

（四）中国女子足球队群体任务一致性（GI–T）分析

表 7–8 为中国女子足球队群体任务一致性统计表。

表 7–8　中国女足队员群体任务一致性分析

问题	最小值	最大值	平均数	标准差
我们队在实现奋斗目标中是团结一致的	4.00	7.00	6.14	0.96
本队成员对全队的成绩目标有着共同的期望	5.00	7.00	6.43	0.75
如果在场上队员遇到问题，其他队员都愿意帮助他/她，因此队里总能团结向上	5.00	7.00	6.05	0.86
在比赛或训练期间，全队的成员经常对每个人的责任坦诚地交换意见	2.00	7.00	5.00	1.18

由表 7–8 可知，运动员除了最后一项外，其他 3 个问题都表现出了积极的趋势。总体来看，个体对群体任务具有较好的一致性，但是最后一项，运动员在面对问题时的沟通情况不够理想，这与在群体社交一致性的测验中表现出相同的趋势，即运动员缺乏有效的沟通，沟通与交流是运动员形成默契的基础，如果缺乏有效的沟通将对形成理想的团队凝聚力有一定的负面影响，这需要引起足够的重视。

三、小　结

（一）群体吸引

从团队对个体的吸引力角度来看，无论是社交吸引力，还是工作吸引力的方面都呈现良好的状态。

从社交吸引力方面看，该团队对运动员有较高的吸引力，运动员也乐于成为球队中的一员，并在球队内建立起了良好的人际关系或社会圈。

从任务吸引力方面看，运动员对球队的打法风格，球队提供给自己提高运动成绩的机会以及对球队的求胜欲的感知都具有积极的态度。

（二）群体一致

从团队整合的角度（即团队一致性）来看，无论是社交一致性，还是工作一致性，运动员对团队一致性感知较差，特别是严重缺乏沟通与交流方面的行为。沟通与交流是提高团队凝聚力的重要途径，如果团队缺乏必要的沟通与交流，必将给球队建设带来负面影响，这应该引起球队的重视。

需要注意的是，测试结果的平均水平并不能代表全队个体的真实情况，尽管有的题项平均值很高，但是仍有个别队员选择否定的答案。对于有严重消极情绪的队员，应深入了解，引导到积极向上的方向上来。

第三节　中国女足奥运备战过程的心理调控策略

为备战 2008 北京奥运会，分析备战过程中运动员可能会出现的心理问题，并做好日常心理训练及突发性心理问题预案，是中国女足做好备战工作的一个重要环节。为此，科研团队根据以往备战大赛经验制定了中国女足备战奥运会的心理调控策略。

一、在比赛中可能出现的心理问题

（一）自信心不足

1. 近期成绩不佳导致队员自信心不足

中国女足因刚刚经历再次换帅，且近期几项赛事成绩不好，导致球队稳定度下降，队员的自信心受到很大打击。如何通过仅 4 个月的训练，以及奥运会前较少的热身比赛重新培养、建立运动员的自信心是近期队伍工作的重中之重。

2. 面临奥运会重大比赛，队员可能产生的自信心不足

面对重大比赛运动员可能会产生自信心不足的现象，通过对参加第 26 届奥运会中国女足的研究表明，随着比赛时间的临近，球队中的高水平组（主力队员）自信心呈现由大到小的趋势；而低水平组的运动员其自信心则呈现

出由小到大的趋势。这可能是因为在重要的比赛中，教练员、领导、球迷、亲友等对主力运动员的要求往往高于一般运动员（替补），而对手、裁判员等也会更加注意主力运动员，这无疑给高水平运动员带来了一定的压力，使其自信心减弱。

（二）团队凝聚力

1. 近期成绩不佳对球队凝聚力的影响

女足近期出现了比较多的问题，这可能使球队稳定度下降。此外，媒体的“过度炒作”都可能对团队凝聚力产生了负面影响。

2. 团队建设中长期存在的问题分析

通过多次球队凝聚力的调查分析表明，每位队员都期望参加奥运会，对国家的荣誉极为珍惜，球队凝聚力表现出较高的社会吸引力和任务吸引力；但球队在任务一致性方面，缺乏有效的技战术业务层面的沟通，战术执行上不统一。如何解决“高吸引、低一致”的问题也是目前教练组的工作重点。

（三）伤病与心理

1. 队员的伤病与心理康复问题

2007 年 12 月底，球队连续出现 2 名主力队员受伤，目前她们都处在积极的恢复过程当中。原前锋队员马××作为主力人选之一，是球队打法体系中的重要组织部分，该队员虽然治疗恢复情况良好，但伤病会影响其心理，最终影响比赛的状态。因此，在运动员伤病归队训练后，仍要加强其心理方面的工作，从而促进其能力在比赛中全部发挥出来。

2. 有严重伤病史的运动员的心理问题

由于在国际比赛中激烈对抗的场面会经常出现，目前，一些受过严重运动损伤的队员，受心理阴影的困扰而不敢全力以赴，甚至出现“躲”球的现象，这都与运动员的伤病史有一定的关系。如何做好她们的心理工作，提高队员对伤病的认识，消除在比赛中害怕对抗、害怕逼抢的心态对球队来说也是一项重要工作。

（四）赛前焦虑

许多运动员在面对重大比赛时会因为各种原因产生焦虑。队员的认知焦虑强度和躯体焦虑强度随着比赛时间的临近，均有显著的变化。随着比赛时间的临近，运动员的心理压力越来越大，并在生理上出现显著反应。因此，如何调节运动员的赛前焦虑，在比赛中正常发挥个人和整体实力是我们需要研究和解决的重要问题。

二、心理训练的计划与措施

根据运动员可能出现的心理问题，心理训练在实施中包括训练场内外的实施两部分。根据不同心理问题出现的时期，将心理训练分为日常心理训练和赛前心理辅导。

分析认为，中国女足的近期工作重点在于重建队员自信心和球队团队建设两个方面；同时也认为队员自信心和球队团队建设是一个长期的过程，无论当前还是整体备战过程都是工作的重点。

在如何解决运动员的赛前焦虑问题方面，球队利用 5 月底即将举行亚洲杯的机会，对队员的赛前焦虑做好全面的分析并尽可能给予有效的指导。并在亚洲杯之后总结球队这方面的工作成效。

在伤病心理方面，指导队医加强心理学习，明确治疗过程不仅仅只是生理康复过程，而且也是一个心理康复过程；同时使队员了解心理过程与伤病的关系，让她们知道哪些心理过程可能与运动损伤有着密切的关系，从而避免意外损伤的发生。

在训练过程中，运动员的心理状态对训练效果存在一定程度的影响，因此在训练过程中也应该加强心理的训练。训练过程中的具体措施如下：

（1）教练员首先统一思想，做到一种思想、一个声音，从而使队员形成一致的战术思维模式，避免在同一个战术问题上出现不同的理解，保证行动的一致性。

（2）在训练和比赛中，教练员要注意指导性语言的使用；多以鼓励性的语言保护和培养运动员的自信心。

（3）在训练和比赛分析时，多以正面、积极性的画面和语言引导队员；教练员要善于发现运动员技术运用和球队战术方面细微的良性变化，并“放大”这些与已经形成的统一战术理念相一致的行为。

(4) 通过球队谈话、球队会议、拓展、观看励志影片等多种方式培养球队的团队凝聚力。

(5) 将团队建设融入日常训练、比赛过程，强调队友之间多使用鼓励性、支持性、建设性的语言；同时在球队遇到问题时，尽量让队员多参与到解决问题的过程中来，鼓励她们发表自己的看法，从而促进团队的交流。

(6) 在热身赛对手的选择上注意强弱次序的安排，一方面要考虑到球队技战术整体发展规划的问题，另一方面还要考虑队员自信心的培养和球队重建的问题。

(7) 对比赛前、比赛中、比赛后可以出现的心理问题及时进行分析，尽早作出预案。

(8) 做好教练员及运动员公众讲话方面的教育，遵循教练员及运动员的言行不能损害球队整体利益的原则。

三、奥运会前国内外比赛或模拟赛中心理训练的措施与要求

(一) 亚洲杯比赛中的几点心理训练措施

1. 注重设置“过程目标”，提高目标压力

亚洲杯是新任教练组所面临的第一次国际大赛。在球队整体目标设置上，教练员要进行认真研究，不仅要强调“结果目标”，更重要的是要强调“过程目标”。鼓励运动员设置在整体技战术理念框架下与位置职责、打法相一致的个人目标。在“过程目标”的设计上要遵循与球队整体发展相一致的原则，以及个人目标与整体目标相一致的原则。赛后的分析与评价过程中，主要考评内容是“过程目标”实现与否，考评内容在设计上要与整体技战术理念框架下的位置打法要求一致。

2. 加强心理问题的研究

利用亚洲杯的机会加强赛前、赛中、赛后心理问题研究，对出现的心理问题进行分析，找到解决这些心理问题的方案，并在随后的备战过程中进行矫正和干预。为备战奥运会过程中的心理训练与辅导积累经验。

（二）通过比赛加强球队团队建设、培养队员的自信心

奥运会前中国女足将安排10~17场国际比赛。教练组在讨论并形成一致训练理念的基础上，通过训练和比赛将这些理念传递给运动员，从而使球队形成统一的整体。

通过比赛分析强化比赛中的积极性因素，以培养球队的自信心。

在热身对手的选择和时间安排上要慎重，一切以积极促进团队建设、保护和培养队员自信心为基础进行安排。

第八章　足球运动员比赛负荷监控

第一节　比赛负荷监控概述

足球比赛过程中运动员的负荷特征是教练员和科研人员一直致力研究的课题。比赛是训练的导向，所有的训练都是以比赛为导向的。掌握了运动员的比赛负荷特点，可以帮助教练员制定更加有效、合理的训练计划。

一、比赛负荷的定义

比赛中运动员要不停地跑动、急起急停、转身以及对抗等，这些都会对运动员产生刺激，并引起一定的生理反应。在这一过程中，生理反应作为结果变量，只要运动员有任何行为的改变都会引起其改变，因此通过评定运动员生理反应程度可评价其运动状况。本书将足球比赛负荷定义为：在足球比赛过程中，运动员机体所承受的刺激以及由此而引起的生理反应。

二、比赛负荷监控的目的

（一）了解比赛的负荷特点

通过对运动员比赛负荷的监控可以了解比赛中运动员承受的负荷状况，进而帮助教练员制订有针对性的训练计划，选择相应的训练方法，以提高训练效率。

（二）评定运动员机能状态

通过对比赛中运动负荷的评定还可以了解运动员的机能状态，此时的机能状态在一定程度上能够反映前期训练的效果，并据此可以制订出相应的调控策略。

三、比赛负荷监控的方法和指标

（一）心率

用心率监控足球训练和比赛强度是目前最常用的方法，其原理是根据在一定范围内心率与摄氧量的线性关系。机体运动需要一定的能量，能量代谢增加又必然会引起摄氧量增加，而摄氧量增加必然引起心输出量增加，心输出量增加必然引起心率增加。因此，在相当大范围内，运动强度与心率发生平行变化。心率的变化是机体多个系统生理变化的反映，能够客观说明机体对外界运动刺激的即时反应。

20 世纪 60 年代以来，学者对足球运动员比赛中的心率研究结果表明，捷克运动员在比赛中的平均心率为 165beats / min（Seliger，1968），瑞典运动员在比赛中的平均心率为 175beats / min（Agnevik，1970），俄罗斯运动员在比赛中心率保持在 170beats/min 以上的时间，占比赛时间的 57%（Smodlaka，1978），英格兰运动员在比赛中的平均心率为 157beats / min（Reilly，1986）。邦斯伯认为，比赛中运动员的平均心率达到最大摄氧量的 70%，无氧供能系统被大量动员。国外相关研究数据见表 8-1。

表 8-1　比赛心率统计一览表

研究者	级别 / 国家	样本数	比赛类型	平均心率	与最大心率的比率（%）
Agnevik	瑞典顶级	1	联赛	175	93
Ali and Farrally	苏格兰半职业	9	联赛	172	
	苏格兰大学	9	联赛	167	
	苏格兰业余	9	联赛	168	
Bangsbo	丹麦顶级	6	联赛	159	
	丹麦优秀（女）	1	国际比赛	170	
Brewer and Davis	瑞典顶级（女）		联赛	175	89–91
Helgerud	挪威优秀青年	8	联赛		82.2
	挪威一般	9	联赛		85.6
Mohr	丹麦业余	9	友谊赛	160	
	丹麦业余	16	友谊赛	162	
Ogushi	日本联赛	2	友谊赛	161	
Reilly	英国联赛		友谊赛	157	
StrΦyer	丹麦青少年	9	联赛	175	86.8
	丹麦青年	7	联赛	176	87.1
Van Gool	比利时大学	7	友谊赛	167	

从相关统计数据显示，比赛中的平均心率约在170beats / min，大部分时间心率为140~200beats / min，这表明足球运动有氧和无氧代谢交替供能的特点。

根据1997年昆明春训期间对我国男子甲级足球队8场比赛的统计，180beats / min以上心率占总比赛时间的11.3%，150beats / min以上心率出现的时间占比赛时间的70.4%，平均心率为156.9beats / min（表8–2）。

表8–2 足球比赛中的心率比较

时间	队别	180beats / min	170~180 beats / min	160~170 beats / min	150~160 beats / min	150 beats / min	平均
1994年	中国女足	14.6%	23.1%	21.7%	14.9%	74.3%	158.6
1997年	男子甲A	11.3%	19.6%	22.4%	17.1%	70.4%	156.9

（依刘丹等研究制定）

从表8–2可以看到，我国足球运动员无论是比赛的平均心率，还是最高心率在比赛中的百分比都与国外运动员有较明显的差距，说明我们的比赛激烈程度不够，对抗强度不高。正常情况下，男子足球运动员180次以上心率的持续时间应达到20分钟左右。这除了与我国运动员的个人能力，特别是承受高强度负荷的能力不强有直接关系外，也与我们的比赛意识、比赛的整体性和拼搏精神有密切联系。

心率指标作为足球比赛强度监测的指标具有以下优势。第一，心率指标概念相对简单、明确，是生理指标中最常用的。第二，心率指标对运动和比赛强度的变化反应比较敏感，能够比较准确地反映不同比赛强度。第三，心率指标具备较强的可操作性，监测相对简单，数据采集比较方便，可以进行比赛现场的实时数据采集。第四，心率指标由于应用相对广泛，可以进行横向和纵向的比较有利于科学研究。

但是利用心率监控时还应该注意，心率是一个灵敏性很高的易变指标。在评价运动心率变化时，一定要充分考虑并注意排除运动肌群、身体出汗与失水、心理焦虑与紧张、环境温度与衣着、海拔高度、水中环境等因素的影响，并注意年龄、性别以及日间差异等因素的作用。有时心率的变化可能不是运动强度变化的反映，所以要根据运动员的实际运动情况进行综合分析。

（二）血乳酸

运动时乳酸主要在骨骼肌中生成，然后透过细胞膜进入血液。正常情况下乳酸浓度为 1~2mmol / L，运动员安静时血乳酸值与常人无差异，运动时血乳酸浓度上升，上升的起始强度约在 50%~60% $\dot{V}O_2max$。在短时间运动时，血乳酸可达到 15mmol / L 以上，在长时间耐力性运动后血乳酸浓度上升较小。

为了研究足球运动的比赛特点，科研人员对比赛中场休息和比赛后运动员的血乳酸浓度进行了研究。研究结果发现，足球比赛后血乳酸浓度并不高，6 场比赛 59 人的平均血乳酸值为 5.28±2.01 mmol / L 和 4.68±2.16mmol / L（表 8-3）。

表 8-3 高水平职业比赛中运动员血乳酸数值的统计

比赛	样本	血乳酸（mmol/L）	
		上半场	下半场
比赛 1	n=10	5.51±2.55	4.36±2.47
比赛 2	n=10	5.65±1.30	6.05±2.96
比赛 3	n=9	4.27±2.24	4.57±2.46
比赛 4	n=10	7.22±2.69	4.63±1.57
比赛 5	n=10	5.22±2.02	3.84±1.07
比赛 6	n=10	3.79±1.26	4.61±2.76
总计	n=59	5.28±2.01	4.68±2.16

研究表明，比赛中高水平的职业运动员的血乳酸值（不包含守门员）稳定在 4~6mmol / L。最大血乳酸值可达到 7~8mmol / L。勒达尔（Rodahl）对13 名丹麦、德国、瑞典运动员比赛中的血乳酸值进行研究，结果与此近似。日本学者对足球比赛中的生理负荷研究也显示，比赛中运动员的最大摄氧量为 70%~80% $\dot{V}O_2max$；心率约为 170beats / min；血乳酸浓度约为 5mmol / L，血乳酸水平略高于足球运动员的平均乳酸阈水平 4.5mmol / L。邦斯伯对 6 名运动员在正式比赛中的血乳酸浓度测量结果显示，与上半时相比，下半时的血乳酸浓度相对低一些。从测试结果来看，运动员似乎在比赛中的血乳酸水平较低，这一结果似乎提示我们，足球运动需不需要最大的血乳酸代谢能力。

但是，单个的乳酸测定值不能代表整场比赛中产生的乳酸，这是因为赛中和赛后的血乳酸测定只能反映抽样前很短时间的乳酸值，它比实际值要少得多。因此，可以认为在比赛中某些时段运动员机体会有较高的血乳酸值。这提示足球运动员也必须具备良好的血乳酸代谢能力，在大强度运动时能迅速调动糖酵解系统，以满足机体对能量的需要；在大强度的运动后，运动员能通过调动体内的有氧系统，迅速分解体内的血乳酸，使体内保持较低的血乳酸水平，以完成下一次高强度的负荷。

最大血乳酸水平与足球运动员专项高强度间歇运动测试成绩有重要的关系。在足球比赛中以糖酵解为主要供能方式的运动中，运动员最大血乳酸水平越高，则糖酵解供能能力愈强，速度耐力水平则越高。对足球比赛运动员的跑动强度与能量供应的研究分析表明，一场比赛中，运动员高强度运动的总时间约为 7 分钟，极限强度负荷下跑动 6 秒所消耗的能量中磷酸肌酸腺苷分解和糖酵解产生的能量各占一半。在较长时间的大强度运动中，糖酵解便成为主要的供能途径，可见，糖酵解供能也是足球运动员一个比较重要的供能方式。

多年来，人们试图通过测定运动员血乳酸水平以了解比赛中的运动强度及供能方式，尽管关于血乳酸的研究较多，但是由于受研究条件的限制，很难对比赛过程中的实际血乳酸水平直接进行监测，公布的数据大多是赛前或者赛后的测试值，难以反映比赛中实际负荷情况，因此，本书在对比赛负荷进行评定时并未选择血乳酸值。

第二节　中国女足比赛负荷的监控与评价

一、监控对象与方法

（一）监控对象

备战 2007 女足世界杯中国女子足球队，共 76 人次。

（二）监控方法

用芬兰生产的 Polar 表对比赛心率进行统计，采样频率为 12beats / min，从比赛开始直至队员下场。测试结束后将贮存的心率数据通过数据传输器输入到计算机中保存，然后使用 Polar Precision Performance 训练分析软件进行统计分析。

（三）相关指标的确定

1. 安静心率的确定

取多日晨脉的平均值作为安静心率。运动员安静心率值见下表 8–4（前锋 6 人，前卫 10 人，后卫 9 人）。

表 8–4 中国女足运动员安静心率（单位：beats/min）

运动员编号	1	2	3	4	5	6	7	8	9	10	11	12	13	$\bar{x}\pm sd$
安静心率	57	55	59	54	52	51	54	52	50	55	55	60	51	54.04±3.67
运动员编号	14	15	16	17	18	19	20	21	22	23	24	25		
安静心率	51	53	57	58	54	60	53	60	55	49	49	47		

长期的耐力训练可使安静心率明显降低。造成运动性心率降低的原因目前还不十分清楚，但一般认为是长期运动训练机体产生的适应性反应。从表 8–4 中可以看出，本届中国女足安静时心率最高值为 60beats / min，最低值为 47beats / min。造成运动员心率较低的原因是由于运动员长期从事足球专项训练与比赛，机体产生了良好的适应。

常芸对我国不同项目优秀运动员安静心率研究发现，女运动员平均安静心率为 59.02beats / min，女足运动员的平均安静心率为 59.19beats/min，本研究中的平均值为 54.04beats/min，比以前的研究低 5.15beats / min。这表明本届中国女足的身体机能，特别是心脏功能处于较好状态，具有良好的有氧耐力生理基础。

2. 最高心率的确定

最高心率只有在运动员经过充分休息后机能状况良好时才能够测量。测量时运动员先用低强度活动进行热身，然后用大强度运动 4~5 分钟，最后进行 20~30 秒全力运动，心率表显示出的最高值，即为该运动员的最高心率。最高心率不能只用一次测试来确定，而应该在几周内多次测定，最高的一次测试结果即为最高心率。另外，同一受试者采用不同运动方式时可以得到不同的最高心率，应在运动员最接近的运动专项方式下确定最高心率，这样才有利于专项训练时利用最高心率监控训练强度。

本研究最高心率的测试方法为：在备战世界杯的集训中，中国女足进行了多次的 YOYO 间歇耐力测试，测试是以运动员最后无法达到既定的速度而结束，此时，队员基本处于极限运动全力冲刺状态，用心率表对每次 YOYO 测试的心率进行全程监测，将多次测试中所得心率的最高值定为运动员的最高心率（表8-5）。

表 8-5 中国女足运动员最高心率（单位：beats/min）

运动员编号	1	2	3	4	5	6	7	8	9	10	11	12	13	平均值
最高心率	181	189	202	185	191	196	186	189	185	195	200	197	189	
运动员编号	14	15	16	17	18	19	20	21	22	23	24	25		192.04±6.66
最高心率	190	205	199	200	183	193	180	189	192	195	190	198		

3. 心率评价标准的制定

用心率评价运动强度在体育训练和比赛中已经得到了广泛的应用，目前主要采用的方法有两种，一种是根据运动员在不同心率区间的运动时间百分比进行评定；另一种是根据最大心率百分比所确定的心率区间进行评定。不难看出，第一种方法只能对项目的整体心率水平进行评价，如果用于个人评价则会有误差。第二种评价方法较为科学、准确，因为运动员的最高心率差别很大，如中国女足最高心率的最高值为 205beats / min，最低值为 181beats / min，如果运动时心率同为180beats / min，后者的运动强度接近极限负荷，而前者则只是大强度运动。因此在心率值相同的情况下，最高心率不同，运动员的运动强度也完全不同。

最高心率也是精确评定运动强度的必要指标，芬兰科学家卡沃宁（J.Kavone）提出用心率储备的方法，即（运动心率-安静心率）/(最大心率-安静心率)，计算运动负荷。

根据前期相关研究，本文将运动员比赛心率分为 4 个区间：<75%最大心率，75%~85%最大心率，85%~90%最大心率，>90%最大心率，根据心率在每个区间的时间占总比赛时间的百分比对比赛负荷进行评价。

用心率评价运动负荷时平均心率是最基本的指标，但以相同负荷运动时，不同人的平均值可能不同，反之，平均心率相同时，不同人的负荷强度也可能不同。因此，用平均心率评价运动强度时结果很可能不准确，甚至出现相反的结果。平均心率主要受个人最高心率的影响，二者的相关系数为 0.825，且在

0.01 的水平上显著相关。用心率计算运动强度的方法为：平均运动强度=平均心率 / 最高心率×100%。作者在对比赛平均心率和比赛最高心率进行比较时，采用了相同的方法：

比赛平均运动强度=比赛平均心率 / 个人最高心率×100%

比赛最高运动强度=比赛最高心率 / 个人最高心率×100%

二、结果与分析

（一）运动员心率变化的总体分析

1. 总体描述

根据队员上场比赛的时间不同，将其分为打满全场比赛、打半场比赛和小于半场比赛 3 种情况。打满全场比赛的队员共 46 人次，其中前锋 8 人次，前卫 24 人次，后卫 14 人次；只参加上半场比赛的队员共 21 人次，其中前锋 3 人次，前卫 8 人次，后卫 10 人次；比赛时间不足 45 分钟的队员共 9 人次，其中前锋 2 人次，前卫 3 人次，后卫 4 人次。比赛心率统计的平均值见下表 8–6、8–7、8–8。

表 8–6 中国女足全场比赛队员心率统计

比赛时段	个人最高心率 (beats/min)	比赛平均心率 (beats/min)	比赛最高心率 (beats/min)	比赛平均运动强度(%)	比赛最高运动强度(%)	<75% HRmax (%)	75%~85% HRmax (%)	85%~90% HRmax (%)	>90% HRmax (%)
全场	190.8	167.5	186.2	87.8	97.6	5.2	21.6	25.8	46.6
上半场	190.8	168.3	185.7	88.2	97.3	5.5	20.4	24.3	49.8
下半场	190.8	166.0	183.5	87.0	96.2	6.6	24.5	27.9	41.1

表 8–7 中国女足半场比赛队员心率统计

个人最高心率 (beats/min)	比赛平均心率 (beats/min)	比赛最高心率 (beats/min)	比赛平均运动强度(%)	比赛最高运动强度(%)	<75% HRmax (%)	75%~85% HRmax (%)	85%~90% HRmax (%)	>90% HRmax (%)
191.6	167.6	187.2	87.5	97.7	5.6	23.3	27.2	43.3

表 8-8　中国女足比赛不足 45 分钟队员心率统计

平均比赛时间	个人最高心率 (beats/min)	比赛平均心率 (beats/min)	比赛最高心率 (beats/min)	比赛平均运动强度(%)	比赛最高运动强度(%)	<75% HRmax (%)	75%~85% HRmax (%)	85%~90% HRmax (%)	>90% HRmax (%)
19:52:00	197.2	177.8	193.2	90.2	98.0	3.4	14.3	28.4	53.9

从表 8-6 中可以看出，全场比赛中平均心率和最高心率分别为 167.5beats / min 和 186.2beats / min，比赛平均运动强度和最高运动强度分别为 87.8%和 97.6%，在小于 75% HRmax（最大心率）、75%~85% HRmax、85%~90% HRmax 和大于 90% Hrmax4 个区间，心率占总比赛时间的百分比分别为 5.2%、21.6%、25.8% 和 46.4%，说明中国女足比赛负荷较高，72.4%的比赛时间心率值超过个人最高心率的 85%，只有 5.2%的比赛时间心率低于个人最高心率的 75%。分别对上、下半场的心率统计结果表明，上半场比赛平均心率、比赛最高心率和 90%最高心率以上时间的百分比分别比下半场高 2.3beats / min、2.2beats / min 和 8.7%，而 90%最高心率以下各区间的时间百分比，均是下半场多于上半场。总体上看，下半时比赛负荷下降，且主要体现在大强度负荷方面。

个人方面，有 10 人次下半时的平均心率和 90%最高心率以上时间高于上半时。比赛中 33 人次在上半时出现最高心率，11 人次在下半时出现最高心率，2 人次在上下半时都出现最高心率，在下半时出现最高心率的 11 人次中，6 人次下半时的平均心率和 90%最高心率以上时间高于上半时，值得注意的是这 6 人次中只包括 2 人，且都是前卫队员，可能与队员的本身特点和战术安排有关。

将表 8-7 中半场比赛的心率数据与全场比赛中上半时心率数据比较，结果为平均心率相差 0.7beats / min，比赛平均运动强度相差 0.7%，比赛最高运动强度相差 0.4%，从这些指标看，二者的比赛强度几乎相等，但 90%最高心率以上的时间，半场比赛比全场比赛中的上半时要低 6.5%，说明高强度运动少，这可能与样本构成有关，半场比赛队员后卫约占 48%，前卫占 38%；全场比赛队员后卫占 30%，前卫占 52%，而前卫队员比赛中的高强度运动多于后卫队员可能是产生这种差异的原因。

表 8-8 中对比赛时间不足 45 分钟的 9 名队员的心率统计发现，在大约 20 分钟的比赛时间内，反映运动强度的各项心率指标均明显高于全场比赛和半场比赛，平均心率比全场比赛高 10.3beats / min，比赛平均运动强度高 2.4%，90%最高心率以上时间高约 7%，表明运动员在比赛开始的较短时间内体能较好，高强度运动的比例较多，随着比赛的进行运动强度会明显下降。

2. 各指标间的相关分析

表 8–9、表 8–10 为比赛平均心率和比赛最高心率与不同心率区间时间百分比的相关分析。

表 8–9　比赛平均心率与其他指标相关分析

	比赛最高心率	<75% HRmax (%)	75%~85% HRmax (%)	85%~90% HRmax (%)	>90% HRmax (%)	>85% HRmax (%)	<85% HRmax (%)
相关系数	0.825**	–0.680**	–0.676**	–0.001	0.661**	0.731**	–0.707**
P 值	0.000	0.000	0.000	0.996	0.000	0.000	0.000
样本含量	46	46	46	46	46	46	46

注：** 为 $p < 0.01$。下同

表 8–10　比赛最高心率与其他指标相关分析

	比赛平均心率	<75% HRmax (%)	75%~85% HRmax (%)	85%~90% HRmax (%)	>90% HRmax (%)	>85% HRmax (%)	<85% HRmax (%)
相关系数	0.825**	–0.219	–0.215	0.070	0.208	0.252	–0.226
P 值	0.000	0.143	0.150	0.644	0.166	0.091	0.130
样本含量	46	46	46	46	46	46	46

从表 8–9 可以看出，平均心率与“85%~90%最大心率时间百分比”之外的其他指标存在 0.01 水平的显著相关。与比赛最高心率的相关系数为 0.825，与“大于 90%最高心率时间百分比”的相关系数为 0.661，与“大于 85%最高心率时间百分比”的相关系数为 0.731。可见，两种运动强度都是影响比赛平均心率的因素，但大于 85%最大心率的运动强度与平均心率的相关程度更高。与“75%~85%最大心率时间百分比”和“小于 75%最高心率时间百分比”的相关系数分别为–0.68 和–0.676，但与“小于 85%最高心率时间百分比”的相关系数更高，为–0.707。由此判断，比赛平均心率值为 85%最高心率左右，比赛平均心率与 > 85% HRmax（%）关系较为密切，只有该水平负荷下运动时间增大时，比赛的平均负荷水平才会提高。

表 8–10 的计算结果表明，比赛最高心率只是与比赛平均心率显著相关，与心率强度的各个区间均不存在关联。

（二）不同位置队员比赛心率比较

将打满全场比赛的队员按不同位置划分，然后对她们的全场比赛心率和上、下半场比赛心率进行统计，统计结果见表 8–11。

表 8–11　中国女足不同位置队员比赛心率统计

位置	比赛时段	个人最高心率 (beats/min)	比赛平均心率 (beats/min)	比赛最高心率 (beats/min)	比赛平均运动强度(%)	比赛最高运动强度(%)	<75% HRmax (%)	75%~85% HRmax (%)	85%~90% HRmax (%)	>90% HRmax (%)
前锋	全场	191.0	167.4	185.6	87.6	97.1	5.0	21.1	26.5	45.7
	上半场	191.0	168.6	185.5	88.2	97.1	7.1	18.1	22.7	52.0
	下半场	191.0	166.1	182.5	87.0	95.5	5.5	25.1	32.6	36.9
前卫	全场	187.7	165.8	183.9	88.4	98.0	5.1	19.1	23.8	51.2
	上半场	187.7	166.0	183.0	88.4	97.5	5.7	19.4	23.2	51.6
	下半场	187.7	164.8	181.9	87.9	96.9	6.7	19.6	25.6	48.1
后卫	全场	196.0	170.5	190.6	87.0	97.3	5.5	26.3	28.7	39.1
	上半场	196.0	172.3	190.5	87.9	97.2	4.4	23.2	26.9	45.5
	下半场	196.0	167.9	186.8	85.7	95.3	7.1	32.4	29.1	31.4

从表 8–11 中可以看出，不同位置队员的个人最高心率、比赛平均心率和比赛最高心率的平均值不同，且三者有相同的趋势，即后卫>前锋>前卫，但这种差别主要是由于个人最高心率的不同造成的。如果从比赛平均运动强度进行比较，则是前卫>前锋>后卫，将比赛最高运动强度进行比较，则是前卫>后卫>前锋。从 85%最高心率以上运动强度所占时间的百分比来看，前卫队员最多（75%），依次为前锋和后卫，分别比前卫少 2.8%和 7.2%，如果对 90%最大心率以上的运动强度进行比较，三个位置队员的差距更大，前锋和后卫分别比前卫少 5.5%和 12.1%，这表明不同位置队员比赛负荷的不同，前卫队员比赛中平均负荷强度和高强度运动所占的比例均明显高于其他位置队员。这种心率特点与队员在比赛中的跑动特点是一致的，很多关于跑动距离的研究都表明前卫队员的跑动距离明显多于前锋和后卫。

对不同位置队员上下半场比赛的心率特点比较可以看出，下半场的比赛平均运动强度、比赛最高运动强度、90%最高心率以上运动强度所占时间的百分比均少于上半场，但减少的程度不同，前卫队员上下半场的差别很小，前锋次之，后卫队员上下半场的差别最大，尤其是 90%最高心率以上运动强度，下半场比上半场少了 14.1%。说明后卫队员下半场体力下降较多，保持长时间高强度跑的能力还需提高，速度耐力较差。当然这也许还受到比赛对手场上的表现，以及本队战术打法等因素的影响，分析判断时必须将这些因素考虑在内。

（三）不同比赛心率比较

表 8-12 为中国女足备战世界杯系列热身赛中的 8 场比赛全场和上、下半场的心率统计，8 场比赛的对手、时间、地点和比赛结果等见表 8-13。

表 8-12 中国女足不同比赛全队心率比较

比赛日期	比赛时段	个人最高心率 (beats/min)	比赛平均心率 (beats/min)	比赛最高心率 (beats/min)	比赛平均运动强度(%)	比赛最高运动强度(%)	<75% HRmax (%)	75%~85% HRmax (%)	85%~90% HRmax (%)	>90% HRmax (%)
5月3日	全场	192.6	175.6	191.2	91.2	99.3	0.8	11.8	23.6	63.8
	上半场	192.6	177.4	191.2	92.1	99.3	0.3	7.6	19.4	72.8
	下半场	192.6	170.4	187.6	88.6	97.5	2.4	23.5	26.2	47.2
5月6日	全场	191.2	170.0	187.0	88.9	97.8	3.5	21.9	27.3	47.3
	上半场	191.2	171.0	187.0	89.4	97.8	1.9	19.1	22.0	56.6
	下半场	191.2	168.0	184.8	87.9	96.6	2.9	22.2	28.5	45.2
5月13日	全场	188.8	164.6	183.6	87.2	97.2	7.2	26.5	27.5	38.8
	上半场	188.8	163.0	183.2	86.4	97.0	6.1	27.2	24.1	40.4
	下半场	188.8	167.2	182.6	88.6	96.8	3.1	17.3	25.3	53.1
5月30日	全场	190.5	167.5	185.3	87.9	97.3	4.9	24.3	30.1	40.7
	上半场	190.5	170.3	185.3	89.4	97.2	2.0	18.2	24.9	54.8
	下半场	190.5	163.5	181.0	85.8	95.0	7.3	27.5	28.6	34.8
6月6日	全场	191.5	164.2	185.0	85.7	96.6	9.0	29.6	32.0	29.5
	上半场	191.5	165.3	184.2	86.3	96.2	5.3	25.2	29.1	37.7
	下半场	191.5	163.5	182.7	85.4	95.4	6.7	29.6	32.4	29.2
6月9日	全场	190.6	156.1	182.1	82.0	95.6	20.9	36.9	23.5	18.7
	上半场	190.6	156.1	181.0	82.0	95.0	14.0	38.1	23.5	18.0
	下半场	190.6	156.1	178.4	82.0	93.7	13.9	35.2	23.3	20.2
6月13日	全场	193.8	174.6	191.8	90.1	99.0	1.7	15.2	23.0	60.1
	上半场	193.8	176.4	190.4	91.0	98.2	1.4	10.7	22.1	65.9
	下半场	193.8	171.6	189.8	88.6	98.0	2.9	23.2	25.4	48.4
7月1日	全场	188	167.8	183.8	89.3	97.8	2.3	21.1	28.5	48.1
	上半场	188.0	167.8	183.2	89.3	97.5	1.8	17.3	27.3	53.6
	下半场	188.0	168.0	182.0	89.4	96.8	1.4	20.0	26.3	52.3

表 8–13 中国女足系列热身赛简况

比赛性质	时间（年、月、日）	对手	地点	结果
热身赛	2007.5.3	加拿大	南京	3:1
热身赛	2007.5.6	加拿大	南京	2:1
热身赛	2007.5.13	韩国	杭州	5:2
香河集训	2007.5.30	澳大利亚	香河	2:2
热身赛	2007.6.6	阿根廷	布宜诺斯艾利斯	1:0
热身赛	2007.6.9	阿根廷	布宜诺斯艾利斯	0:1
热身赛	2007.6.13	蓝天	美国新泽西	0:0
四国赛	2007.7.1	泰国	秦皇岛	4:0

从表 8–12 中可以看出，不同比赛中运动员的心率差异很大，平均心率最高值为 175.6，最低值为 156.1，比赛平均运动强度最高值为 91.2%，最低值为 82%。比赛最高运动强度的最高值为 99.3%，几乎达到了极限负荷强度，最低值为95.6%。90%最高心率以上运动强度比赛时间百分比的差异更明显，最高值 63.8%，最低值仅 18.7%。表明女足比赛心率指标在不同的比赛中变化很大，如果只以少数比赛场次中所获得的数据对比赛心率进行评定，很难保证评定的科学、准确，这需要集合比赛的对手与赛果进行分析。

分析研究显示，决定比赛负荷的两项最重要的指标是比赛平均运动强度和高强度运动的时间。结合表 8–13 中比赛对手和比赛结果对比赛负荷进行分析，比赛平均运动强度最高的比赛是 5 月 3 日对加拿大，以下依次是 6 月 13 日对美国蓝天队，7 月 1 日对泰国和 5 月 6 日对加拿大，平均运动强度分别为 91.2%、90.1%、89.3%和 88.9%，90%最高心率以上运动强度比赛时间的百分比最高的也是这四场比赛，且排列顺序也相同，分别为 63.8%、60.1%、48.1%和 47.3%，这四场比赛中有三场比赛都是战胜了对手，且中国队在比赛多数时间占据主动，与美国蓝天队虽然打平，但中国队控球时间多于对手。比赛负荷强度最低的比赛是 6 月 6 日和 9 日对阵阿根廷的两场比赛，平均运动强度分别为 85.7%和 82%，90%最高心率以上运动强度比赛时间分别为 29.5%和 18.7%，这两场比赛中国队一胜一负，虽然也取得了一场胜利，但由于比赛是在阿根廷进行，中国队要克服时差、温差和长途奔波的影响，运动员的体能受到了很大影响，两场比赛中阿根廷队在场面上更占优势。在 5 月 13 日对阵韩国的比赛中，尽管中国队取得了一场大胜，但从控球时间上中国队只是以 51.8%对 48.2 略占优势。分析显示，中国女足在占优势的比赛中平均运动强度和高强度运动的时间都处于相对较高水平。

5 月 3 日中国队对加拿大的比赛，中国女足的平均心率和高强度心率都明显高于其他比赛，一个可能的原因，这是中国女足新任主教练多曼斯基上任后的首场比赛，队员都想在新教练面前充分展现自己的才能，从而在比赛中表现出积极主动的特征。

（四）中场休息心率分析

运动后的恢复心率可以在一定程度上反映运动过程中的运动强度，表 8–14 为中国女足中场休息时的心率统计。

表 8–14　中国女足中场心率统计（单位：beats/min）

	安静心率	最低心率	平均心率	最低心率与安静心率差	平均心率与安静心率差
平均数	55.1	96.3	110.7	41.2	55.6
标准差	3.7	9.4	9.1	8.2	7.9

恢复心率评价运动强度的标准见表 8–15。

表 8–15　运动后 5~10 分钟心率恢复与运动负荷的关系

强度等级	心率（beats/min）
大强度	较运动前快 36~54
中等强度	较运动前快 12~30
小强度	恢复到运动前心率

足球比赛中场休息时间一般为 15 分钟左右，女足队员中场休息时的平均心率为 110.7beats / min，最低心率的平均值为96.3beats / min，分别比安静心率快 55.6beats / min 和 41.2beats / min，根据表 8–15 中的强度标准，表明上半场比赛负荷处于大强度水平。

（五）中场休息心率与比赛心率相关性分析

1. 全队比赛心率与中场休息心率相关性分析

运动员在不同的比赛中心率指标的变化很大，中场休息时心率的变化也同样很大，中场休息时的心率与上半场比赛负荷之间是否存在必然的联系是一个值得关注的问题。表 8-16 为中国女足 8 场比赛的中场休息心率和相应的上半场比赛心率统计。

表 8-16　中国女足比赛中场休息心率与上半场比赛心率统计表

比赛日期	比赛平均心率 (beats/min)	比赛最高心率 (beats/min)	比赛平均运动强度(%)	比赛最高运动强度(%)	<75% HRmax (%)	75%~85% HRmax (%)	85%~90% HRmax (%)	>90% HRmax (%)	中场最低心率 (beats/min)	中场平均心率 (beats/min)
5月3日	177.4	191.2	92.1	99.3	0.3	7.6	19.4	72.8	102.4	118.4
5月6日	171.0	187.0	89.4	97.8	1.9	19.1	22.0	56.6	102	114.2
5月13日	163.0	183.2	86.4	97.0	6.1	27.2	24.1	40.4	100.6	112.8
5月30日	170.3	185.3	89.4	97.2	2.0	18.2	24.9	54.8	99.0	114.0
6月5日	165.3	184.2	86.3	96.2	5.3	25.2	29.1	37.7	92.0	105.5
6月8日	156.1	181.0	82.0	95.0	14.0	38.1	23.5	18.0	84.4	99.4
6月12日	176.4	190.4	91.0	98.2	1.4	10.7	22.1	65.9	98.8	114.8
7月1日	167.8	183.2	89.3	97.5	1.8	17.3	27.3	53.6	97.2	112.6

对比赛心率指标与中场心率指标相关性分析结果见表 8-17、8-18。

表 8-17　全队比赛心率与中场休息心率相关性分析（N=8）

		比赛平均心率	比赛最高心率	比赛平均运动强度	比赛最高运动强度
中场最低心率	相关系数	0.772*	0.659	0.847**	0.877**
	P 值	0.025	0.075	0.008	0.004
中场平均心率	相关系数	0.872**	0.757*	0.935**	0.950**
	P 值	0.005	0.030	0.001	0.000

注：* 为 $p < 0.05$，下同。

表 8-18　全队中场平均心率与比赛中不同心率区间时间百分比的相关性分析（N=8）

		<75% HRmax (%)	75%~85% HRmax (%)	85%~90% HRmax (%)	>90% HRmax (%)	<85% HRmax (%)	>85% HRmax (%)
中场最低心率	相关系数	−0.867**	−0.779*	−0.416	0.845**	−0.818*	0.831*
	P 值	0.005	0.023	0.305	0.008	0.013	0.011
中场平均心率	相关系数	−0.914**	−0.892**	−0.473	0.937**	−0.912**	0.919**
	P 值	0.002	0.003	0.237	0.001	0.002	0.001

相关性检验结果表明，比赛平均心率和比赛平均运动强度都与中场心率有显著相关性，比赛平均运动强度的相关系数更高；比赛最高心率与中场最低心率无相关性，但比赛最高运动强度（比赛最高心率 / 个人最高心率×100%）却与中场最低心率显著相关。这证明了用比赛平均运动强度和最高运动强度评价比赛负荷比直接用比赛平均心率和最高心率评价更准确、合理。另外运动时的心率受个人最高心率的影响较大，而不同队员的最高心率又存在着差异，比赛平均运动强度和最高运动强度在一定程度上减少了最高心率差异所产生的影响。

从表 8–17 可以看出，中场最低心率除与比赛最高心率之外的其他指标都存在显著相关性，中场平均心率与比赛平均心率、比赛最高心率、比赛平均运动强度、比赛最高运动强度之间都存在显著相关性，相关系数分别为 0.872（P=0.005）、0.757（P=0.03）0.935（P=0.01）和 0.95（P=0.000），均高于中场最低心率；表 9–20 中不同心率区间比赛时间与中场心率的相关关系中，与中场平均心率的相关系数均高于与中场最低心率的相关系数，因此，中场平均心率是评价比赛负荷的更合适的指标。

从表 8–18 中可以看出，中场平均心率与“大于 90%最高心率”和“大于 85%最高心率”都在 0.01 水平上存在显著相关性，但与前者的相关系数更高，相关系数值为 0.937。中场平均心率都在 0.01 的水平上存在显著相关性，相关系数分别为–0.914、–0.892 和–0.912。这与比赛平均心率及“小于 75%最高心率”、“75%~85%最高心率”、“小于 85%最高心率”表现出了类似的特征。

2. 个人比赛心率与中场休息心率相关性分析

研究分析证明，全队上半场比赛心率的多项指标与中场平均心率和中场最低心率之间都存在相关性，由此推断运动员个体比赛心率与中场休息心率之间也可能存在相关性，这对于用心率监控比赛负荷会有重大意义。表 8–19、8–20 为 42 名女足队员的上半场比赛心率和中场休息平均心率相关性检验。

表 8–19　个人中场平均心率与上半场比赛心率指标相关性分析（N=42）

		比赛平均心率	比赛最高心率	比赛平均运动强度	比赛最高运动强度
中场平均心率	相关系数	0.704**	0.408**	0.762**	0.526**
	P 值	0.000	0.007	0.000	0.000

表 8-20　个人中场平均心率与比赛不同心率区间时间百分比的相关性分析（N=42）

		<75% HRmax (%)	75%~85% HRmax (%)	85%~90% HRmax (%)	>90% HRmax (%)	<85% HRmax (%)	>85% HRmax (%)
中场平均心率	相关系数	–0.544**	–0.753**	–0.317*	0.775**	–0.718**	0.759**
	P 值	0.000	0.000	0.041	0.000	0.000	0.000

从上表中可以看出，与全队比赛心率一样，个人比赛心率与中场休息平均心率间也存在着相关性，只是相同指标间的相关系数低于全队比赛心率，与中场平均心率相关系数较高的指标是比赛平均运动强度（0.762）、75%~85%最大心率时间（–0.753）、大于 85%最大心率时间（0.759）和大于 90%最大心率时间（0.775），且都在 0.01 的水平上显著相关。

通过对中场平均心率与上半场比赛心率各指标的相关分析证明，可通过中场平均心率预测上半场比赛的运动负荷。

（六）中场平均心率与上半场比赛心率指标回归方程的建立

受比赛特点、比赛规则的限制，在足球比赛过程中采集队员的心率是很困难的，而在中场休息时获得心率数据较容易。从前面的分析中可以知道，中场休息的平均心率与上半场比赛的多项心率指标存在显著相关性，因此通过建立中场平均心率与这些指标的一元线性回归方程，即可根据队员中场休息时的心率推断队员上半场比赛的心率特点，从而使教练员对整个上半场运动员的比赛负荷有一个全面的了解，为下半场的战术安排和人员调整提供科学的依据。

根据中场平均心率与上半场比赛心率指标的相关性，建立如下 4 个回归方程：

1. 上半场比赛平均运动强度与中场平均心率

通过中场平均心率预测上半场比赛平均运动强度的回归方程为：

$$y = 52.34 + 0.321\chi$$

上式中，y 为上半场比赛平均运动强度。

2. 75%~85%最大心率时间百分比与中场平均心率

通过中场平均心率预测上半场比赛 75%~85%最大心率时间百分比的回归方

程为：

$$y = 132.79 - 1.006\chi$$

上式中，y 为 75%~85%最大心率时间百分比。

3. 大于 90%最大心率时间百分比与中场平均心率

通过中场平均心率预测上半场比赛大于 90%最大心率时间百分比的回归方程为：

$$y = -151.196 + 1.8\chi$$

上式中，y 为大于 90%最大心率时间百分比。

4. 大于 85%最大心率时间百分比与中场平均心率

通过中场平均心率预测上半场比赛大于 85%最大心率时间百分比的回归方程为：

$$y = -107.852 + 1.626\chi$$

上式中，y 为大于 85%最大心率时间百分比。

对上述 4 个方程的检验 P 值都为 0.00，说明回归方程在统计学上具有一定意义。

（七）比赛不同时段心率比较

表 8-21 为打满全场队员的上、下半场前 10 分钟和后 10 分钟的心率统计。

表 8-21　中国女足不同时段心率比较

	比赛平均心率	比赛最高心率	比赛平均运动强度(%)	比赛最高运动强度(%)	<75% HRmax (%)	75%~85% HRmax (%)	85%~90% HRmax (%)	>90% HRmax (%)
上半场前 10min	163.2	179.0	85.9	94.2	7.3	31.1	29.8	31.7
上半场后 10min	165.0	182.2	86.8	95.9	9.7	23.1	22.2	45.0
下半场前 10min	163.0	179.0	85.8	94.2	7.4	29.0	31.0	32.5
下半场后 10min	163.5	179.9	86.1	94.7	11.4	24.1	23.6	40.9

从表 8-21 中可以看出，上半场前 10 分钟和下半场前 10 分钟各项指标的差异非常小。在比赛平均运动强度、比赛最高运动强度方面，每个半场的后 10 分钟均高于前 10 分钟；上半场后 10 分钟高于下半场后 10 分钟。90%最大心率以

上运动时间的差距更为明显，上、下半场的前、后 10 分钟分别相差 13.3%和 8.3%，上、下半场后 10 分钟相差 4.1%。表明每个半场的开始阶段运动强度较低，高强度运动的比例较少。原因可能是，上半场比赛开始前的准备活动时间与开赛时间间隔较长，而下半场开始前一般没有准备活动，此时的身体机能已经处于运动后的恢复状态，比赛时身体机能未能及时调动起来，无法适应高强度的比赛节奏。

莫尔（Mohr，2004）的研究表明，足球比赛前适当的准备活动后，肌肉温度会超过 39℃，并且在整个上半场保持这个温度，中场休息时肌肉温度会下降 2℃。对参赛队员每个半场之前和之后的冲刺跑测试结果表明，在上半场结束时运动员的反复冲刺能力没有变化，但是经过中场休息后冲刺能力下降。同一场比赛中的另一些队员在中场休息结束前 7~8 分钟时重新进行了热身活动，这些队员则能够保持合适的体温和较好的冲刺能力。比赛中教练员可以借鉴该方法，在中场休息时让运动员增加一些中低强度的有氧练习，以使运动员在下半场开始即可处于良好的身体状态。

足球比赛跑动距离的研究证实，下半场的总跑动距离和高强度跑的距离都比上半场少，表明运动员下半场体能下降，尤其在比赛的最后阶段，下降更明显。研究表明，模拟足球比赛强度 90 分钟的练习后，运动员肌肉最大力量减少了约 13%，这与本研究中下半场比赛后 10 分钟平均心率，以及 90%最大心率以上时间百分比少于上半场后 10 分钟相吻合。因此，在比赛中教练员应该充分利用战术和人员的调整，提高运动员在比赛最后阶段保持高强度运动的能力，同时在训练中运用正确的方法改善运动员的专项耐力，提高快速恢复能力。

（八）　比赛心率与训练心率比较

1. 整场比赛队员心率与训练心率的比较

选择每场比赛时间超过 45 分钟的队员作为研究对象，把相同队员的比赛心率与比赛之前的大强度训练课的心率进行比较。大强度训练课的选择标准为比赛前数天的训练课中负荷强度最大的一次课（即心率最高的训练课），基本能够代表这段时间训练中的最大训练强度。

表 8–22 为中国女足系列比赛与训练的心率比较。我们从平均心率、最高心率、160~180beats / min 的心率百分比，以及 180beats / min 以上心率百分比 4 个角度对运动员的比赛心率与训练心率进行了比较。

表 8–22 中国女足比赛与训练心率比较表

比赛日期	训练日期	平均心率			最高心率			160~180beats/min 心率百分比			180beats/min 心率百分比		
		比赛	训练	差值	比赛	训练	差值	比赛	训练	差值	比赛	训练	差值
5月3日	5月2日	174	160	14	190	182	8	54.5	54.1	0.4	34.0	9.3	24.7
5月6日	5月4日	166	157	9	185	182	3	56.4	45.9	10.5	15.4	8.1	7.3
5月13日	5月11日	163	155	8	185	182	3	55.7	37.1	18.6	9.9	12.1	–2.2
5月30日	5月26日	167	154	13	184	181	3	61.7	44.5	17.2	13.7	6.1	7.6
6月5日	6月3日	165	151	14	186	180	6	55.4	40.6	14.8	14.3	7.9	6.4
6月8日	6月3日	157	146	11	184	176	8	48	39.2	8.8	3.2	1.3	1.9
6月12日	6月3日	172	154	18	191	181	10	54.6	41.1	13.5	30.4	8.8	21.6
7月1日	6月22日	168	157	11	184	177	7	71.7	55.6	16.1	8.7	0.4	8.3
平均值		167	154	13	186	180	6	57.3	44.8	12.5	16.2	6.8	9.4

表 8–22 显示，女足的平均心率、最高心率、160~180beats / min 心率百分比和 180beats / min 以上心率百分比 4 项心率指标的平均值，训练均明显低于比赛，其中平均心率低 13 次，最高心率低 6 次，160~180beats / min 心率低 12.5%，180beats / min 以上心率低 9.4%。研究表明，中国女足队员心率为 160~180beats / min 的运动强度在比赛中的比例最高，约为全场比赛时间的 57%，这一强度大约相当于最大心率的 85%~95%，属于大强度和极限强度运动，180beats / min 以上心率的运动属极限强度。由此可见，女足在训练中大强度和极限强度训练时间所占的比例明显低于比赛约 21.9%。从单个场次来看，只有个别场次训练课强度达到或接近比赛强度。对此科研组建议如下：

（1）由于比赛中超过 50%的时间心率为 160~180beats / min，因此训练中应增加高强度有氧训练的比例。

（2）以高强度有氧训练为基础，增加无氧训练的比例，心率应为本人最大心率的 90%左右。

（3）无氧训练中要有极限强度的刺激，以适应比赛的需要，心率应大于本人最大心率的 95%。

2. 部分运动员比赛心率与训练心率的比较

表 8–23 为部分运动员比赛和训练心率比较。结果表明，在平均心率方面，只有 1 名队员训练心率高于比赛 4beats / min，其她队员训练低于比赛

10beats / min 以上，最大差距为 15beats / min；在最高心率方面，训练和比赛最大差距 9 次，平均相差 5beats / min，1 名队员训练与比赛相同。

表 8-23 部分运动员比赛和训练心率比较表

	毕×		李×		浦×		曲×		刘×		张×	
	比赛	训练	比赛	训练	比赛	训练	比赛	训练	比赛	训练	比赛	训练
平均心率	161	151	170	157	159	163	173	160	158	148	169	154
最高心率	178	172	189	183	190	190	195	186	179	177	184	177
160beats/min 以上心率百分比（%）	64.5	44.2	81.0	61.3	52.6	62.7	82.8	57.8	52.7	42.2	85.4	51.0
160–180beats/min 心率百分比（%）	64.4	44.2	58.9	51.1	42.0	41.8	42.8	41.7	51.3	41.8	77.4	50.7
180beats/min 以上心率百分比（%）	0.1	0	22.1	10.2	10.6	20.9	40.0	16.1	1.4	0.4	8.0	0.3

160~180beats / min 心率时间和 180beats / min 心率时间占总训练或比赛时间的百分比是反映运动强度的两项重要心率指标。160beats / min 以上心率的运动属大强度或极限强度运动，是足球比赛中起重要作用的运动形式，在这项指标中 6 名队员中只有一人训练高于比赛，其她 5 名队员训练均明显低于比赛。

对以上几项心率指标分析表明，女足多数队员训练中大强度以上运动时间百分比均低于比赛，训练强度远未达到比赛强度。根据以上分析科研组建议如下：

（1）增加以 ATP–CP 无氧代谢供能为主的训练。足球比赛的特点要求有氧代谢供能和无氧代谢供能系统都要充分动员。足球运动员的无氧运动主要是短距离的冲刺、急停急转、弹跳、冲撞等动作，这些动作的完成主要是以 ATP–CP 供能为主的无氧代谢。运动时的心率一般都超过 180beats / min，而中国女足多数队员训练时 180beats / min 以上心率时间均低于比赛。

（2）适当进行糖酵解无氧代谢供能为主的训练。足球运动员对糖酵解系统代谢能力的要求不如中跑运动员那样高，只接近于短跑运动员。从足球运动的特点出发，适当发展糖酵解系统的能力即可满足比赛的需要，不需要高乳酸水平的训练。

（3）以强度有氧训练为主。高水平的有氧能力不仅能够有效地促进氧化过程，而且还能尽快消除无氧代谢所堆积的乳酸使之重新合成糖原，还能有效地提高肌肉中糖原的贮备。因此，良好的有氧代谢能力对于加速无氧代谢后的恢复速率、延缓疲劳的出现、使机体在承受高强度负荷等方面起到保障作用。女足队员这一强度运动的心率一般在 160~180beats / min 分之间，而这一心率区间训练水平明显低于比赛水平。

(4) 应提高训练课的整体强度，可以采用增加训练强度和缩短间歇时间等方法，同时以心率监控指标为参照。

(5) 大强度训练应以持球练习为主，这样更符合足球运动的特点，可采用生理生化指标进行训练监控，如心率、血乳酸等。

(6) 多进行类似比赛的对抗训练，在一定时间内训练强度应达到或超过比赛强度。

三、小　结

(1) 中国女足比赛中 72.4%的比赛时间心率超过个人最高心率的 85%，只有 5.2%的比赛时间心率低于个人最高心率的 75%。上半场的比赛平均负荷强度和高强度运动时间均高于下半场。

(2) 女足比赛平均心率与“大于 85%最高心率时间百分比”和“小于 85%最高心率时间百分比”在 0.01 水平上存在显著相关性。比赛最高心率与心率强度的各个区间均不存在相关性。

(3) 不同位置队员比赛平均运动强度和高强度运动时间不同，顺序是前卫>前锋>后卫。

(4) 女足队员中场休息时平均心率为 110.7beats / min，最低心率的平均值为 96.3beats/min，分别比安静心率快 55.6beats / min 和 41.2beats / min，中场休息时的平均心率与上半场比赛的平均运动强度、比赛最高运动强度、高强度运动时间百分比之间都存在显著相关性，

(5) 为了通过中场的平均心率估计上半场的比赛强度，建立了 4 个相关回归方程，通过 4 个回归方程可以对上半场的比赛负荷进行预测。

(6) 中国女足上、下半场后 10 分钟的负荷强度大于上、下半场前 10 分钟的负荷强度，上半场后 10 分钟的运动强度大于下半场后 10 分钟的运动强度。比赛下半场后 10 分钟运动员的运动负荷强度显著下降。

(7) 在进行专项化训练负荷设计时，可以根据比赛中运动员的心率分布特征进行设计，以增加训练的效果。

(8) 在后期备战比赛的训练中，应该主要加强有氧中、高强度的训练，以及以 ATP-CP 供能为主的训练，适当进行糖酵解无氧代谢供能为主的训练。训练课还应该增加接近或超过比赛强度的训练。

第九章　足球运动员比赛跑动能力监控

对比赛跑动能力的研究主要有两个目的，第一，研究足球比赛运动负荷特征，为训练负荷的制订提供参考依据。当然，比赛负荷可以从身体机能特征的角度对运动负荷特征作出描述，但是比赛跑动能力却是运动负荷最直观的体现，是引起机能变化的自变量，对比赛中的跑动特征研究更具有直接意义。第二，通过监测运动员比赛跑动能力状况，既可评价其比赛中体能的发挥水平，也可对全队的状态作出评定，还能重点监测某个位置运动员的体能表现，并可以将数据进行相关分析，为教练员了解运动员的体能状况或者选择上场队员提供科学依据。

第一节　比赛跑动能力监控概述

一、比赛跑动速度等级划分

（一）国外相关划分标准

关于足球运动员比赛跑动速度的划分，目前没有统一的标准。国外对足球比赛过程中的跑动等级进行了相关研究，威瑟斯（Withers，1982）将活动形式分为走、慢跑、快跑、冲刺、后退走、后退慢跑、侧身跑等形式，对不同位置的队员统计结果显示，走的距离平均为 3026 米，慢跑为 5139 米，快跑为 1506 米，冲刺为 666 米，后退跑为 590 米，后退慢跑为 285 米，侧身跑为 316 米。尽管威瑟斯对各种活动形式进行了统计，但却没有对各种活动形式的速度标准进行划分。

邦斯伯等（1991）对足球运动员比赛中的跑动速度级别分为站立、走动（4km/h）、慢跑（8km/h）、低速跑（12km/h）、中速跑（16km/h）、高速跑（21km/h）、冲刺跑（30km/h）、后退跑（12km/h）8 个等级。根据此标准，他对丹麦联赛中运动员的跑动统计结果显示，运动员正常比赛的总活动距离为 120001 米，其中冲刺跑 400 米、高速跑 700 米、中速跑 1700 米、后退跑和低速跑 2700 米、慢跑 3002 米、走 3400 米。高强度跑占总距离的 23.1%，低速跑和后退跑占总距离的 22.3%，走和慢跑的距离占 54.5%。

美国队体能教练皮埃尔·巴里利用最大摄氧量作为速度划分依据对跑动等级划分标准如下。

冲刺：≥85%$\dot{V}O_2max$，（295~456m/min）的速度；

强度跑：大约为 80% $\dot{V}O_2max$，（174~295m/min）的速度；

慢跑：<80% $\dot{V}O_2max$，（174m/min）的速度。

德国学者根据生理特点将足球运动员的跑动强度分为 4 类：（1）有氧低强度类。这类跑动是低于每秒 2 米的慢跑，由有氧代谢系统供能，具有代表性的指标为最大摄氧量。（2）有氧高强度类。这类跑动是以运动员亚乳酸的负荷强度跑动，一般速度以每秒在 2~5 米，具有代表性的生理指标为乳酸阈。（3）无氧乳酸系统供能类。跑动速度在每秒 5 米以上，持续时间在 8 秒以上，具有代表性的生理指标为最大血乳酸值。（4）无氧非乳酸系统供能类。跑动速度在每秒 8 米以上，持续时间在 8 秒以下。研究表明，一场足球比赛运动员以高于 2m/s，低于 5m/s 的速度跑动次数为 182~262 次，跑动距离为 3467~6663 米，也就是说足球运动员每分钟有氧高强度的跑动为 2.02~2.91 次，每次跑动距离为 19.05~25.43 米，可见足球比赛中运动员活动方式是以有氧供能的中速跑为主，并且伴有一定的间歇时间。无氧乳酸系统反映了足球比赛对运动员无氧耐力的要求，其中 1~15 米跑动次数为 5~7 次，16~30 米跑动次数为 2~6 次，31~50 米和 51~100 米各 1 次。

另外，根据自己划定的标准对运动员比赛中跑动距离进行的研究也较多，但是由于速度标准和研究方法的不同，很难将数据进行横向比较（表 9–1）。

表 9–1　不同国家比赛跑动距离一览表

研究者	队别	样本数	不同位置运动员比赛跑动距离（m）			研究方法
			后卫	前卫	前锋	
Bangsbo	丹麦甲级和乙级	14	10100	11400	10500	比赛视频
Ekblom	丹麦	44	9600	10600	10100	手记符号
Mohr	意大利、丹麦	42	9740	11000	10480	比赛视频
Reilly&Thomas	英国顶级	32	7759	9805	8397	磁带录音机
Rienzi	英国顶级	23	8695	9960	7736	电影胶片
Van Gool	美国联赛	7	9902	10710	9820	电影胶片
Withers	澳大利亚	15	10169	12194	11766	比赛视频

（二）国内相关划分方法及标准

我国早期的相关研究虽对跑动形式进行了简单的划分，但并没有明确的速度定义。如原国家体委球类司足球处和第三届全运会足球调研组的相关研究中，均对比赛冲刺跑和快速跑的次数做了统计分析，可是并没有明确具体的速度等级，只是对跑动的速度等级进行了定性统计。

更多的比赛跑动的研究出现在 20 世纪 90 年代后，如王方（1994）等对我国优秀女子足球运动员的比赛体能特征进行了研究，其研究成果之一就是对足球比赛跑动划分为快跑、慢跑和走 3 种形式。瞿煜忠（1997）对中国队运动员比赛跑动形式划分为走（1384.3 米）、慢跑（3019.4 米）、快跑（1376 米）3 种形式。周卫民（1998）也对足球比赛跑动等级的划分进行了研究，划分标准为（1）冲刺：100%的速度；（2）快跑：90%~100%的速度；（3）慢跑：90%以下的速度；（4）走：慢跑以下的速度。曾桂生（1998）将比赛跑动形式划分为冲刺、快跑、慢跑和走动，并使用该标准对我国青年女足运动员的比赛跑动进行了统计，结果为冲刺跑占总跑动距离的 5.3%，快跑占 14.5%，慢跑占 43.2%，走动占 37%。

随着研究的深入，研究者开始利用最大摄氧量强度对比赛跑动速度等级进行划分。如顾晓敏、刘丹等首次利用最大摄氧量强度对我国优秀女子足球运动员的跑动等级进行了划分，将中国队优秀女子足球运动比赛中不同活动形式的速度分为 6 个等级，分别为：冲刺跑，速度为≥6m/s；高速跑，速度为≥4.8m/s；中速跑，速度为≥3.4m/s；低速跑，速度为≥2.4m/s；慢跑，速度为≥1.5m/s；慢跑级别以下的活动形式，速度为<1.5m/s。高强度跑包括：冲刺跑、高速跑。有氧中等强度跑包括：中速跑和低速跑。有氧低强度跑包括：慢跑，走以及站立（表 9–2）。

表 9–2　女子足球运动员在比赛中不同活动形式的划分标准

高强度	冲刺跑	≥6m/s	以无氧磷酸原供能为主
	高速跑	≥4.8m/s	以无氧糖酵解供能为主
有氧中强度跑	中速跑	≥3.4m/s	以中等强度有氧供能为主
	低速跑	≥2.4m/s	
有氧低强度跑	慢跑	≥1.5m/s	以低强度有氧供能为主
	慢跑以下	<1.5m/s	

自该标准建立以来，多名学者对女子足球运动员比赛中的跑动特征进行了研究，由于研究中采用的速度标准是一致的，所以可以对多项研究成果进行横向比较，同时也可进行自身的纵向比较，速度划分标准的制订，进一步规范了该领域的研究。

二、比赛跑动距离的测量方法

比赛跑动距离的测量方法主要包括目测法和计算机分析方法。随着计算机技术的发展，目测法由于在信度上存在的问题已不再使用，现在主要以比赛跑动分析软件为主要方法。

目前跑动距离测量的软件较多，本章重点以 SIMI 软件为例，说明计算分析技术在比赛跑动距离测试上的应用。使用该软件进行比赛跑动分析主要包括 3 个过程，即比赛现场录像拍摄、比赛分析（足球场地的标定、运动员的跑动跟踪与定位），数据分析。

（一）比赛现场的录像拍摄

两台 Sony DCR-TRV11E 型摄像机，分别放置于两个半场中央的同侧看台的最高处，摄像机处于同一高度，分别拍摄两个半场（图 9-1）。拍摄过程中保证摄像机的位置不动，镜头焦距不变，保证把场地的中线、边线和球门线完整地拍摄到画面中，直到整场比赛结束。摄像机取景框的下沿和球场的近端边线平行。

（二）足球场地的标定

首先，要对所拍摄的录像图像进行二维标定。二维标定以每个半场的中线、球门线和两条边线的 4 个交点作为已知坐标点。队员在每个半场的位置以坐标的形式表示。2008 年东亚四国邀请赛的比赛场地长度为 105 米，宽度为 68 米。以左边摄像机拍摄球场图像（图 9-1 左）的近端边线和球门线的交点为坐标系的原点（0，0），二维标定的 4 个已知点 X-Y 坐标为（0，0），（52.5，0），（52.5，68）（0，68）；同上，右边摄像机拍摄的图像（图 9-1 右上）二维标定的 4 个已知坐标点为（52.5，0），（105，0），（105，68），（52.5，68）。进入分析系统的标定程序后，在左右两台摄像机的画面中，分别用鼠标点击 4 个已知坐标点在图像中的位置，完成标定工作。系统的标定精确度可达到厘米。

图 9-1　SIMI 系统中足球场标定示意图

（三）运动员位置的定位

用鼠标点击运动员某一时刻在录像图像中的位置，即可确定其位置。本研究根据队员速度和方向的变化来定位运动员前后两点的时间和坐标。只要运动员的速度和移动方向发生了变化就点击鼠标，记录运动员的实时位置。这时，即可生成时间（t_i）和坐标（Xt_i，Yt_i）两个参数以及前后两点之间的距离，并可以同时生成此时运动员在球场示意图的位置。

（四）数据分析

运用统计学原理，结合 EXCEL 和 SPSS 统计软件对统计结果的数据进行处理与分析，将获得的原始数据进行处理，然后再根据研究目的对所得数据进行统计学分析。

第二节　中国男足运动员比赛跑动能力监控与评价

一、研究对象与方法

（一）研究对象

2004 年亚洲杯、2006 年沈阳四国赛、2007 年中美对抗赛、2007 年重庆四国赛及 2008 年世界杯预选赛数十场比赛的中国队、中国国奥队及其对手的部分队员。

（二）跑速的确定和运用

为了有利于将国际优秀运动员比赛体能的状况进行统计对比，本研究采用了丹麦学者邦斯伯确定的跑动等级标准（表 9–3）。

表 9–3　比赛中不同活动形式的划分标准

无氧高强度跑	≥8.3m/s	冲刺跑	以无氧磷酸原供能为主
	≥5.8m/s	高速跑	以无氧乳酸能供能为主
有氧中等强度跑	≥4.4m/s	中速跑	以高强度有氧供能为主
	≥3.3m/s	低速跑	以中等强度有氧供能为主
有氧低强度跑	≥2.2m/s	慢跑	以低强度有氧供能为主
	<2.2m/s	慢跑以下级别	

二、结果与分析

（一）中国队比赛跑动能力总体情况

通过对我国男足数十场国际比赛的拍摄和测量分析，中国男足优秀运动员的比赛跑动场均总距离为 9305~10122 米（表 9–4）。

表 9–4　中国队系列比赛总体跑动一览表（单位：m）

队别及比赛	样本	无氧高强度跑		有氧中强度跑		有氧低强度跑		总距离
		冲刺跑	高速跑	中速跑	低速跑	慢跑	慢跑以下	
04 亚洲杯	8	141	500	697	1282	2142	4544	9305
沈阳四国赛	5	88	545	1077	1532	1954	4340	9536
中国—美国	5	205	447	687	1290	2461	4657	9746
重庆四国赛	6	179	386	637	1210	2323	4613	9347
中国—澳大利亚（高原）	4	231	467	663	1309	2514	4482	9695
中国—卡塔尔	4	66	525	1072	1715	2274	4471	10122
中国—澳大利亚	3	82	523	858	1437	2208	4192	9300
中国—塞尔维亚	3	114	555	1058	1398	1900	4255	9279
平均		138	494	844	1397	2222	4444	9541

由表 9–4 可知，我国优秀运动员慢跑以下，即速度<2.2m/s 的跑动距离为 4192~4613 米，基本占据了活动总距离的一半左右；高强度跑动距离为 565~698 米；有氧中强度跑在 1947~2787 米（图 9–2、9–3）。

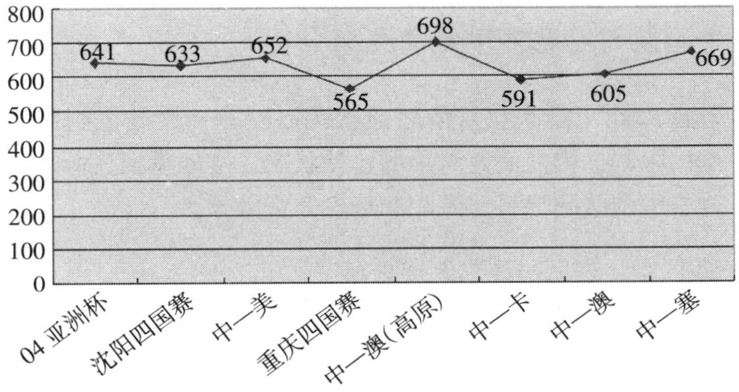

图 9–2　中国男足高强度跑比较图（单位：m）

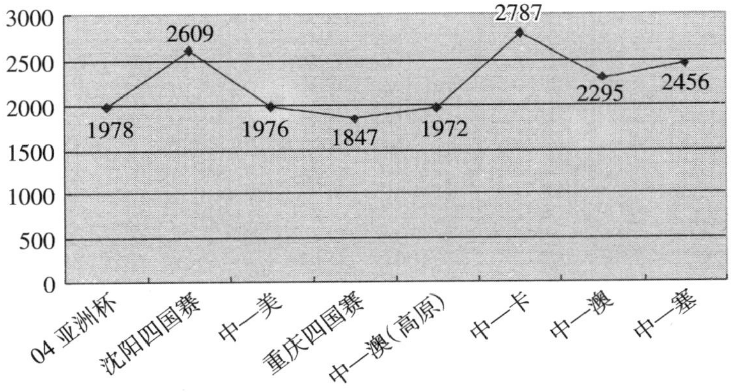

图 9–3　中国男足有氧中强度跑比较图（单位：m）

从以上图表中可以看出，世界杯预选赛的两场比赛中（中国对澳大利亚、中国对卡塔尔），中国队的跑动总距离较多，表明赛前运动员体能状态调整较好。与卡塔尔比赛总跑动距离达到 1 万米以上，突出的特点是队员有氧中强度跑动距离较多，说明该场比赛队员跑动较积极，遗憾的是本场比赛高强度跑动不够多，可能与中国队失球后卡塔尔队采取密集防守，造成中国队进攻空间较小有关。国奥队奥运会前的两场比赛（对澳大利亚和塞尔维亚）总跑动距离最少，可能由于当时队伍正在进行教练员更替训练不系统所致。但比赛中的高强度跑和中强度跑却高于其他热身赛，表明运动员的糖酵解能力和有氧能力较好。

（二）中国队与比赛对手跑动距离分析

比赛跑动能力除了反映自身的体能状况以外，一般还受到比赛对手活动能力、战术打法的限制，因此研究对手的跑动状况，准确掌握国际足球运动员的跑动能力，对分析中国队的优势、差距和特点非常重要。

1. 沈阳四国邀请赛队员跑动距离分析

2007 年沈阳四国赛各队平均跑动总距离分别为，博茨瓦纳 10255 米、日本 9685 米、朝鲜 10433 米、中国 9413 米，其中朝鲜国奥的跑动总距离最多，中国国奥队跑动总距离最少（表 9–5）。

表 9–5　中国与其他 3 国跑动情况比较（单位：m）

队别	无氧高强度跑		有氧中强度跑		有氧低强度跑		总距离
	冲刺跑	高速跑	中速跑	低速跑	慢跑	慢跑以下	
博茨瓦纳	51	522	927	1665	2592	4498	10255
日本	72	646	986	1519	2190	4272	9685
朝鲜	54	585	1160	1792	2403	4436	10431
中国	90	537	1061	1477	1896	4355	9413

在高强度跑中，平均跑动距离最多的是日本国奥队为 718 米，中国国奥队平均跑动距离为 627 米，在 4 个国奥队中名列第三。但是冲刺跑，中国国奥队的平均跑动距离最多，为 90 米。在有氧中强度跑中，各国国奥队的平均跑动距离分别为，博茨瓦纳 2592 米、日本 2505 米、朝鲜 2952 米、中国 2538 米，中国国奥队名列第三。在有氧低强度跑中，各国国奥队的平均跑动距离为，博茨瓦纳 7090 米、日本 6462 米、朝鲜 6839 米、中国 6251 米，中国国奥队有氧低强度跑在 4 个国奥队中名列最后（图 9–4）。

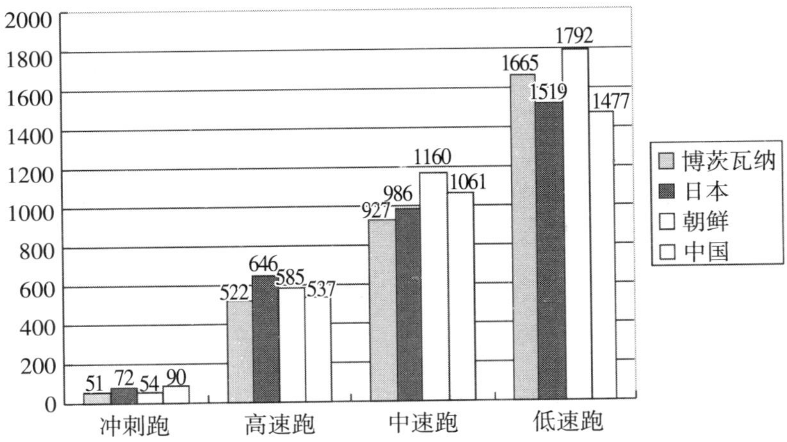

图 9–4　中国与其他 3 国各种强度跑比较（单位：m）

2. 中国队与美国队队员跑动距离分析

2007 年中国队与美国队进行了一场友谊比赛，中国队打满全场比赛的 5 名队员平均跑动距离为 9745.8 米，美国队全场比赛跑动距离为 9970.2 米（表 9–6，图 9–5）。

表 9–6　中国队与美国队员跑动情况比较一览表（单位：m）

队员	高强度跑		有氧中等强度跑		有氧低强度跑		总距离
	冲刺跑	高速跑	中速跑	低速跑	慢跑	慢跑以下	
中国队员	205.2	447.1	686.8	1289.6	2460.6	4656.5	9745.8
美国队员	224.9	462.4	721.5	1407.7	2546.4	4707.3	9970.2

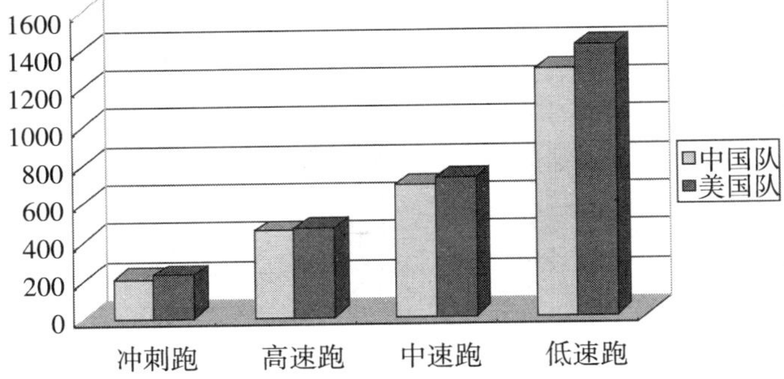

图 9–5　中国队与美国队不同强度跑动距离比较（单位：m）

从表 9–6 和图 9–5 可以看出，中国队的冲刺跑、高速跑、中速跑、低速跑和活动总距离均明显低于美国队，表明中国队员的整体体能状况不如美国队，反映了在比赛跑动能力上中国队与美国队存在一定的差距。比赛跑动少于美国队的原因有二个方面：第一，中国队队员本身各种形式的跑动能力不足；第二，跑位意识差、发挥不出应有的战术效果，导致跑动能力被动减少。至于是哪一种原因导致了运动员的比赛跑动距离少，还需结合比赛的具体情况作进一步的分析。

3. 重庆四国赛队员跑动距离分析

2008 年 4 月中国队在重庆为备战 2010 年世界杯预选赛进行了热身，比赛对手包括日本、韩国和朝鲜队。我们选择了相同位置的各 9 名运动员进行了对比。中国在 3 场比赛中 9 名队员平均活动总距离为 9347.4 米，其他 3 国运动员平均为9468.9 米（表 9–7，图 9–6）。

表 9–7 中国队与东亚三国队员跑动情况比较一览表（单位：m）

队员	高强度跑		有氧中等强度跑		有氧低强度跑		总距离
	冲刺跑	高速跑	中速跑	低速跑	慢跑	慢跑以下	
中国队员	179	385.5	636.8	1210.3	2322.6	4613.2	9347.4
东亚三国队员	194.7	406.3	649.3	1279.2	2350.6	4588.9	9468.9

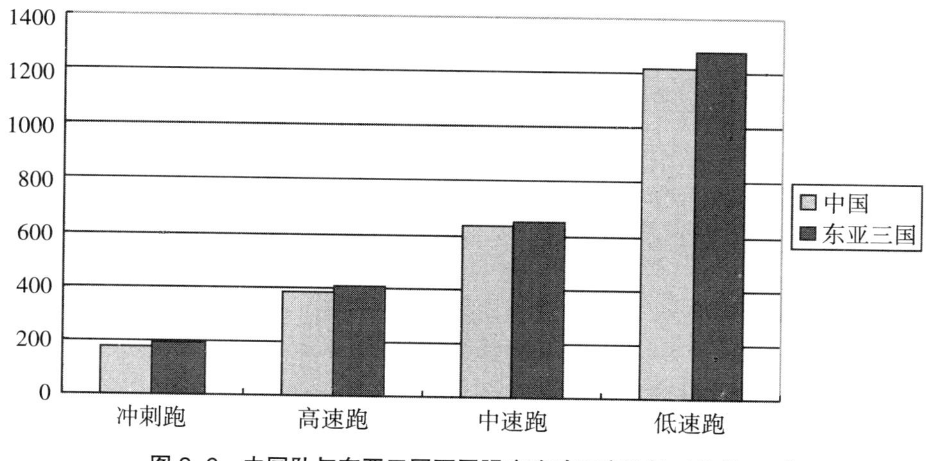

图 9–6 中国队与东亚三国不同强度跑动距离比较（单位：m）

尽管我们占据主场优势，但从以上数据可以看出中国队的冲刺跑、高速跑、中速跑、低速跑和总跑动距离均低于东亚三国运动员的平均值，表明中国队的整体体能状况不如东亚三国队员。在后续训练中仍需要通过各种措施加强运动员的体能训练。

4. 中国与澳大利亚队员跑动距离分析

世界杯亚太区预选赛 2008 年 5 月在昆明高原举行。为备战此次比赛，中国队提前在昆明进行为期 28 天的高原训练。澳队比赛前两天到达昆明，大部分队员由欧洲各俱乐部直接来昆明，旅途、时差、高原环境对他们都有相当大的影响。与澳大利亚队员的比较可以看出，中国队总跑动距离多出 619 米，高强度跑多出 196 米，有氧中等强度跑多出 36 米，有氧低强度跑多出358 米，表明中国队员的体能状况明显好于澳大利亚队员（表 9–8，图 9–7）。

表 9–8 中、澳队员平均跑动距离比较（单位：m）

队员	高强度跑		中等强度跑		有氧低强度跑		总距离
	冲刺跑	高速跑	中速跑	低速跑	慢跑	慢跑以下	
中国队员	231.0	466.6	662.6	1309.3	2513.9	4482.2	9695.3
澳大利亚队员	173.4	375.8	615.7	1273.0	2226.6	4411.6	9076.1

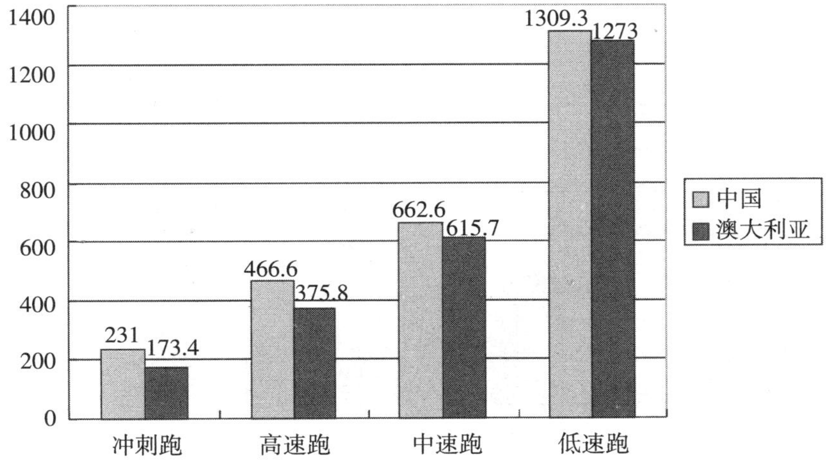

图 9–7 中澳运动员各种强度平均跑动距离比较（单位：m）

从体能的角度分析看，此次高原训练效果显著达到了预期的目的，为今后的高原训练积累了宝贵的经验。可以对参加此次高原训练的运动员的体能状况进行持续监控，了解高原训练的后续效应，进一步完善高原训练的理论。

5. 中国与卡塔尔队员跑动距离分析

昆明高原训练 20 天后，中国队在天津进行对卡塔尔的主场比赛。从表 9–9 及图 9–8 比较可以看出，中国队总跑动距离比卡塔尔多 706 米，高强度跑多 104 米，有氧中等强度跑多 457 米，表明中国队员场上的跑动和体能状况明显好于卡塔尔队员。但比赛的结果中国队以 0∶1 失利，这提示决定比赛结果的因素很多，体能只是决定比赛胜负的一个因素，优秀的体能并不能完全弥补其他因素的缺陷(如战术素养、有效跑动等)。在后期的训练中，应在保证良好体能的基础上加强技战术的训练。

表 9–9　中国队与卡塔尔队平均跑动情况比较（单位：m）

队别	高强度跑		有氧中强度跑		有氧低强度跑		总距离
	冲刺跑	高速跑	中速跑	低速跑	慢跑	慢跑以下	
中国	66	525	1072	1715	2274	4471	10122
卡塔尔	46	441	841	1489	2319	4281	9416

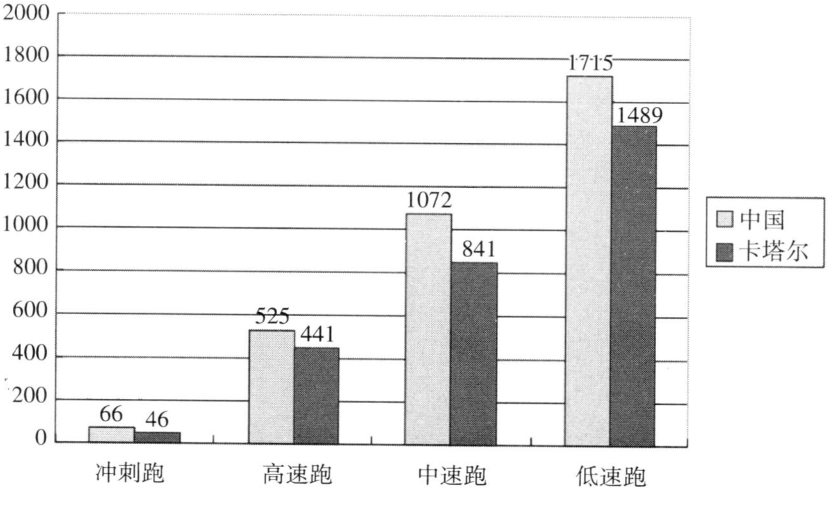

图 9–8　中、卡队员平均跑动距离比较图（单位：m）

6. 国奥队与澳大利亚队员跑动距离分析

中国国奥队为备战北京奥运会，2008 年 7 月在长春与澳大利亚国奥队进行了一场热身赛。从两个队平均比赛跑动能力的比较中可以看出，中国队 4 名运动员平均活动总距离为 9191.02 米，澳大利亚国奥队 4 名运动员活动总距离为 9299.78 米（表 9–10，图 9–9）。

表 9–10　中国队与澳大利亚队总体跑动比较一览表（单位：m）

队别	高强度跑		有氧中强度跑		有氧低强度跑		总距离
	冲刺跑	高速跑	中速跑	低速跑	慢跑	慢跑以下	
中国	109.22	630.44	918.49	1310.73	1737.23	4484.90	9191.02
澳大利亚	81.94	522.86	857.72	1437.46	2208.09	4191.71	9299.78

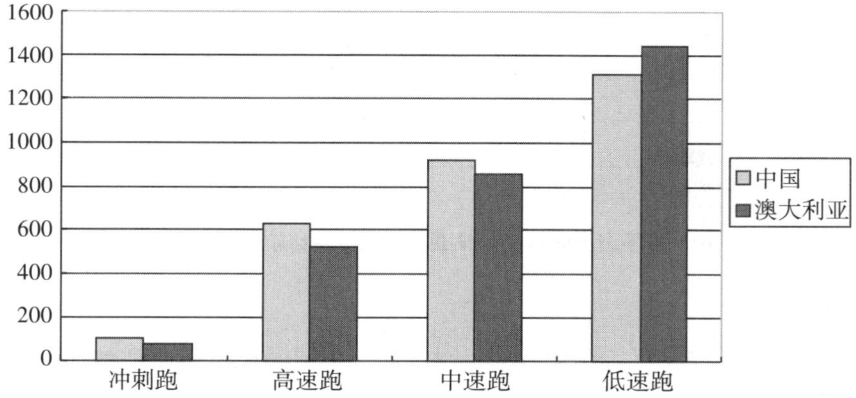

图 9–9　中国与澳大利亚队不同强度跑动距离比较（单位：m）

本次比赛中国队跑动总距离和低速跑少于澳大利亚队，但在比赛中更有效的冲刺跑、高速跑、中速跑均明显好于澳大利亚队，表明中国队整体的体能状况略好于澳大利亚队。当然，不排除澳大利亚队受时差、旅途等负面因素的影响。

7. 中国国奥队与塞尔维亚国奥队跑动距离分析

2008 年 7 月 29 日，中国国奥队为备战北京奥运会，与最后一个对手塞尔维亚国奥队进行了最后一场热身。在比赛中，中国国奥队 3 名运动员平均活动总距离为 9279.28 米，塞尔维亚国奥队 3 名同样位置的队员平均活动总距离为 9406.96 米，跑动总距离少于对手（表 9–11，图 9–10）。

表 9–11　中国队与塞尔维亚队总体跑动比较一览表

队别	高强度跑		有氧中强度跑		有氧低强度跑		总距离
	冲刺跑	高速跑	中速跑	低速跑	慢跑	慢跑以下	
中国	114.05	554.51	1057.54	1398.43	1900.24	4254.52	9279.28
塞尔维亚	84.04	586.57	976.45	1467.79	2281.37	4010.75	9406.96

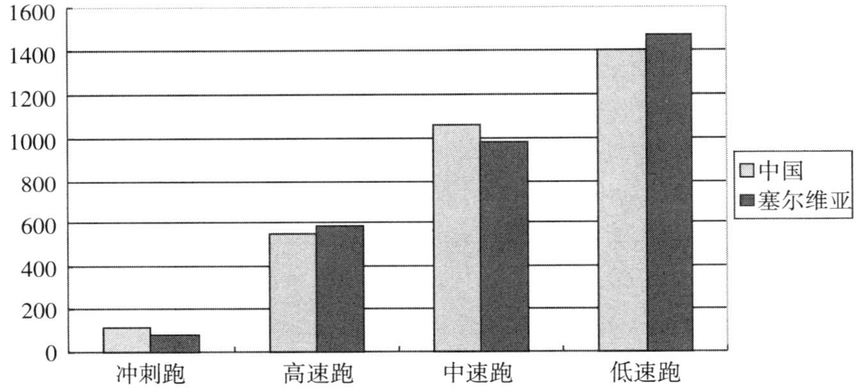

图 9–10　中国国奥队与赛尔维亚不同强度跑比较图（单位：m）

从两个队的不同强度跑的比较中可以看出，中国国奥队在冲刺跑和中速跑方面强于对方，而塞尔维亚国奥队在高速跑和低速跑中占据优势。塞队由欧洲经过 15 个小时以上的飞行来到赛区，体能状况一定受到影响，在这种情况下我们的跑动依然劣于对方，说明我国国奥队运动员的跑动能力仍有待于加强。

（三）中国运动员不同位置跑动能力的比较分析

不同位置队员有不同的跑动特点。为了解我国不同位置运动员的跑动状况，研究人员按场上位置对我国优秀运动员的跑动能力进行了深入的对比分析。

1. 对前锋队员的分析

从表 9–12 中可以看出，中国队、国奥队的前锋队员在所有测试比赛中平均跑动距离为 9208 米，波动范围为 8160~10218 米。慢跑以下距离平均为 4638 米，占活动总距离的 50.4%，说明走动、停顿时间较长。我国前锋队员的冲刺跑平均距离为 126 米，波动范围在 13~217 米，前锋队员可以允许进行一定时间的休息调整，但是全速冲刺能力是这一位置的运动员必须具备的素质，从测试结果看，我国优秀前锋的快速跑和冲刺跑能力还需要进一步提高。如中国队与卡塔尔队的比赛中，冲刺跑距离仅为 13 米，如此短的冲刺跑距离根本无法满足比赛的需要。造成这种现象的原因并不是运动员的冲刺能力，而是比赛中战术运用不合理，球队整体运转不畅导致的。运动员的冲刺跑多是在两人配合或两人以上的配合中完成的，本场比赛战术配合少，导致了运动员的跑动被动减少。这一现象在一定程度上也反映了中国队前场队员的配合问题，今后的训练中应该引起足够的重视。

表 9–12　中国队前锋比赛总体跑动一览表（单位：m）

队别及比赛	高强度跑		有氧中强度跑		有氧低强度跑		总距离
	冲刺跑	高速跑	中速跑	低速跑	慢跑	慢跑以下	
04 亚洲杯	76	531	621	985	1430	4518	8160
沈阳四国赛	102	498	945	1208	1664	4581	8993
中国　美国	146	301	543	1006	2505	4699	9199
重庆四国赛	127	265	589	1066	2471	4557	9074
中国　澳大利亚（高原）	217	403	562	1370	2231	4550	9333
中国　卡塔尔	13	278	773	1203	1521	4896	8683
中国　澳大利亚	172	783	1035	1322	1732	4962	10005
中　塞尔维亚	156	685	1522	1610	1903	4341	10218
平均值	126	468	824	1221	1932	4638	9208

高强度跑能力是决定足球比赛胜负的关键素质。我国前锋运动员高强度跑距离波动较大，尽管比赛对象千差万别，比赛激烈程度不同，战术安排有区别，就我国优秀前锋队员整体能力看，高强度跑的能力仍需要提高，而且这种能力不应当以损失中强度跑距离为代价，必须在减少走停等休息时间中得到补偿。

2. 中场队员跑动距离分析

我国优秀中场运动员的整体跑动能力明显强于前锋队员，每场比赛的平均活动总距离也比较平均，平均活动距离为 9991 米，波动范围在 9442~10499 米。慢跑以下距离平均为 4460 米，占活动总距离的 44.6%（表 10–13）。

表 9–13 中国队中场队员比赛总体跑动一览表（单位：m）

队别及比赛	高强度跑		有氧中强度跑		有氧低强度跑		总距离
	冲刺跑	高速跑	中速跑	低速跑	慢跑	慢跑以下	
04 亚洲杯	102	500	758	1372	2509	4491	9732
沈阳四国赛	91	571	1089	1705	2185	4454	10095
中国 美国	262	527	707	1501	2390	4614	10051
重庆四国赛	229	451	621	1285	2263	4593	9442
中国 澳大利亚（高原）	256	445	742	1349	2378	4582	9940
中国 卡塔尔	77	555	1199	1876	2104	4503	10314
中国 澳大利亚	55	623	1127	1596	2062	4396	9859
中国 塞尔维亚	93	459	1680	1852	2368	4047	10499
平均值	146	516	990	1567	2282	4460	9991

从表中可以看出，中场队员冲刺跑平均为 146 米，高速跑平均为 516 米，两项相加，高强度跑平均为 662 米，占活动总距离的 6.6%；中场队员中速跑波动范围较大（621~1680 米），平均为 990 米，低速跑平均为 1567 米（1285~1852 米），占活动总距离的 15.7%。统计显示，中场队员中强度跑的距离相对明显增多，这可能与我国前卫队员的打法特点有关，表现出了比较明显的位置特征。从整体看，我国中场队员体能处于较好状态，但是仍需要加强运动员中速度跑动能力的训练，训练的强度应该接近乳酸阈强度。

3. 后卫

我国优秀后卫运动员的整体跑动能力明显强于前锋队员，低于中场队员。每场比赛的平均活动总距离也比较平均，平均为 9453 米，波动范围在 8450~11370 米。慢跑以下距离平均为 4359 米，占活动总距离的 46.1%（表 9–14）。后卫队员历次比赛中高强度跑和中强度跑距离处于相对平稳状态，只有对卡塔尔两项数据明显高于其他场次，可能原因是中国队开场不久即比分落后，后卫压上进攻较多，而对方主要以反击为主，因此造成后卫队员跑动较多。

表 9–14　中国队后卫比赛总体跑动一览表（单位：m）

队别及比赛	高强度跑		有氧中强度跑		有氧低强度跑		总距离
	冲刺跑	高速跑	中速跑	低速跑	慢跑	慢跑以下	
04 亚洲杯	215	489	640	1259	1890	4624	9118
沈阳四国赛	76	541	1150	1517	1838	4031	9152
中国　美国	187	442	722	1243	2493	4637	9725
重庆四国赛	164	400	685	1232	2283	4671	9435
中国　澳大利亚（高原）	220	552	684	1209	2932	4315	9813
中国　卡塔尔	107	743	1245	2067	3197	4013	11370
中国　澳大利亚	105	558	756	1162	1577	4291	8450
中国　塞尔维亚	107	543	695	1177	1743	4295	8560
平均值	148	534	822	1358	2244	4359	9453

从表中可以看出，后卫队员冲刺跑平均为 148 米，高速跑平均为 534 米，合计 682 米，占活动总距离的 7.2%；中速跑平均为 822 米，低速跑平均为 1358 米，有氧中强度跑 2180 米，占活动总距离的 23.1%。后卫的高强度跑动距离高于前卫队员。后卫队员的高强度跑一般是在助攻或者防守中产生的，如果多数跑动是在进攻中产生的，说明后卫队员的进攻跑动多；反之，说明后卫队员的防守跑动多，多数跑动是为了完成防守产生的，这需要结合比赛的实际情况判断。对于不同位置跑动特征的分析将在下文详细阐述。

（四）不同位置运动员跑动距离比较

1. 中国队不同位置跑动距离比较

中国队前锋队员活动总距离为 9208 米，前卫队员为 9991 米，后卫队员为 9453 米。冲刺跑分别为 126 米、146 米、148 米，高速跑分别为 468 米、516 米、534 米；中速跑分别为 824 米、990 米、822 米，低速跑分别为 1221 米、1567 米、1358 米（表 9–15）。

表 9-15　中国队不同位置跑动距离表（单位：m）

位置	高强度跑		有氧中强度跑		有氧低强度跑		总距离
	冲刺跑	高速跑	中速跑	低速跑	慢跑	慢跑以下	
前锋	126	468	824	1221	1932	4638	9208
前卫	146	516	990	1567	2282	4460	9991
后卫	148	534	822	1358	2244	4359	9453

图 9-11 为中国队不同位置各种强度跑示意图。图中显示高强度跑动距离后卫最多，中强度跑距离前卫最多，总体跑动能力特征为前卫最好，后卫次之，前锋最少，表现出一定的位置特征。

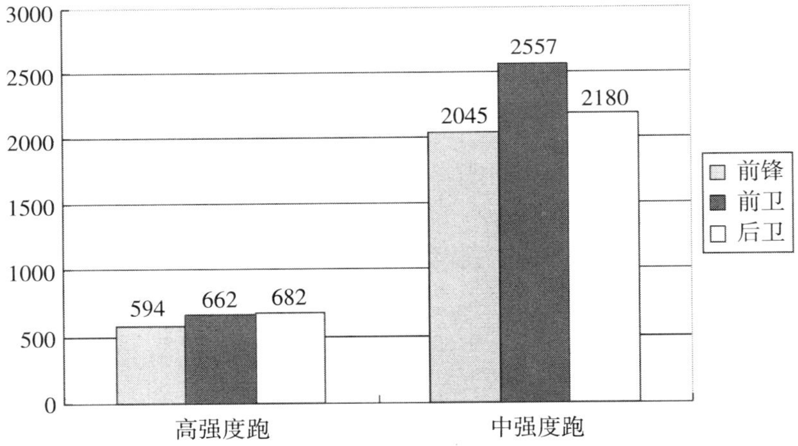

图 9-11　中国队不同位置强度跑动示意图（单位：m）

2. 其他国家球队不同位置队员跑动距离比较

对中国队所有对手不同位置的跑动距离统计发现，前锋队员活动总距离为 9276 米，前卫队员为 10058 米，后卫队员为 9518 米。冲刺跑分别为 95 米、113 米、111 米、高速跑分别为 532 米、516 米、442 米；中速跑分别为 787 米、942 米、807 米；低速跑分别为 1226 米、1720 米、1436 米（表 9-16）。

表 9-16　其他国家球队不同位置跑动距离表（单位：m）

位置	高强度跑		有氧中强度跑		有氧低强度跑		总距离
	冲刺跑	高速跑	中速跑	低速跑	慢跑	慢跑以下	
前锋	95	532	787	1226	2236	4400	9276
前卫	113	516	942	1720	2503	4274	10058
后卫	111	442	807	1436	2273	4467	9518

图 9-12 为外国队不同位置强度跑动示意图。图中显示跑动总距离同样是前卫最多，后卫次之，然后是前锋，显示出与中国队同样的规律和特点，这一相同的规律特征体现出球队的位置差异。在高强度跑和中强度跑的比较中，都是前卫最好，前锋的高强度跑与前卫相近，明显好于中国前锋运动员。在中强度跑比较中，各位置的差距非常明显，同样是中场最多，后卫次之，最低是前锋。

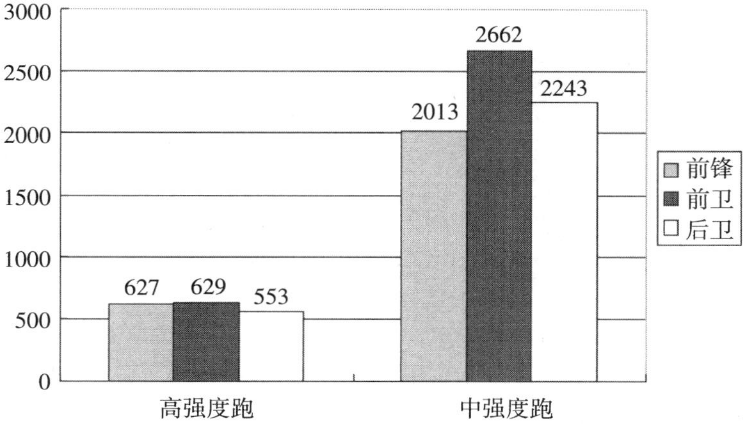

图 9-12　其他国家球队不同位置强度跑动示意图（单位：m）

与中国队表现出不同特征的是，在高强度跑上前卫最多、后卫最少，前锋居中。这在一定程度上说明中国队在比赛中表现出了异常的特征。从理论上分析，后卫队员不应该是高强度跑动最多的队员，取而代之的应该是前锋队员或前卫队员。中国队出现这一现象很大程度上是由于比赛中经常处于防守状态造成的，后卫队员频频防守导致其高强度跑动距离被动增加。

（五）不同位置运动员活动轨迹比较

通过运动员的活动轨迹图可以大致了解运动员的活动范围，既可对同位置运动员活动特征进行比较，也可以对不同位置运动员活动特征进行比较。以下为3个不同位置运动员的活动轨迹。

1. 前锋队员活动轨迹

图 9-13、图 9-14 分别为前锋运动员活动轨迹示意。由图 9-13 可以看出，前锋队员上半场与下半场表现出了不同的活动特征，该运动员上半场主要集中于对方罚球圈前面的中路，下半场横向活动范围增大，在两个边路的活动开始增大，甚至回到本方罚球去参与防守。另一名前锋队员表现出了与其不同的活动特征，该运动员上半场活动范围大，但到了下半场，其活动范围主要集中在左路，见图 9-14。从两个人的全场跑动范围看，基本符合了教练员的战术安排。

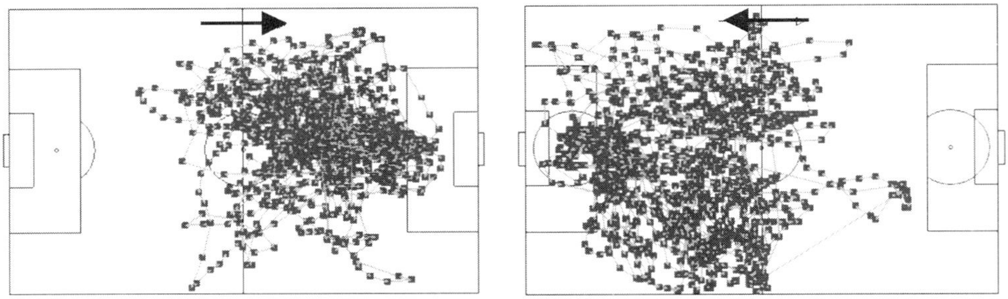

上半场　　下半场

图 9-13　前锋队员 A 比赛活动轨迹图

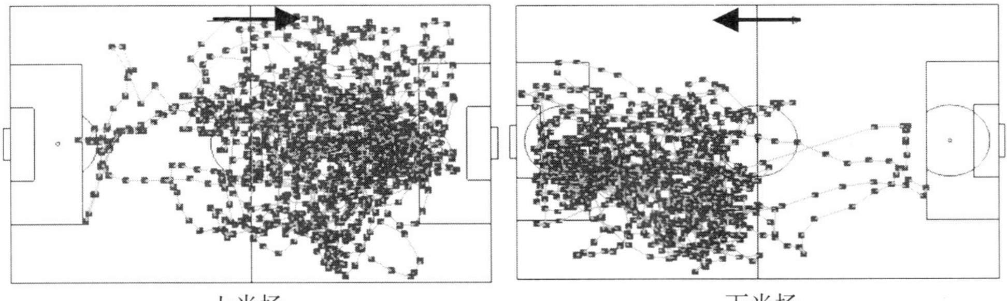

上半场　　下半场

图 9-14　前锋队员 B 比赛活动轨迹图

2. 中场队员活动轨迹

图 9–15、图 9–16 分别为中场队员 A（后腰），进攻中场队员 B（前腰）活动轨迹示意。由图 9–15 可知，队员 A 上半场的活动主要集中于中圈附近偏右的区域，左路的活动较少；下半场的活动则多集中于中圈附近偏左的区域，右路的活动较少，并且出现在罚球圈前沿的次数减少，大大减少了罚球区前沿远射的机会。由 9–16 可知，队员 B 的活动范围较队员 A 大，特别是下半场进入危险区域的次数明显增大，在一定程度上增加了威胁对方球门的机会。整体上看，后腰队员与前腰队员表现出了明显的位置特征。

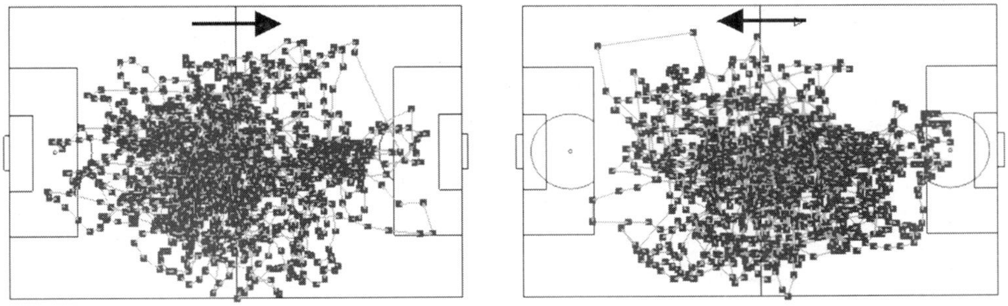

上半场　　　　下半场

图 9–15　中场队员 A 比赛活动轨迹图

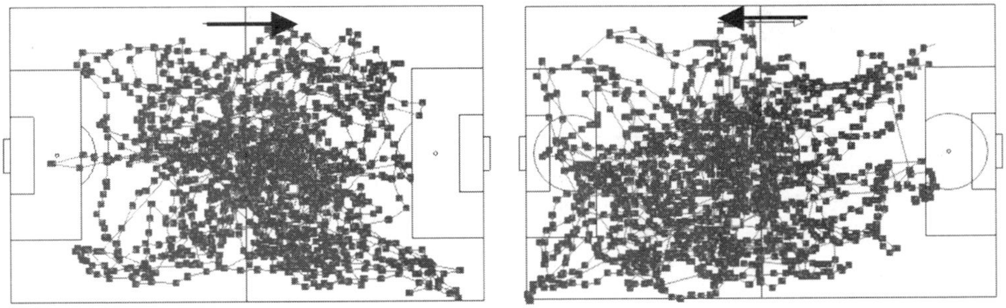

上半场　　　　下半场

图 9–16　中场队员 B 比赛活动轨迹图

3. 后卫队员活动轨迹

图 9–17、图 9–18 分别为左边后卫队员 A、中后卫队员 B 的活动轨迹示意。

由图 9–17 可知，队员 A 主要集中于左边路参与防守，几乎未参与对方底线附近的活动；下半场稍好于上半场，对方底线附近的活动开始出现，但是助攻力仍显不够。由图 9–18 可知，队员 B 的活动范围主要集中在禁区前沿的区域，活动轨迹表现出典型的中后卫活动特征。

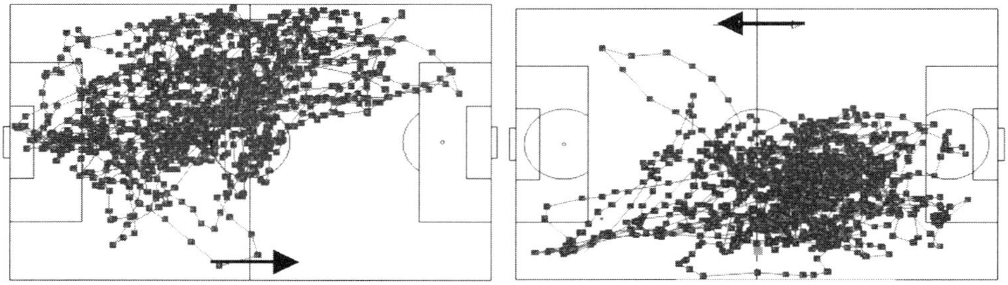

上半场　　下半场

图 9–17　后卫队员 A 比赛活动轨迹图

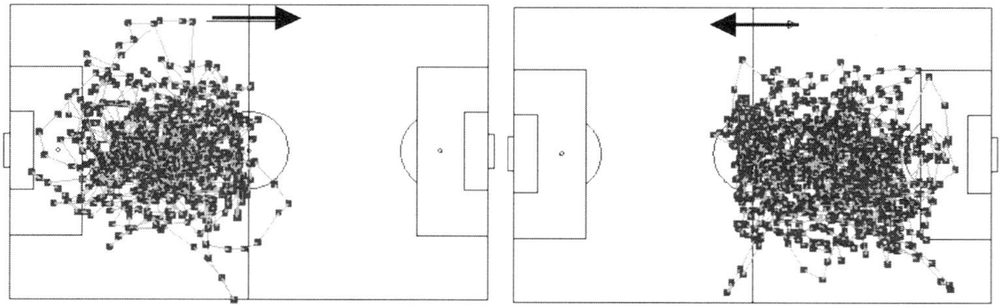

上半场　　下半场

图 9–18　后卫队员 B 比赛活动轨迹图

三、小　结

（1）中国男足优秀运动员在 90 分钟比赛内的平均跑动总距离为 9541 米。随着我国对体能训练的重视和加强，中国男足运动员在比赛中的跑动能力较之以前有了一定的提高。但与亚洲其他足球强国运动员，尤其是与欧洲运动员相比，在跑动能力上仍存在一定的差距，主要体现在慢跑以下占总跑动距离的比重过大，高速跑和中速跑的距离相对较少。说明中国运动员是以较长的时间间歇或慢跑以下的跑动来获得体能的恢复，而国外运动员则是在低速跑或慢跑中进行恢复。

(2) 中国队不同位置运动员在比赛中整体跑动能力是前卫最好，后卫次之，前锋最差。其中高强度跑动距离后卫最多，中强度跑和跑动总距离前卫最多。外国队不同位置队员的总体跑动能力显示出与中国队同样的规律和特点，但其前锋的高强度跑要明显好于中国前锋运动员，这表明中国前锋队员的高速跑和冲刺跑的能力亟待提高。

(3) 在对中国队不同位置运动员跑动距离的比较过程中发现，后卫运动员的高强度跑最多，均高于前卫队员和前锋队员。比赛中表现出的这一特征不同于对手，这提示中国队在比赛中可能在战术方面存在问题，应根据比赛的实际情况进行深入分析，以找出其中的原因。

(4) 通过运动员的活动轨迹图可以大致了解运动员的比赛活动范围，教练员以此可判断运动员在不同区域内的活动特征，以帮助更合理地制定战术方案。

第三节　中国女足运动员比赛跑动能力监控与评价

一、研究对象与方法

（一）研究对象

中国女足运动员共计 67 人次，其中前锋队员 15 人次，前卫队员 33 人次，后卫队员 19 人次。

（二）跑速标准的确立

本研究采用顾小敏和刘丹根据中国女足运动员最大摄氧量和跑速关系建立的跑速标准。具体见表 9-2 所示。

（三）监控方法

同第二节（此处省略）。

二、结果与分析

（一）中国女足比赛跑动特征

1. 总体跑动特征

表 9–17 为中国女足运动员比赛总体跑动情况一览表。

表 9–17　中国女足运动员比赛总体跑动一览表（单位：m）

指标	高强度跑		有氧中强度跑		有氧低强度跑		总距离
	冲刺跑	高速跑	中速跑	低速跑	慢跑	慢跑以下	
最小值	0	77	648	1454	1333	1800	6866
最大值	656	887	2281	2940	2490	4122	10411
平均值	175	458	1558	2184	2067	2396	8838
标准差	126	166	354	366	217	348	667

从表 9–17 可以看出，中国女足运动员各级别跑速的平均值分别为冲刺跑 175 米，高速跑 458 米，中速跑 1558 米，低速跑 2184 米，慢跑 2067 米，慢跑以下级别为 2396 米，总跑动距离为 8838 米。与国外优秀女足运动员比赛总跑动距离相比大致相当。

图 9–19 为中国女足运动员各级别跑速距离的比例图。图中显示，冲刺跑为 2%，高速跑为 5%，中速跑为 18%，低速跑为 25%，慢跑为 23%，慢跑以下为 27%。

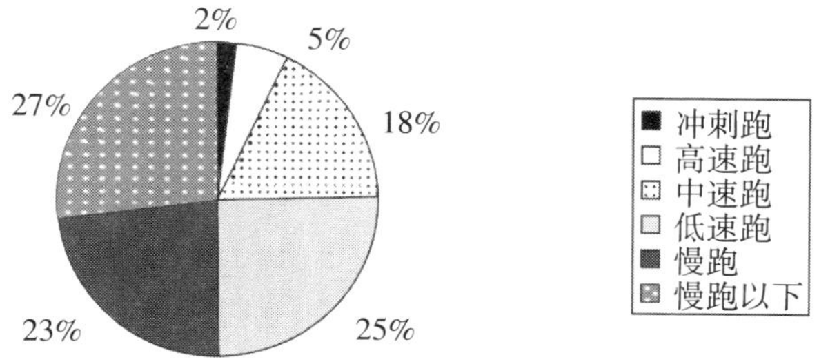

图 9–19　各级跑速距离比例图

国外足球比赛中各级别跑速比例为，走为25%，慢跑为37%，次高速跑为20%，全速冲刺跑为11%，后移动跑为7%。由于跑速等级标准、测量方法可能存在差异，无法与此作进一步的比较。

2. 不同位置运动员跑动特征

(1) 前锋队员跑动特征

表9-18为中国女子足球队前锋队员跑动情况一览表。

表9-18　前锋队员跑动一览表（单位：m）

指标	高强度跑		有氧中强度跑		有氧低强度跑		总距离
	冲刺跑	高速跑	中速跑	低速跑	慢跑	慢跑以下	
最小值	68	340	1165	1454	1764	1854	7948
最大值	656	717	2013	2940	2349	4122	9945
平均值	255	552	1533	1966	2034	2596	8936
标准差	191	103	250	460	176	521	678

从表9-18可以看出，中国女足前锋运动员各级别跑速的平均值分别为，冲刺跑225米，高速跑552米，中速跑1533米，低速跑1966米，慢跑2034米，慢跑以下级别为2596米，总跑动距离为8936米。

研究表明，美国优秀前锋足球运动员的比赛总跑动距离为9673米，明显高于我国前锋队员。特别是在高强度跑上更有明显优势，几乎是我国前锋队员的两倍。我国前锋运动员的比赛跑动能力较国外优秀前锋队员有明显的差距。

(2) 前卫队员跑动特征

表9-19为中国女子足球队前卫队员跑动情况一览表。

表9-19　前卫队员跑动一览表（单位：m）

指标	高强度跑		有氧中强度跑		有氧低强度跑		总距离
	冲刺跑	高速跑	中速跑	低速跑	慢跑	慢跑以下	
最小值	0	77	1039	1708	1333	1800	7832
最大值	329	887	2281	2804	2490	3079	10411
平均值	161	461	1668	2292	2118	2325	9017
标准差	93	182	341	328	240	251	607

从表 9-19 可以看出，中国女足前卫运动员各级别跑速的平均值分别为，冲刺跑 161 米，高速跑 461 米，中速跑 1668 米，低速跑 2292 米，慢跑 2118 米，慢跑以下级别为 2352 米，总跑动距离为 9017 米。

值得注意的是，前卫队员在比赛中没有冲刺跑。冲刺跑与高速跑对比赛的胜负起着关键作用，如果队员没有高强度跑，很难取得比赛的胜利，这需要引起足够的重视。

(3) 后卫队员跑动特征

表 9-20 为中国女子足球队后卫队员跑动情况一览表。

表 9-20 后卫队员跑动一览表（单位：m）

指标	高强度跑		有氧中强度跑		有氧低强度跑		总距离
	冲刺跑	高速跑	中速跑	低速跑	慢跑	慢跑以下	
最小值	0	116	648	1620	1637	1956	6866
最大值	261	583	2154	2597	2284	3074	9477
平均值	133	376	1389	2174	2009	2357	8457
标准差	79	141	388	265	194	268	627

从表 9-20 可以看出，中国女足后卫运动员各级别跑速的平均值分别为，冲刺跑 133 米，高速跑 376 米，中速跑 1389 米，低速跑 2174 米，慢跑 2009 米，慢跑以下级别为 2357 米，总跑动距离为 8457 米。

表中数据显示，后卫队员也出现了冲刺跑距离为 0 的现象。这一方面说明后卫队员防守压力较小，另一方面也说明后卫队员参与助攻次数很少，倘若助攻次数少不是因为战术安排造成的，那么在以后的训练中应该加强后卫队员助攻能力的练习。

(4) 不同位置运动员跑动情况比较分析

表 9-21 为中国女子足球队不同位置队员跑动情况一览表。图 9-20 为中国女子足球队不同位置不同跑动等级比较。

表 9-21 不同位置运动员跑动比较一览表（单位：m）

位置	高强度跑		有氧中强度跑		有氧低强度跑		总距离
	冲刺跑	高速跑	中速跑	低速跑	慢跑	慢跑以下	
前锋	255	552	1533	1966	2034	2596	8936
前卫	161	461	1668	2292	2118	2325	9017
后卫	133	376	1389	2174	2009	2357	8457

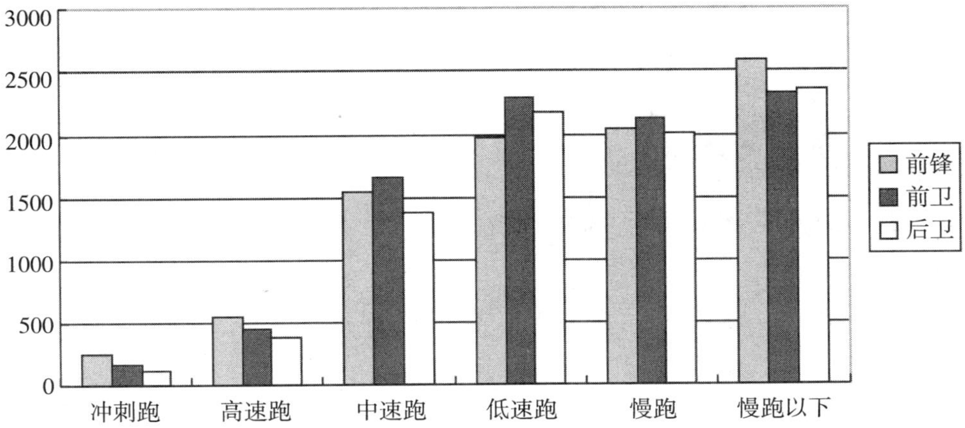

图 9-20 不同位置运动员各级跑速距离比较图（单位：m）

从表 9-21 和图 9-20 可以看出，总跑动距离，前卫队员最多，前锋队员次之，后卫队员最小。冲刺跑上，前锋队员最多，前卫队员次之，后卫队员最少；高速跑上也表现出来类似的特征。在中速跑与低速跑上均是前卫队员最多，这表现出与男足前卫队员相同的特征。

从以上研究结果来看，位置分工的不同是影响运动员的比赛跑动情况的重要因素之一。

分析其原因，首先可能与不同位置运动员比赛活动范围有关。前卫队员需做到攻守兼备，活动范围相比其他两个位置较大，所以从理论上分析应该在总跑动距离上占有优势。但是仅从理论上分析似乎不能完全说明问题，下图是利用SIMI Scout 系统作出的不同位置运动员比赛活动范围示意。如图 9-21 所示，前卫队员的比赛活动范围明显大于其他两个位置的运动员，所以在比赛总跑动距离上占有一定优势。

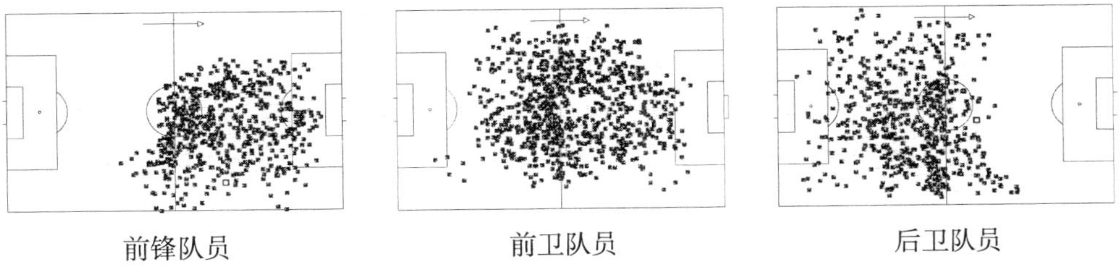

图 9-21 不同位置运动员比赛活动范围示意图

另外，从运动员的位置特征上分析，前锋队员应该具备更强的冲刺能力，这也是前锋位置的核心素质。这与本研究的结果基本一致。

三、结论与建议

（1）前锋队员跑动距离较国外优秀前锋有明显差距，特别是高强度跑动能力更有待提高。

（2）部分前卫队员与后卫队员全场比赛几乎没有冲刺跑，两个位置运动员的跑动积极性或跑动能力有待提高。

（3）从不同位置运动员的活动轨迹可知，中场队员的活动范围最大，前锋队员的活动范围最小，后卫队员居中，表现出一定的位置特征，在日常训练中应该根据运动员位置进行针对性训练。

第四节　世界优秀女足运动员比赛跑动能力监控与评价

一、监控对象

2007年在中国举行的女子足球世界杯赛中的德国、日本、巴西、美国、挪威、加纳、朝鲜、瑞典，澳大利亚、丹麦和加拿大等队中的部分队员。

二、结果与分析

（一）世界杯女足比赛各国运动员跑动能力总体情况

通过对2007年世界杯女足数场比赛的拍摄和测量分析（表9-22）显示，各国运动员的比赛跑动总距离为8322~10277米，平均为9099米，其中跑动距离最多的是日本队，全场平均跑动距离为10277米，跑动距离最少的是巴西队8322米，这可能与巴西队技术好控球能力强有关。冲刺跑最多的是日本队为633米，最少的是加拿大队为366米，冲刺跑距离是全场跑动距离的4%~6%；高速跑距离最多的是日本队为610米，高速跑距离最少的是加拿大队为409米，高速跑距离是全场跑动距离的5%~6%；中速跑距离最多的是日本队为1450米，中速跑距离最少的是美国队为 1012 米，中速跑距离是全场跑动距离的 12%~15%；低速跑距离最多的是日本队为 1658 米，低速跑距离最少的是巴西队为 1146 米，低速跑距离是全场跑动距离的 14%~17%；慢跑距离最多的是日本队为 2138 米，慢跑距离最少的是巴西队为 1543 米，慢跑是全场跑动距离的 19%~23%；慢跑以下距离最多的是日本队为 3758 米，慢跑距离最少的是丹麦队为 3175 米，慢跑以下是全场跑动距离的 34%~43%，这反映了高水平女子足球比赛的规律，在足球比赛中随着跑动强度的增加，跑动距离逐渐减少，这种现象也与足球比赛的实际情况相符。

表 9-22　世界杯女足各国运动员跑动能力总体情况一览表（单位：m）

队别	指标	冲刺跑 >6m/s	高速跑 >4.8m/s	中速跑 >3.4m/s	低速跑 >2.4m/s	慢跑 >1.5m/s	慢跑以下级别	全场跑动距离
德国	平均值	496	582	1392	1576	1955	3563	9564
	百分比	5%	6%	15%	16%	20%	38%	100%
日本	平均值	633	610	1450	1658	2138	3758	10277
	百分比	6%	6%	14%	16%	21%	37%	100%
巴西	平均值	537	506	1037	1146	1543	3549	8322
	百分比	6%	6%	12%	14%	19%	43%	100%
美国	平均值	408	465	1012	1344	1714	3603	8548
	百分比	4%	5%	12%	16%	20%	42%	100%
挪威	平均值	423	533	1155	1428	1852	3423	8777
	百分比	5%	6%	13%	16%	21%	39%	100%
加纳	平均值	493	558	1193	1434	1733	3545	8957
	百分比	5%	6%	13%	16%	19%	40%	100%
朝鲜	平均值	525	609	1366	1637	1866	3358	9362
	百分比	6%	6%	15%	17%	20%	36%	100%
瑞典	平均值	559	590	1225	1536	1835	3430	9176
	百分比	6%	6%	13%	17%	20%	37%	100%
澳大利亚	平均值	427	498	1108	1442	1979	3621	9077
	百分比	5%	5%	12%	16%	22%	40%	100%
丹麦	平均值	485	551	1297	1667	2107	3175	9283
	百分比	5%	6%	14%	18%	23%	34%	100%
加拿大	平均值	366	409	1037	1417	1870	3646	8748
	百分比	4%	5%	12%	16%	21%	42%	100%

各队在全场跑动距离的数量上有差异，为了进一步验证各队全场跑动距离在统计学上是否有差异，对各队跑动情况进行了方差分析，通过各队在全场跑动距离的 ONEWAY—ANOVA POST—HOC 多重比较检验发现，大部分结果无显著性差异，只有部分结果有显著性差异（表9-23）。

从表 9-23 的分析结果显示，全场跑动距离存在显著性差异的国家队分别是：德国与美国，德国与巴西，美国与日本，巴西与日本，挪威与日本，朝鲜与日本，澳大利亚与日本，瑞典与日本，加拿大与日本，丹麦与日本。结合各队全场跑动距离的具体数据分析，日本队的全场跑动能力最突出，分别优于美国、巴西、挪威、朝鲜、澳大利亚、瑞典、加拿大和丹麦。德国队的全场跑动能力分别优于美国队和巴西队。

表 9-23　各队运动员全场比赛跑动距离多重比较检验一览表（单位：m）

队别	美国	巴西	挪威	朝鲜	澳大利亚	瑞典	加拿大	日本	丹麦
德国	0.021*	0.022*	0.522	0.657	0.266	0.378	0.062	0.103	0.530
美国	–	0.980	0.088	0.058	0.213	0.141	0.635	0.000**	0.086
巴西		–	0.092	0.061	0.222	0.148	0.653	0.000**	0.090
挪威			–	0.834	0.634	0.808	0.212	0.025*	0.991
朝鲜				–	0.501	0.660	0.150	0.040*	0.853
澳大利亚					–	0.815	0.437	0.007**	0.625
瑞典						–	0.313	0.014*	0.799
加拿大							–	0.001**	0.208
日本								–	0.026*

注：* 为 $p < 0.05$，** 为 $p < 0.01$。

1. 前四名球队与其他球队跑动能力对比分析

本次世界杯的前四名为德国队、巴西队、美国队、挪威队。4 支国家队的比赛跑动情况见表 9-22。

从表 9-22 可以看到德国队只在冲刺跑距离一项上略低于巴西队，而高速跑、中速跑、全场跑动距离各项指标均为各队之首，显示了德国队在比赛中保持了较高的体能水平。在良好体能的基础上建立起的整体攻防体系，在本届世界杯中显示了巨大的威力，展示了向德国男子国家队技战术风格发展的趋势。

巴西队本届世界杯展示了良好的个人技术，队员速度快、冲击力强，从比赛跑动中也看到冲刺跑距离在四强中最多，值得注意的是巴西队许多冲刺是在结合球的情况下突现的，这给其他球队的防守造成了极大的困难。但与德国队的决赛中，也显示了在高水平整体防守前缺少整体配合，单靠个人的冲击力是不够的。

美国队是女足老牌劲旅，本届世界杯参赛队员大多数是老队员，因此，在全场跑动距离，冲刺跑、高速度跑等指标中均低于其他三队。美国队熟练的整体配合和队员之间多年形成的良好的默契能弥补速度上的不足，但对巴西这样速度突出的球队时后防线表现出了速度上的劣势。

挪威队也是女子足球中的老牌劲旅，在冲刺跑、高速跑、中速跑、低速跑以及全场跑动距离上略高于美国队，但比赛经验不及美国队，然而该队依靠良好的跑动能力以及良好的技战术水平获得了第四名的好成绩。

图 9–22 为 2007 年世界杯前四名球队与其他球队比赛跑动能力比较示意图。

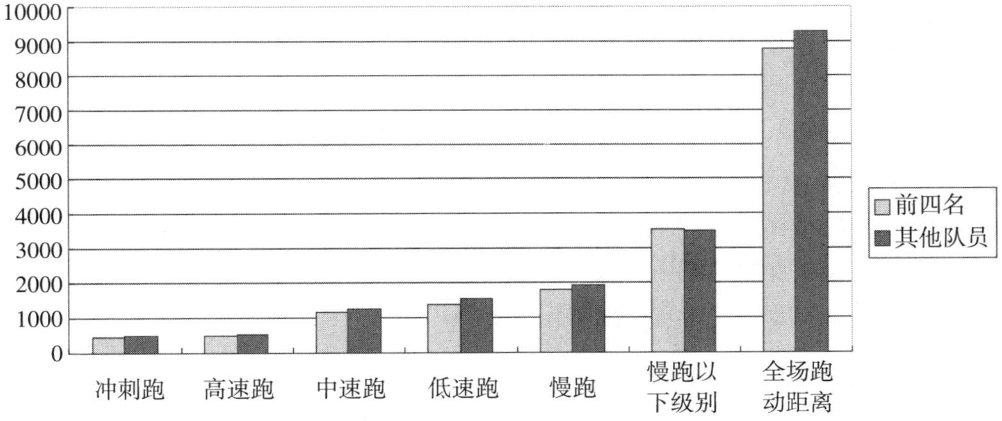

图 9–22　世界杯女足前四名与其他球队跑动能力对比示意图（单位：m）

从图 9–22 可知，本届世界杯前四名球队的各个等级跑动能力几乎全部低于其他球队。日本队的跑动距离在所有统计的球队中最高为 10277 米，朝鲜队为 9362 米，居其次。为了揭示这一现象，需要对其进行更加深入的研究。通过观察日本与德国队的比赛录像发现，日本队大多数跑动是在中后场完成的，由于在整体、技术、力量上的差距，日本队在防守时难以取得一对一的对抗优势，在中场和后场防守时经常要形成人数上的优势才能完成防守任务。前锋要经常回撤防守，中场队员需要前后长距离频繁跑动，造成了跑动距离的增加。朝鲜队也是类似情况，在多场比赛技战术不占优势的情况下靠较多高强度跑动来弥补自身的不足。相反德国队在与日本队的比赛中，前锋、前卫、后卫攻守任务简单明确，始终保持对日本队的压制，队员防守任务较轻，跑动距离少也就合情合理。

根据以上分析，造成前四名球队跑动距离少的原因如下：

(1) 本届世界杯强队与弱队之间差距较为明显，德国队一场比赛未失，巴西队和美国队以不败的战绩进入四强都说明了本届世界杯强队与弱队之间的明显差距。弱队对强队构不成威胁，因此强队跑动距离不多。

(2) 世界女足技战术得到了快速发展，以德国队为代表，其整体风格已经接近男足，技战术打法已具雏形，体能已经不再是比赛的决定性因素。

(3) 日本队和朝鲜队的跑动能力较强，这是因为球队在技战术和身体上劣于对手，在全队高强度的跑动下，一定程度上弥补了技战术水平不高的缺陷，提高了球队的整体水平。朝鲜队逼平美国、战胜尼日利亚，日本队平英格兰、战胜阿根廷都是充分发挥了跑动能力上的优势。

2. 各队运动员无氧高强度跑对比

从图 9-23 可以看出冲刺跑距离最高的是日本队 633 米，最低的是加拿大队 366 米。高速跑距离最高的是日本队 610 米，最低的是加拿大队 409 米。在所有参赛的球队中日本队和朝鲜队的无氧高强度跑距离较多，而美国队与加拿大队无氧高强度距离较少，一方面反映出参赛队伍的无氧高强度训练的情况，日、朝两队的无氧高强度跑的训练情况较好；另一方面也可能与对参赛环境适应情况有关，日、朝两队与中国同属亚洲国家，经纬度与中国相差不大，与中国的时差较

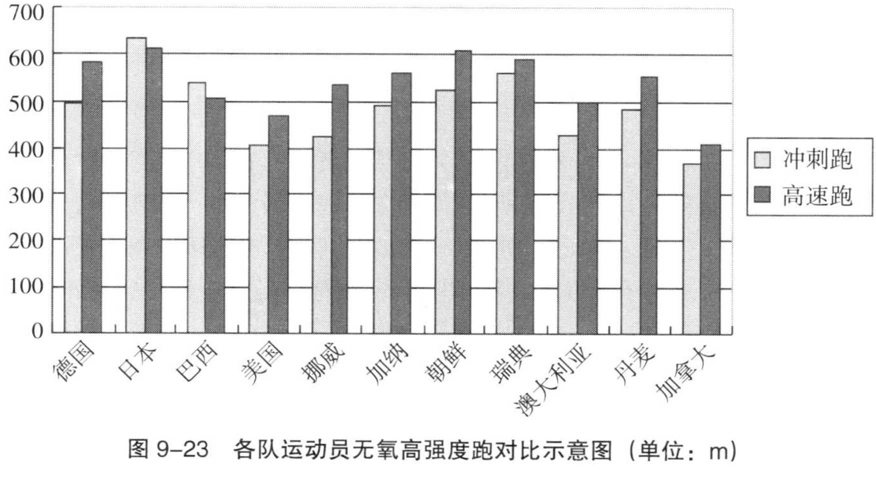

图 9-23 各队运动员无氧高强度跑对比示意图（单位：m）

小，且气候条件也较为相似，队员对参赛环境较为适应；而美国、加拿大队与中国的经纬度相差较大，时差较大，且气候条件相差也较大，这与队员对参赛环境不适应有关。

结果表明，各队在无氧高强度跑动距离的数量上有差异，为了进一步验证无氧高强度跑动距离在各队之间是否有差异，对其进行了多重比较，结果见表 9–24。

表 9–24　各队运动员不同强度跑动多重比较表

队别	美国	巴西	挪威	朝鲜	澳大利亚	瑞典	加拿大	日本	丹麦
德国	##	##$$&&			#		@@##		☆
美国	–		#&&	##$	&	*	@	**##$&&	#$&&☆☆
巴西		–	$&&	##$$&	@&&	$	*@@&	##$$&&	#$$&&☆
挪威			–				@	*☆	
朝鲜				–	#		*@##	&☆	
澳大利亚					–			**@##	☆☆
瑞典						–	*@@	&☆	&
加拿大							–	**@@##&	@#☆☆
日本								–	☆☆

注：* 为冲刺跑，* 为 $p < 0.05$，** 为 $p < 0.01$；@ 为高速跑，@ 为 $p < 0.05$，@@ 为 $p < 0.01$；# 为有氧中速跑，# 为 $p < 0.05$，## 为 $p < 0.01$；$为有氧低速跑，$为 $p < 0.05$，$$为 $p < 0.01$；& 为慢速跑，& 为 $p < 0.05$，&& 为 $p < 0.01$；☆为慢速跑以下，☆为 $p < 0.05$，☆☆为 $p < 0.01$。

结果显示，冲刺跑距离存在显著性差异的国家队分别是：美国队与朝鲜队、巴西队与加拿大队、朝鲜队与加拿大队、瑞典队与加拿大队、美国队与日本队、挪威队与日本队、澳大利亚队与日本队、加拿大队与日本队。结合各队冲刺跑具体数据分析，日本队的冲刺跑能力较为突出，分别优于美国队、挪威队、澳大利亚队和加拿大队，加拿大队的冲刺跑能力较差，与巴西队、朝鲜队、瑞典队和日本队有明显的差异，另外瑞典队的冲刺跑能力优于美国队。

高速跑动距离存在显著性差异的国家队分别是：德国队与加拿大队、美国队与加拿大队、巴西队与澳大利亚队、巴西队与加拿大队、挪威队与加拿大队、朝鲜队与加拿大队、澳大利亚队与日本队、瑞典队与加拿大队、加拿大队与日本队、加拿大队与丹麦队。结合各队高速跑具体数据分析，加拿大队的高速跑动能力较差，低于德国队、美国队、巴西队、挪威队、朝鲜队、瑞典队、日本队和丹

麦队。另外日本队好于澳大利亚队和加拿大队，巴西队优于澳大利亚队。

3. 各队运动员有氧中强度跑对比

从图 9-24 可以看出，中速跑距离最多的是日本队 1450 米，距离最少的是美国队 1012 米，中速跑的平均距离是 1206 米。低速跑距离最多的是丹麦队 1677 米，最少的是巴西队 1146 米，低速跑的平均距离是 1480 米。

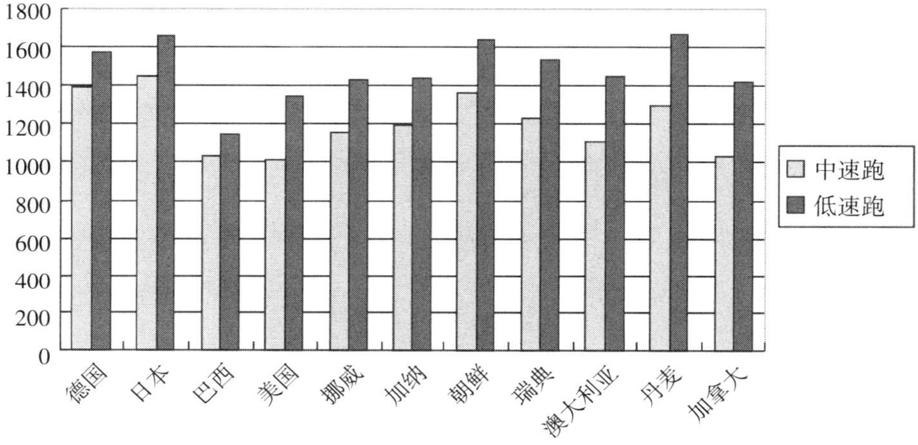

图 9-24　各队运动员有氧中强度跑对比示意图（单位：m）

结果表明，各队在有氧中强度跑动距离的数量上有差异，为了进一步验证有氧中强度跑动距离在各队之间是否有差异，对其进行了多重比较，结果见表 9-24。

分析显示，有氧中速跑距离存在显著性差异的国家队分别是：德国队与美国队、德国队与巴西队、德国队与澳大利亚队、德国队与加拿大队、美国队与挪威队、美国队与朝鲜队、美国队与日本队、美国队与丹麦队、巴西队与朝鲜队、巴西队与瑞典队、巴西队与日本队、朝鲜队与澳大利亚队、朝鲜队与加拿大队、澳大利亚队与日本队、加拿大队与日本队、加拿大队与丹麦队、巴西队与丹麦队。结合各队有氧中速跑具体数据分析，有氧中速跑较好的国家分别是德国队、日本队和朝鲜队，三队分别好于美国队、巴西队、澳大利亚队和加拿大队。有氧中速跑较差的国家队分别是美国队、巴西队和加拿大队，美国队低于德国队、挪威队、朝鲜队、日本队和丹麦队，巴西队低于德国队、朝鲜队、瑞典队、日本队和丹麦队，加拿大队低于德国队、朝鲜队、日本队和丹麦队。

有氧低速跑距离存在显著性差异的国家队分别是：德国队与巴西队、美国队与朝鲜队、美国队与日本队、美国队与丹麦队、巴西队与挪威队、巴西队与朝鲜队、巴西队与瑞典队、巴西队与日本队、巴西队与丹麦队。结合各队有氧低速跑具体数据分析，有氧低速跑较差的国家队是巴西队，分别低于德国队、挪威队、朝鲜队、瑞典队、日本队和丹麦队。美国分别低于朝鲜队、日本队和丹麦队。

4. 各队运动员有氧低强度跑对比

从图 9–25 可以看出慢跑距离最多的是日本队 3758 米，慢跑距离最少的是巴西队 1543 米，慢跑的平均距离是 1872 米。慢跑以下级别最多的是日本队平均 3758 米，最少的是丹麦队 3175 米，慢跑以下级别平均距离为 3515 米。

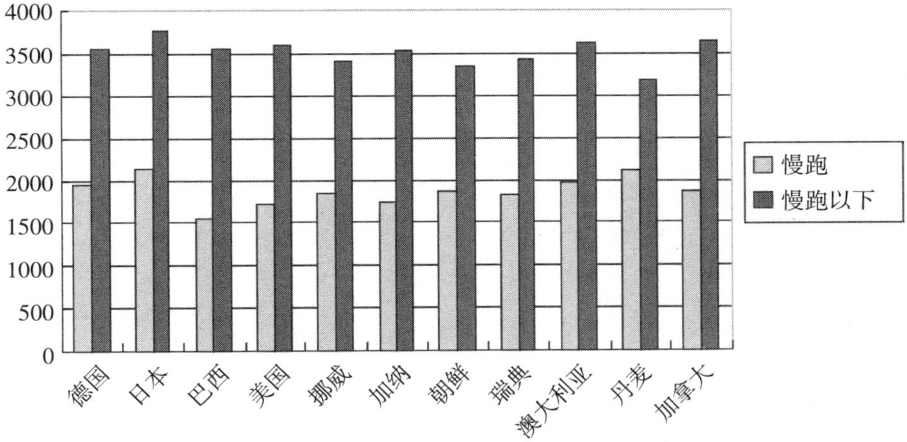

图 9–25 各队运动员有氧低强度跑对比示意图（单位：m）

结果表明，各队在有氧低强度跑动距离的数量上有差异，为了进一步验证各队有氧低强度跑动距离在各队之间是否有差异，对其进行了多重比较，结果见表 9–24。

结果显示，有氧慢速跑距离存在显著性差异的国家队分别是：德国队与巴西队、美国队与挪威队、美国队与澳大利亚队、美国队与日本队、美国队与丹麦队、巴西队与挪威队、巴西队与朝鲜队、巴西队与澳大利亚队、巴西队与加拿大队、巴西队与日本队、巴西队与丹麦队、朝鲜队与日本队、瑞典队与日本队、瑞典队与丹麦队、加拿大队与日本队。结合各队有氧慢速跑距离具体分析，有氧慢速跑较差的国家队是美国队与巴西队，美国队分别低于挪威队、澳大利亚队、日本队和丹麦队，巴西队分别低于德国队、挪威队、朝鲜队、澳大利亚队、加拿大队、日本队和丹麦队。有氧慢速跑较好的国家队是日本队，日本队分别好于巴西队、美国队、朝鲜队和瑞典队。

有氧慢速跑以下距离存在显著性差异的国家队分别是：德国队与丹麦队、美国队与丹麦队、巴西队与丹麦队、挪威队与日本队、朝鲜队与日本队、澳大利亚队与丹麦队、瑞典队与日本队、加拿大队与丹麦队、日本队与丹麦队。结合各队慢速跑以下距离具体分析，慢速跑以下较差的国家队是丹麦队，丹麦队分别低于德国队、美国队、巴西队、澳大利亚队、加拿大队和日本队。较好的国家队是日本队，分别好于挪威队、朝鲜队、瑞典队和丹麦队。

（二）各队不同位置运动员跑动能力总体情况

从表 9–25 可以看出前锋、前卫和后卫运动员 6 种跑速的百分比基本相同，分别是冲刺跑 5%、高速跑 6%、中速跑 13%、低速跑 16%、慢跑 20%、慢跑以下 40%。这反映了高水平女子足球比赛的打法越来越倾向于男性化，注重团队作战，逐渐淡化位置分工，全攻全守，这样既提高了比赛的高对抗性，使比赛更加激烈，也提高了比赛的观赏性。

表 9–25　各队不同位置运动员跑动能力总体情况一览表（单位：m）

运动员	位置	冲刺跑 >6m/s	高速跑 >4.8m/s	中速跑 >3.4m/s	低速跑 >2.4m/s	慢跑 >1.5m/s	慢跑以下级别	全场跑动距离
PRINZ（德国）	前锋	371	607	1370	1696	2042	3129	9215
NAGASITO（日本）	前锋	680	613	1321	1731	2222	3827	10394
MARTA（巴西）	前锋	606	586	1066	1194	1524	3447	8486
CRISTINA（巴西）	前锋	684	471	1069	873	1293	3495	7885
WAMBACH（美国）	前锋	394	462	923	1261	1727	3616	8383
GULBRANDSEN（挪威）	前锋	473	503	1060	1317	1824	3397	8573
AMANKWA（加纳）	前锋	470	411	1002	1203	1745	3296	8127
RI KUM SHU（朝鲜）	前锋	441	569	1322	1537	1815	3380	9064
SCHILIN（瑞典）	前锋	475	485	1035	1455	1815	3625	8890
PAPE（丹麦）	前锋	427	517	1365	1639	1877	3080	8905

（续表）

运动员	位置	冲刺跑 >6m/s	高速跑 >4.8m/s	中速跑 >3.4m/s	低速跑 >2.4m/s	慢跑 >1.5m/s	慢跑以下级别	全场跑动距离
SINCLAIR（加拿大）	前锋	295	290	865	1265	1664	3696	8075
	平均值	492	508	1117	1360	1761	3449	8697
	百分比	5%	6%	13%	16%	20%	40%	100%
LINGOR（德国）	前卫	600	539	1406	1453	1831	3829	9658
MIYAMA（日本）	前卫	632	620	1604	1657	2000	3775	10376
DANIALA（巴西）	前卫	622	596	1038	1318	1628	3740	8842
MAYCON（巴西）	前卫	360	393	997	1200	1676	3675	8301
OSBOREN（美国）	前卫	388	464	1089	1405	1746	3633	8725
STANGELAND（挪威）	前卫	204	347	737	1196	1515	3454	7253
STENSLAND（挪威）	前卫	439	510	1132	1184	1925	3680	8870
TAHIRU9（加纳）	前卫	518	582	1169	1410	1605	3868	9152
SONG（朝鲜）	前卫	694	690	1455	1836	1968	3315	9958
MARKLUND（瑞典）	前卫	446	585	1239	1496	1789	3504	9059
MC CALLUM（澳大利亚）	前卫	444	672	1230	1459	1966	3561	9332
SCHMIDT（加拿大）	前卫	447	492	1315	1539	1992	3601	9386
PAASKE（丹麦）	前卫	497	546	1346	1714	2175	3459	9737
	平均值	488	547	1206	1446	1802	3655	9130
	百分比	5%	6%	13%	16%	20%	40%	100%
STEMANN（德国）	后卫	518	600	1399	1579	1993	3731	9820
UTSUGI9（日本）	后卫	588	598	1424	1586	2193	3671	10060
TINIA（巴西）	后卫	343	408	983	1099	1611	3491	7935
WHITEHILL（美国）	后卫	443	470	1025	1367	1670	3561	8536
HUSE（挪威）	后卫	459	651	1531	1863	2164	3136	9801
AVOE（加纳）	后卫	492	680	1409	1690	1850	3470	9591
KONG（朝鲜）	后卫	441	569	1322	1537	1815	3380	9064
OSBERG（瑞典）	后卫	757	700	1402	1656	1902	3162	9579
SALISBURY（澳大利亚）	后卫	334	332	861	1319	1900	3734	8480
ALAGICH（澳大利亚）	后卫	505	490	1235	1548	2072	3570	9420

（续表）

运动员	位置	冲刺跑 >6m/s	高速跑 >4.8m/s	中速跑 >3.4m/s	低速跑 >2.4m/s	慢跑 >1.5m/s	慢跑以下级别	全场跑动距离
OLSEN（丹麦）	后卫	533	590	1180	1648	2270	2988	9209
KISS（加拿大）	后卫	356	447	933	1449	1956	3643	8784
	平均值	482	555	1239	1541	1942	3462	9220
	百分比	5%	6%	13%	17%	21%	38%	100%

1. 各队前锋运动员跑动能力对比

（1）各队前锋运动员无氧高强度跑对比

从图 9-26 可以看出，冲刺跑距离最多的是巴西队的 CRISIINA 为 684 米；日本队的 NAGASITO 为 684 米；巴西队的玛塔为 606 米，距离最少的是加拿大队的 SINCLAIR 为 295 米；高速跑距离最多的是日本队的 NAGASITO 为 613 米；高速跑距离最少的是加拿大队的 SINCLAIR 为 290 米。

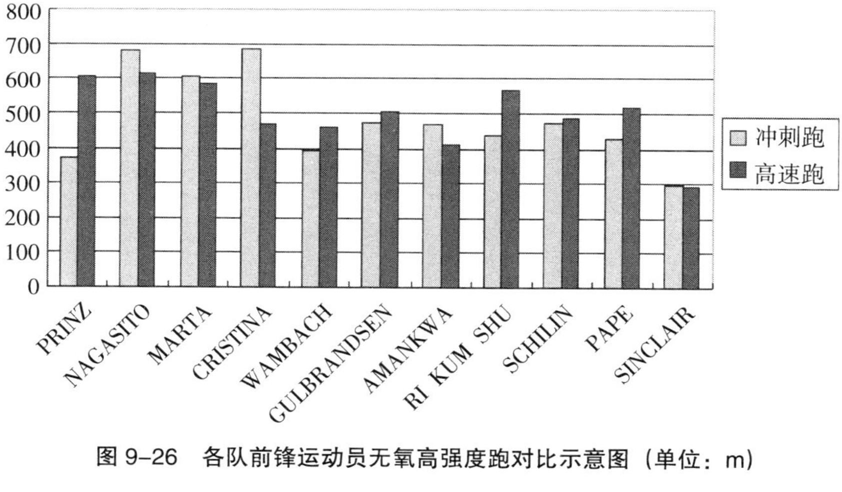

图 9-26　各队前锋运动员无氧高强度跑对比示意图（单位：m）

为了进一步验证各队前锋运动员无氧高强度跑动距离上是否有差异，以各国前锋运动员为自变量，冲刺跑和高速跑为因变量进行了单因素方差分析，结果显示，各国前锋运动员在无氧冲刺跑和无氧高速跑动上无显著性差异

（表9-26）。

表 9-26 各队前锋运动员不同强度跑动能力方差分析表

跑动形式	自由度	均方	F	p
冲刺跑	9	7988.717	2.226	0.114
高速跑	9	6398.050	2.343	0.100
有氧中强度跑	9	17431.117	2.287	0.107
有氧低强度跑	9	19669.272	1.050	0.466
慢跑	9	23742.333	1.819	0.182
慢跑以下	9	28283.000	5.639	0.006

(2) 各队前锋运动员有氧中等强度跑对比

从图 9-27 中可以看出，各队前锋队员有氧中等强度跑动距离上中速跑动距离最多的是德国队 PRINZ，跑动距离为 1370 米，跑动距离最短的是加拿大队 SINCL AIR，跑动距离为 865 米；低速跑动中日本队 NAGASITO 跑动距离最远为 1731 米；而巴西队 CRISTINA 跑动距离最短为 873 米。

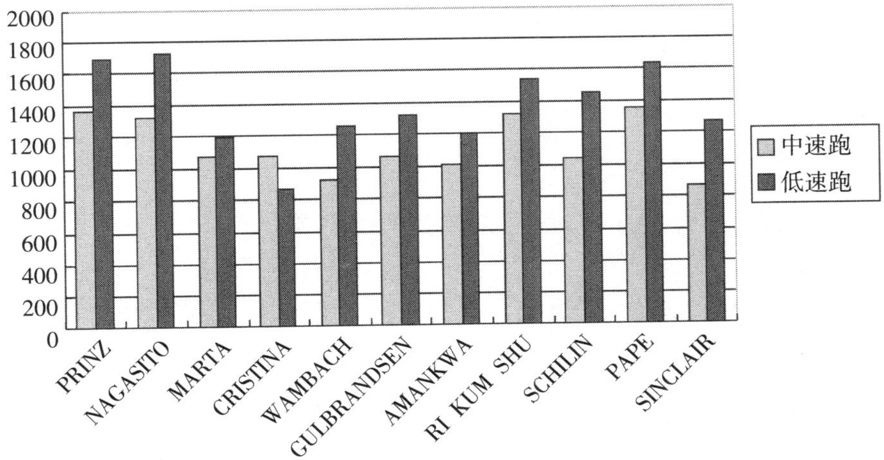

图 9-27 各队前锋队运动员有氧中等强度跑对比示意图（单位：m）

为了进一步验证各队前锋运动员在有氧中强度跑动距离上是否有差异，以各国前锋运动员为自变量，中速跑和低速跑为因变量进行了单因素方差分析，结果显示，各队前锋运动员的有氧中速跑和低速跑无显著性差异（参见表9–26）。

(3) 各队前锋运动员有氧低强度跑对比

从图9–28可知，在慢跑中日本队NAGASITO跑动距离最长为2222米，巴西队CRISTINA跑动距离最短为1293米；慢跑以下级别日本队NAGASITO跑动最长为3827米，丹麦队、PAPE跑动距离最短为3080米。

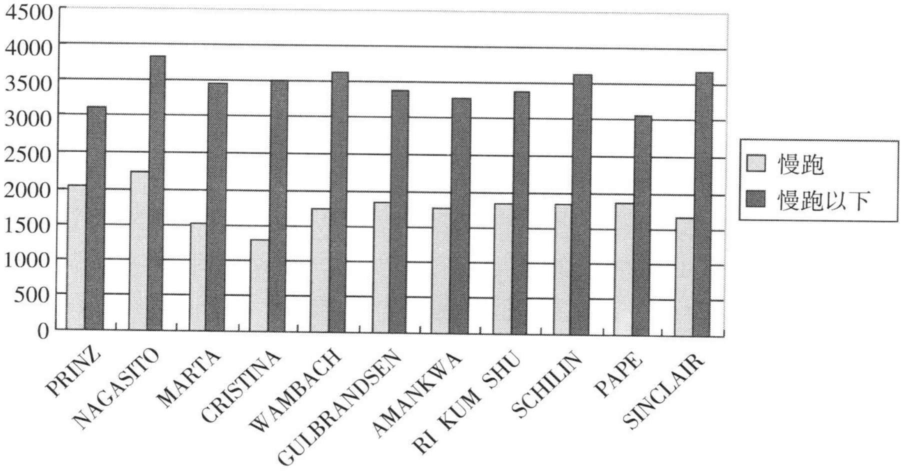

图9–28 各队前锋运动员有氧低强度跑对比示意图（单位：m）

为了进一步验证各队前锋运动员在有氧低强度跑动距离上是否有差异，以各国前锋运动员为自变量，慢跑和慢跑以下为因变量进行了单因素方差分析，结果显示，各队前锋运动员的慢跑无显著性差异，而慢跑以下距离差异有显著性(参见表9–26)。说明各队前锋运动员在有氧低强度跑动上不同。

2. 各队前卫运动员跑动能力对比

(1) 各队前卫运动员无氧高强度跑对比

从图9–29中可以看出，冲刺跑、高速跑朝鲜队SONG跑动距离最长，分别为694米、690米；挪威队STANGELAND跑动距离最短，分别为204米、347米。

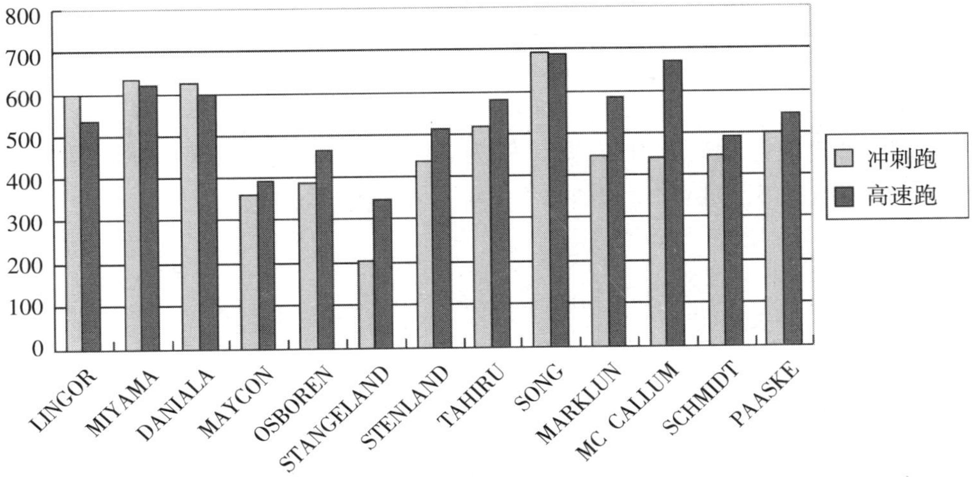

图 9–29　各队前卫运动员无氧高强度跑对比示意图（单位：m）

为了进一步验证各队前卫运动员在无氧高强度跑动距离上是否有差异，以各国前卫运动员为自变量，冲刺跑和高速跑为因变量进行了单因素方差分析，结果显示，各队前卫运动员在无氧冲刺跑和无氧高强度跑动上无显著性差异(表 9–27)。

表 9–27　各队前卫运动员不同强度跑动能力方差分析表

跑动形式	自由度	均方	F	p
冲刺跑	9	7139.939	2.282	0.107
高速跑	9	4793.022	1.825	0.181
有氧中强度跑	9	24518.139	5.527	0.007
有氧低强度跑	9	20068.272	3.024	0.050
慢跑	9	11883.800	1.245	0.367
慢跑以下	9	12841.333	1.116	0.430

(2) 各队前卫运动员有氧中强度跑对比

从图 9–30 中可以看出，无论是中速跑还是低速跑都是日本队的运动员 MIYAMA 跑动距离最长，分别是 1604 米、1657 米；挪威队的运动员 STANGELAND 在中速度跑动距离中最短，仅为 737 米，同样也是挪威队的运动员 STENSLAND 在低速度跑动中跑动距离最短，为 1184 米。

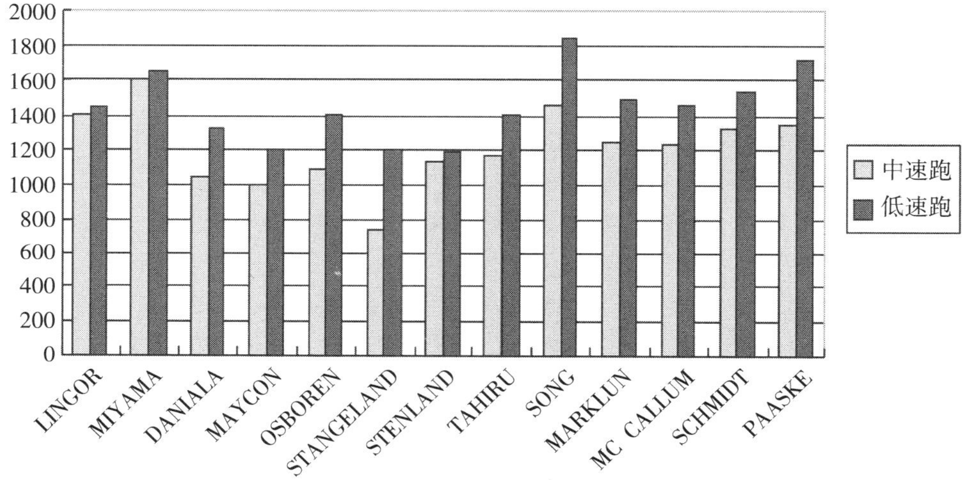

图 9–30　各队前卫运动员有氧中强度跑对比示意图（单位：m）

为了进一步验证各队前卫运动员在有氧中强度跑动距离上是否有差异，以各国前卫运动员为自变量，中速跑和低速跑为因变量进行了单因素方差分析，结果显示，各国前卫运动员在有氧中速跑上有显著性差异，而有氧低速跑无显著性差异(参见表 9–27)。说明各国前卫运动员的有氧中强度跑动能力相差较大。

(3) 各队前卫运动员有氧低强度跑对比

从图 9–31 中可以看出，丹麦队运动员 PAASKE 的慢跑距离最长为 2175 米，挪威队的运动员 STANGELAND 跑动距离最短，仅为 1515 米；慢跑以下级别中来自加纳的运动员 TAHIRU 跑动距离最长，达到 3868 米，朝鲜队的运动员 SONG 跑动距离最短，仅为 3315 米。

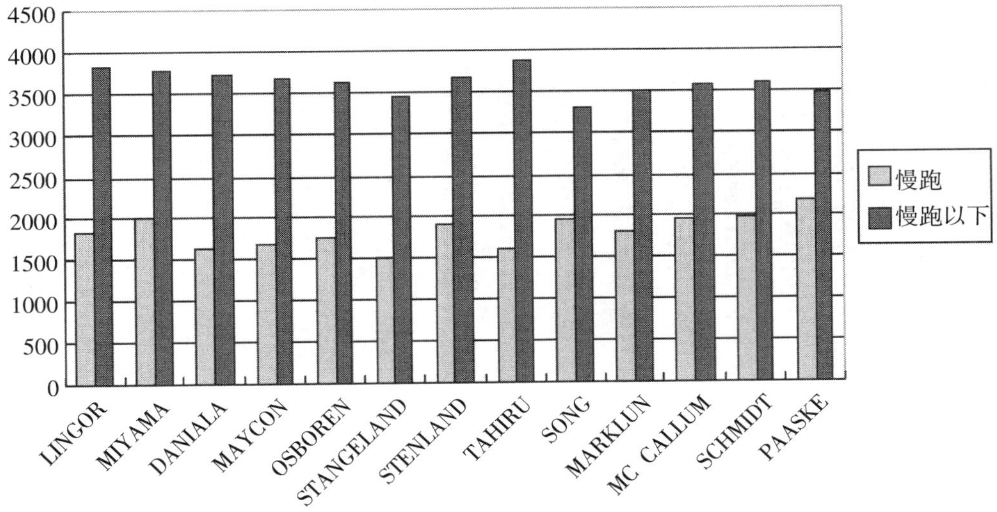

图 9-31 各队前卫运动员有氧低强度跑对比示意图（单位：m）

为了进一步验证各队前卫运动员在有氧低强度跑动距离上是否有差异，以各国前卫运动员为自变量，慢跑和慢跑以下为因变量进行了单因素方差分析，结果显示，各队前卫运动员在慢跑和慢跑以下距离上无显著性差异（参见表 9-27）。说明各国前卫运动员的有氧低强度跑动能力相当。

3. 各队后卫运动员跑动能力对比

(1) 各队后卫运动员无氧高强度跑对比

从图 9-32 中可以看出，在后卫运动员的无氧高强度跑中，瑞典队运动员 OSBERG 跑动距离最长，冲刺跑为 757 米、高速跑为 700 米；澳大利亚队运动员 SALISBURY 冲刺跑及高速跑距离最短，分别为 334 米和 332 米。

为了进一步验证各队后卫运动员在无氧高强度跑动距离上是否有差异，以各队后卫运动员为自变量，冲刺跑和高速跑为因变量进行了单因素方差分析，结果显示，各队后卫运动员无氧冲刺跑距离上有显著性差异，而无氧高强度跑动无显著性差异（表 9-28）。说明各国后卫运动员的冲刺跑动距离差别较大。

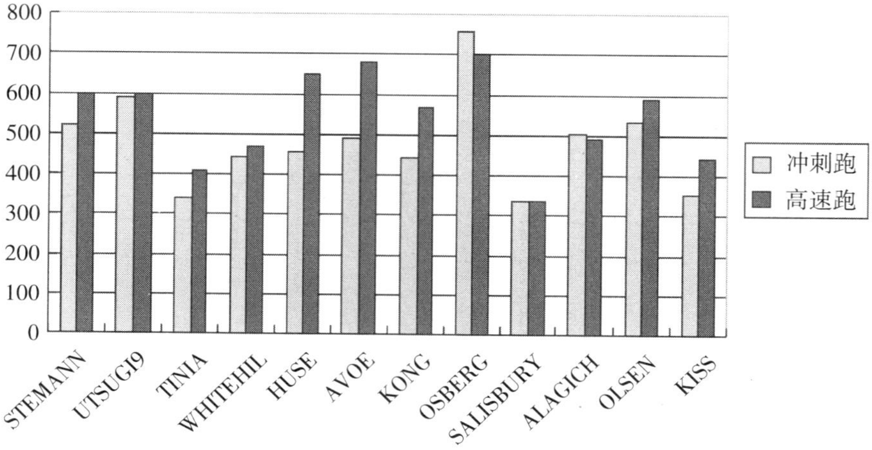

图 9-32 各队后卫运动员无氧高强度跑对比示意图（单位：m）

表 9-28 各队后卫运动员不同强度跑动能力方差分析表

跑动形式	自由度	均方	F	p
冲刺跑	9	7150.117	4.374	0.015
高速跑	9	4454.783	1.492	0.270
有氧中强度跑	9	21489.911	1.646	0.224
有氧低强度跑	9	21181.911	1.041	0.471
慢跑	9	24207.356	1.024	0.481
慢跑以下	9	32808.228	0.936	0.535

(2) 各队后卫运动员有氧中强度跑对比

从图 9-33 中可以看出，在中速度跑中日本队运动员 UTSUGI 跑动距离最长为 1424 米，澳大利亚队运动员 SALISBURY 跑动距离最短为 861 米；在低速度跑中挪威队运动员 HUSE 跑动距离最长为 1863 米，巴西队运动员 TINIA 跑动距离最短为 1099 米。

为了进一步验证各队后卫运动员在有氧低强度跑动距离上是否有差异，以各队后卫运动员为自变量，中速跑和慢低速跑为因变量进行了单因素方差分析，结果显示，各队后卫运动员的中速跑和低速跑距离无显著性差异（参见表9-28）。说明各国后卫运动员的有氧中强度跑动能力相当。

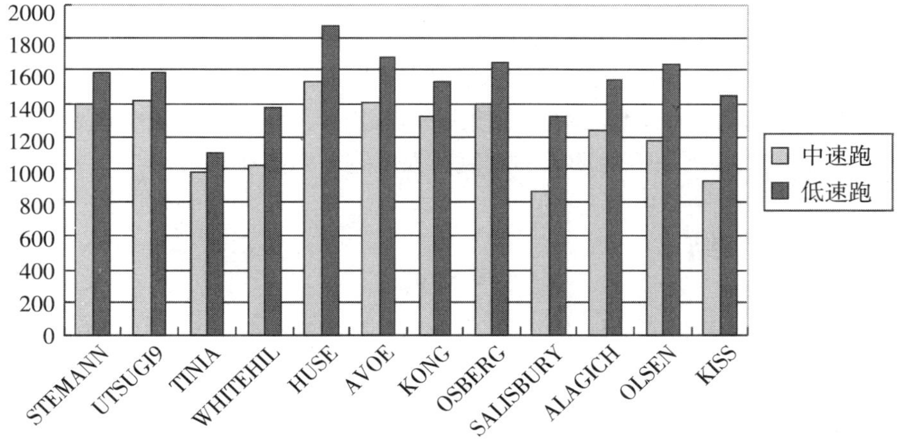

图 9-33 各队后卫运动员有氧中强度跑对比示意图（单位：m）

(3) 各队后卫运动员有氧低强度跑对比

图 9-34 为各队后卫运动员有氧低强度跑对比情况，在慢跑上丹麦队运动员 OLSEN 最长为 2270 米，巴西队运动员 TINIA 最短为 1611 米；慢跑以下级别澳大利亚队运动员 SALISBURY 最长为 3734 米，丹麦队运动员 OLSEN 最短为 2988 米。

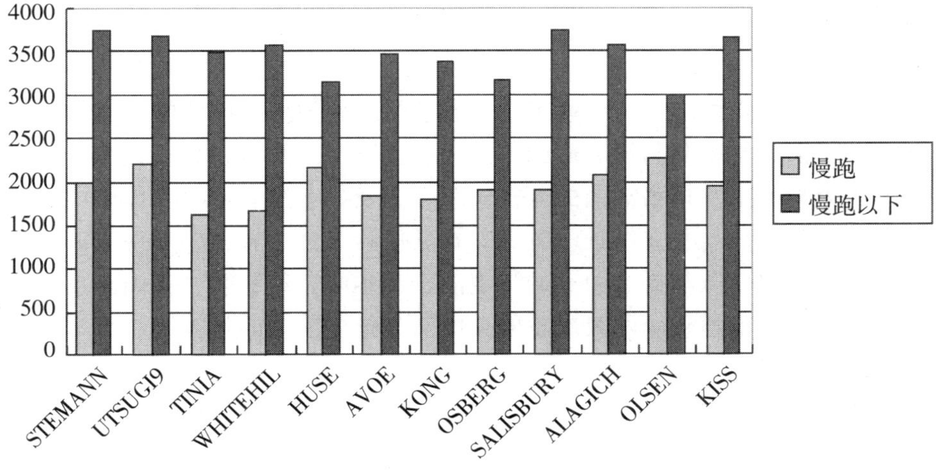

图 9-34 各队后卫运动员有氧低强度跑对比示意图（单位：m）

为了进一步验证各队后卫运动员在有氧低强度跑动距离上是否有差异，以各队后卫运动员为自变量，慢跑和慢跑以下为因变量进行了单因素方差分析，结果显示，各队后卫运动员在慢跑和慢跑以下距离无显著性差异（参见表 9–28）。说明各国后卫运动员的有氧低强度跑动距离相当。

三、小　结

（1）参加本届女子足球世界杯各球队的比赛跑动距离为 8322~10277 米，平均跑动距离为 9099 米。冲刺跑、高速跑、中速跑、低速跑、慢跑以及慢跑以下分别占全场跑动距离的 4%~6%、5%~6%、12%~15%、14%~17%、19%~23%、34%~43%。日本队全场跑动距离最多，除与德国队统计学上差异不具显著性外，与其他球队均具有统计学意义；巴西队全场跑动距离最少，但是除与跑动距离排名靠前的日本队、德国队统计学上差异具有显著性外，与其他球队的差异均不具有统计学意义。

（2）通过对各支国家队无氧高强度跑对比可知，无氧高强度跑的分布基本呈正态性分布，多数球队之间的无氧高强度跑动距离差异无统计学意义。通过对冲刺跑的分析发现，球队之间的差异主要表现为，冲刺跑动距离最长的日本队与冲刺跑动距离排名后四位的澳大利亚队、挪威队、美国队、加拿大队之间的差异；冲刺跑动距离最少的加拿大队与冲刺跑动距离排名前四位的日本队、瑞典队、巴西队、朝鲜队之间的差异。在高速跑上表现出了与冲刺跑基本一致的特征，即主要是高速跑动距离最少的加拿大队与其他球队之间的差异。

在有氧中强度跑上，中速跑的差异主要表现为排名前四的日本队、德国队、朝鲜队、丹麦队与排名后四的澳大利亚队、巴西队、加拿大队、美国队之间的差异性上，排名靠前的 4 支球队，以及排名靠后的 4 支球队中的任何一支球队的差异均具有统计学意义。在低速跑上的差异主要表现为低速跑动距离最少的巴西队与排名前五的丹麦队、日本队、朝鲜队、德国队、瑞典队之间的差异；低速跑动距离次少的美国队与排名前三的丹麦队、日本队以及朝鲜队之间的差异。

在有氧低强度跑上，慢速跑距离的差异性主要表现为慢跑距离最少的巴西队与慢跑距离排名前六的日本队、丹麦队、澳大利亚队、德国队、加拿大队、朝鲜队、挪威队之间的差异上；慢跑距离次少的美国队与慢跑距离排名前三的日本队、丹麦队、澳大利亚队以及排名第七的挪威队之间的差异上；还有日本队与加拿大队、朝鲜队、瑞典队之间的差异上，在慢跑距离的差异上没有表现出很好的规律性。慢速跑以下的差异性主要表现在慢速跑以下速度跑动距离最长的日本队与排名后四位的瑞典队、挪威队、朝鲜队以及丹麦队的差异上；排名最后的丹麦队与排名前六的日本队、加拿大队、澳大利亚队、美国队、德国队、巴西队之间的差异上。慢跑以下的跑动特征较慢速跑的特征表现出了较好的规律性。

总体上，除慢速跑的跑动特征外，其他几种形式的跑动表现出较好的规律性，即排名两端的球队与其他球队之间具有差异性，而跑动距离居中的球队之间不具有差异性。

(3) 技战术水平相当的球队可以通过增加跑动来取得比赛的控制权，在一定程度上，体能的优势可以弥补技战术等其他因素的不足，但不能完全弥补其他因素带来的缺陷。日本队和朝鲜队的跑动距离在参加世界杯的球员中分列第一和第二，与她们取得的成绩和表现出来的竞技水平有着密切的联系。倘若日本队与朝鲜队没有表现出如此积极的跑动，她们的球队成绩可能会下滑。

(4) 不同位置的运动员跑动能力不同，前锋、前卫、后卫的跑动距离分别为8697米、9130米、9220米，3个位置的运动员在6种跑速的百分比基本相同，分别为5%、6%、13%、16%、20%、40%，位置分工表现出淡化的趋势。

(5) 各球队前锋运动员冲刺跑的距离为371~684米，平均为492米；高速跑为290~613米，平均为508米；中速跑为865~1370米，平均为1117米；低速跑为873~1731米，平均为1360米；慢跑为1293~2222米，平均为1761米；慢跑以下级别为3080~3827米，平均为3449米。对比各国家队前锋的6种跑动能力，只有慢跑以下级别的跑动距离具有显著性差异，其他5种形式的跑动差异不具有统计学意义。

(6) 各球队前卫运动员冲刺跑的距离为204~632米，平均为488米；高速跑为347~672米，平均为547米；中速跑为737~1455米，平均为1206米；低速跑为1184~1836米，平均为1446米；慢跑为1515~2175米，平均为1802米；慢跑以下级别为3315~3868米，平均为3655米。对比各国家队前卫的6种跑动能力，只有隶属有氧中强度跑的中速跑与低速跑差异具有显著性，而其他4种形式的跑动差异不具有统计学意义。

（7）各球队后卫运动员冲刺跑的距离为334~757米，平均为482米；高速跑为332~700米，平均为555米；中速跑为861~1531米，平均为1239米；低速跑为1099~1863米，平均为1541米；慢跑为1611~2270米，平均为1942米；慢跑以下级别为3136~3734米，平均为3462米。对比各国家队后卫的6种跑动能力，只有冲刺跑的具有显著性差异，而其他5种形式的跑动差异不具有统计学意义。

第十章　足球比赛技战术监控

足球运动员的技战术能力以及球队团队的战术能力是决定球队比赛表现的重要环节。从目前的发展来看，比赛分析主要包括手工符号分析法和计算机分析两种技术。

本章将以团队行为的视角对技战术分析进行的新的思考。并在 2008 年奥运会的准备过程进行了实证研究。

第一节　运动员个体技战术监控的理论与实证

一、比赛符号分析的内容体系

（一）比赛常规技术统计

常规技术统计是从一般层面上记录比赛过程，长期的记录有利于教练员把握全队的整体变化及比赛的一般规律。统计的内容一般包括以下 7 个方面。

1. 队员上场时间

统计球员上场比赛的时间。

2. 射门情况统计

统计内容包括射门时间、场区、效果、队员。

3. 进球情况统计

根据进球方式的不同，一级指标选择为运动战进球和定位球进球。其中运动战进球的二级指标包括：阵地配合渗透进球、边路传中后进球、外围传中后进球、下底回传进球、向前长传身后进球、快速反击进球、个人运球进球、罚球区外远射进球以及乌龙球；定位球进球的二级指标包括：角球配合进球、直接任意球进球、间接任意球进球、球点球进球及界外球配合进球。

统计过程中对每个进球进行符号分析，包括进球时间、发动场区、进球前的传球次数、射门场区以及从进攻发动到进球的时间。

4. 运动战进球路线图

画出所有运动战进球的路线图，简单明了记录比赛双方进行反击的地点、线路及主要参与人员。

5. 定位球统计

定位球统计主要包括角球、直接任意球、间接任意球及球点球的数量。并根据比赛实际情况画出定位球进球或主要战例图示，简单明了记录典型定位球的发球方式、地点及主要参与人员的数量和跑动路线。

6. 上场队员位置

通过上场队员的位置图，简单明了记录球队阵容、球队阵型及主要位置的换人情况。

7. 比赛情况简要分析

分析比赛双方主要和比较成功的打法，存在的主要问题和失球原因。同时为了增加说明力度，在操作过程中也选择某些指标进行深入分析，如射门前的配合方式等。

（二）专项技术统计

专项技术统计是针对比赛或训练中运动员某一项指标进行统计的类型。它既可专门对某一名运动员的某一些指标进行记录，也可针对全队进行分析记录，从而为教练员的训练提供依据。

传接球的统计是教练员常用的一种统计指标。运动员作为团队中的一员，其行为与同伴为其提供的环境密不可分。以往的分析中往往关注的是运动员传球行为的结果，而忽略了运动员传球行为的过程及背景。本章的分析统计，充分考虑了运动员传球行为与比赛情景条件之间的关系，从而使统计更能说明问题。

1. 传球

(1) 受迫程度。根据比赛中对手逼抢的程度，将比赛中运动员的受迫程度分成 3 种级别。

1）对手无逼迫。此时对手的距离较远，对控球队员的行为无法实施影响。

2）对手弱逼迫。此时对手的距离较近，但没有实施抢球，控球队员仍可从容地观察、处理球。

3）对手强逼迫。此时对手的距离很近，并已经开始实施逼抢，队员很难再从容观察、处理球。

（2）失误类别。

1）到位球情况。分为到位或不到位，即传球队员传球的目标与实际的落点是否一致。

2）传球点的选择。此为本传球统计设计的核心因素。传球队员的同伴及对手共同为其提供了比赛环境，客观上也给出传球的优先次序，运动员在特定的比赛情景中的传球选择反映了其对比赛的理解。通过分析在特定比赛情景中运动员所应作出的选择及优先次序，结合运动员的实际选择，分析员可以评价某一传球与比赛情景的一致性。如已经出现了反击的机会，由于运动员观察能力差或与同伴交流不够，没有选择向前的直长传，却选择了向后的传球，即使运动员传球没有失误，但我们仍认为其实际行为与比赛中情景要求不一致。从效率上讲，这并不是一个好的传球。

通过该指标的统计，可以评价运动员的意识、对比赛的阅读能力。

3）传球的精确性。高水平比赛不仅要求运动员能够把球传向某一个点，而且要求运动员能够精确地把球传向某一点。本研究通过传球的力量（力量大小）、角度（传向传球队员的哪一侧）、时机及脚法选择来评价运动员传球的精确性。

（3）失误原因。根据荷兰足球对运动员评价的观点并结合比赛的实际情况，研究设计了运动员传球失误分为 T（技术）、I（意识、洞察力）、C（交流）、F（体能）、M（心理）。

2. 接球

（1）受迫程度。与传球符号记录相似，将比赛中运动员中的受迫程度分成 3 种级别：

1）对手无逼迫。此时对手的距离较远，对接球队员的行为无法实施影响。

2）对手弱逼迫。此时对手的距离较近，但没有实施抢球，接球队员仍可从容地观察、处理球。

3）对手强逼迫。此时对手的距离很近，并已经开始实施逼抢，队员很难再从容观察、处理球。

(2) 失误类别。根据比赛中运动员的选择行为与比赛情景要求的一致性，失误类别分为4种情况：1）接球份量不合适；2）接球方向不合理；3）接球时机不准确；4）未接到球。

(3) 失误原因。与传球的失误原因一样，研究设计了运动员传球失误分为T（技术）、I（意识、洞察力）、C（交流）、F（体能）、M（心理）。

3. 专项统计方法应用

研究人员对2006年亚洲杯、2007年阿尔加夫杯及2007年世界杯中国女足比赛传接球行为进行了专项分析。以下为2006年亚洲杯中国对朝鲜的比赛分析及训练建议。

(1) 传球失误分析

表10–1、10–2、10–3为传球失误的统计结果。

表10–1　不同受逼迫程度下的传球失误次数

	无	弱	强	合计
上半场	8	14	17	39
下半场	0	6	23	29
合计	8	20	40	68
	11.8%	29.4%	58.8%	100%

表10–2　传球失误类型

	传球不到位	传球点选择错误	精确性差	合计
上半场	11	18	10	39
下半场	8	17	4	29
合计	19	35	14	68
	27.9%	51.5%	20.6%	100%

表10–3　传球失误原因

	技术	意识	观察	合计
上半场	16	17	6	39
下半场	13	15	1	29
合计	29	32	7	68
	42.6%	47.1%	10.3%	100%

以上数据显示，传球的问题主要表现在强对抗导致失误多；传球点选择错误，传球人对局面的判断、识别及行为方式而选择方面有待提高。提高传球能力主要应从意识培养和对抗条件下技术的提高入手。

(2) 接球失误分析

表 10–4、10–5、10–6 为接球失误统计结果。

表 10–4　不同受逼迫程度下的接球失误次数

	无	弱	强	合计
上半场	1	2	18	21
下半场	2	3	9	14
合计	3	5	27	35
	8.6%	14.3%	77.1%	100%

表 10–5　接球失误类型

	份量	方向	未接到球	合计
上半场	12	4	5	21
下半场	6	1	7	14
合计	18	5	12	35
	51.4%	14.3%	34.3%	100%

表 10–6　接球失误原因

	技术	观察	体能	合计
上半场	14	3	4	21
下半场	9	4	1	13
合计	23	7	5	35
	65.7%	20%	14.3%	100%

以上数据显示，接球失误的问题主要表现在强对抗条件下的失误多；接球的合理性差。提高接球能力主要应从对抗条件下的技术练习入手，要不断地提高运动员的对抗能力和观察能力。

3. 射门统计

传统上对于射门的分析包括：射门队员、射门时间、射门地点、射门方式

(头射、脚射、突破射等)、射门结果(射正、射偏)几方面的内容。在综合各种射门分析的基础上，我们使用了以下的分析方式(图 10–1)。

在分析过程中当运动员有射门机会时，首先记录运动员姓名、位置及射门时间。这时运动员可能会有 3 种选择，即传球、控球和射门。以控球为例，运动员控球后可能出现两种情况，即失去球权或保持球权并完成射门。如果运动员在得球后的第一时间选择射门，则开始记录运动员射门相关信息，射门分为两种情况，即未射中目标和射正目标。未射正目标又分为射偏、射高或被挡。射正目标分为进球、被守门员获得、击中门柱、被挡。

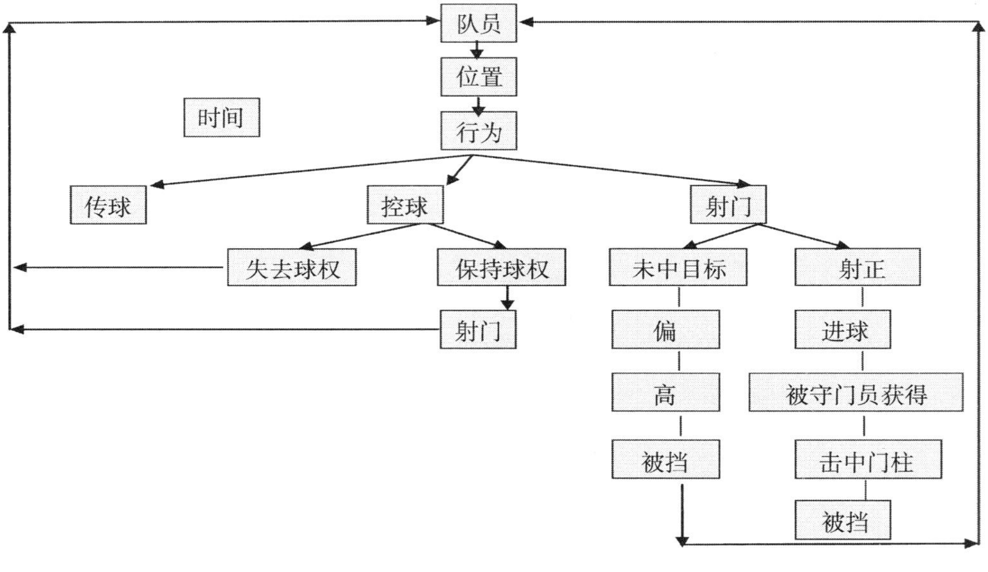

图 10–1　队员射门行为分析图

对于射门地点的分析，国内采用不同的记录方式。根据国际足联及相关文献射门地点分区方式，以及为了标准化研究范本及对比研究的需要，本研究使用如图 10–2 所示的分区模式。

(1) 个人分析及整体分析

对队员进行个人专项分析(如本队前锋队员)，从而了解队员在获得射门机会后的行为选择，并对行为选择的合理性、效率进行分析与评估，最终与运动员共同设计更佳的训练方案。

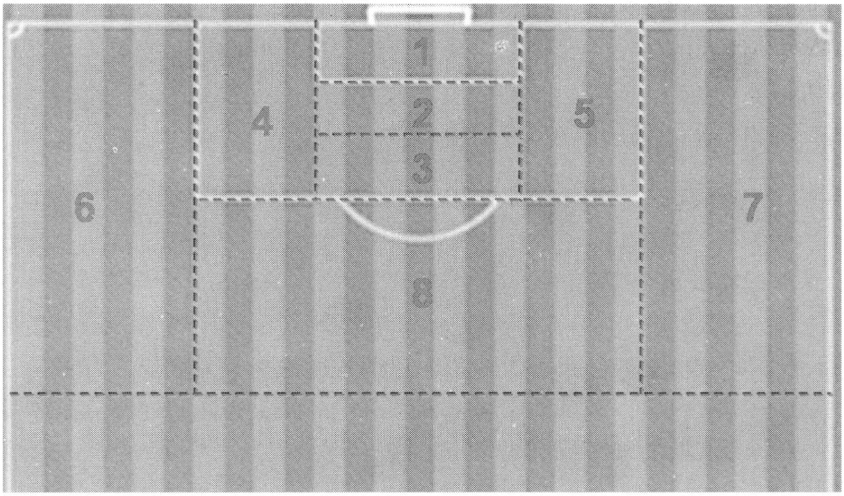

图 10–2　射门分区统计图

对球队整体情况进行分析，并结合高水平球队的表现进行对比分析，找出本方球队的差距，并据此制订针对性的训练计划。

(2) 射门区域分析

通过射门区域分析，了解进攻的核心区域，从而加强这一区域的射门练习，提高这一区域的目标传球质量。

二、训练、比赛计算机分析的内容体系

中国女足训练、比赛计算机分析包括两方面。即，以训练反馈为目标的计算机视频系统和球队比赛分析系统。

(一) 训练分析（根据主题决定分析内容）

根据训练课的主题，课题组在不同的训练阶段都会安排视频训练反馈课，训练反馈课一般安排在下次训练课之前进行。首先科研人员和教练员共同将训练中出现的共性问题，以及上次课中最能表现教练员要求的视频片断进行编辑。课中教练员再将已经编辑好的课件给队员展示。

以 2006 年女足亚运会备战为例，根据主教练该阶段重点练习内容“中前场压迫式防守”为基点，课题组对训练课进行了连续的跟踪分析。从效果来看，队

员通过训练反馈明确了前场压迫的时机、前场压迫时的角色分配与人员分工。从与越南队及新西兰的4场热身赛，以及在亚运会小组赛的情况来看，球队成功地在比赛中实施了压迫式防守，并创造出了更多的射门机会。同时，这种打法的实施也增加了球队适应不同比赛形势的能力。

（二）比赛分析

1. 本队比赛分析

对本队比赛分析，特别是重大比赛之后的视频分析是课题组工作的重要组成部分。通过比赛分析可以使球队了解前期训练的效果，也可以了解在比赛中出现的问题，从而为后期的训练找到出发点。

2. 对手比赛分析

根据课题的前期设计并在与主教练的沟通、互动过程中，课题组对于对手比赛分析形成了一定的规范性框架模式，具体如下：

(1) 比赛一般信息

包括比赛时间、天气、比赛名称和比赛结果等。

(2) 对手基本阵型及变化

内容包括，对手首发11人的基本阵型、阵型的变化、变化的方式及基本原因（即场上的基本态势，如领先、落后、僵持）、变化的时间。

(3) 核心队员

对核心队员的特点和基本信息进行记录，并作出简明的评价。

(4) 对手的战术组织

1）对手的进攻组织过程；

2）对手的射门；

3）对手攻守转换时的行为（包括由攻转守及由守转攻时的行为）。

(5) 第三方的战术组织

这儿的第三方指的是比赛对手的对手，通过对第三方战术组织的分析，可以了解对手在比赛中可以被利用的弱点。其中包括：

1）第三方的进球过程；

2）第三方的射门过程；

3）第三方的定位球进攻；

4）第三方的定位球防守。

(6) 其他

根据比赛中双方球队采用的不同打法，找出有特色或当场有针对性的进攻及防守方式，为教练员提供基本框架以外的信息。如在本场比赛中我们发现，美国队在防守时采用中前场压迫式防守打法，但丹麦队反压迫的能力较差，因此进行了特别分析，为本方球队战略战术的选择提供参考。

(7) 对策及训练建议

根据双方球队比赛中的表现和上述分析，以及球队的实际训练情况，汇总后提出中国队的比赛对策，提出针对性更强的训练建议。

对于训练分析与比赛分析的具体示例，不再一一列出。

第二节　球队整体技战术监控的理论与实证

一、足球比赛情景中球队整体结构及运动员角色分析

在足球比赛复杂、动态的情景条件下（如个人的行为选择往往是与其他队员的行为选择相联系的，有时甚至个人的行为选择就局部而言无对错之分，但却可能影响随后的整体战术的效率），无论教练员还是科研人员总会面临这样的困惑，即，如何从宏观、整体的角度对无球队员错误的行为选择给予合理的说明，而不仅仅是给予运动员指令性和经验性的指导。

那么，在足球比赛进攻过程中，将运动员个体联系成一个具有整体功能的团队的某种关系，以及这种关系合理、有序的程度及关系建立后所形成的整体结构，是决定整体功能发挥的核心要素。

（一）角色的概念及其对团队集体性项目的启示

角色是个体与个体、个体与群体、群体与群体互动过程中由特定组织系统所规定的个人行为模式。

团队集体性项目比赛中运动员的角色行为是运动员与其他队员互动过程的产物。19 世纪末，西方一些社会学家开始从理论上注意个人与个人、个人与社会关系相互联系的具体过程的研究。这种研究的结果，产生了各种各样的互动理论。互动是个人与个人、个人与群体、群体与群体之间发生的相互作用、相

互影响的行为过程。足球比赛过程中，运动员的行为一方面受自身内在的思维活动的指导，另一方面又依赖于外部的相互之间的沟通。因此，在对运动员的行为进行分析时，首先要考虑包括其他运动员（无论是同伴还是对手）在内的运动环境因素。

角色是团队集体性项目中运动员个人与球队整体相互联系的重要环节。马克思曾指出，人的本质是一种关系范畴，即“人在其现实性上是一切社会关系的总和”。基于这一点，李启英（2006）认为，人的本质既是一种关系范畴又是一个动态的范畴。人与人之间所结成的社会关系也是“以活动为基础的关系”。斯特里克（Stryker，1980）提出，“个体和社会通过角色而相关联”。社会角色理论指出，个体扮演的各种社会角色之间的网络关系即为个人的角色结构；一个人在实现个体的组织角色时，必须同一些在组织扮演不同角色的人一道协同工作。

比赛情景中，运动员的本质是比赛情景中各种关系的总和；运动员的角色在比赛情景中，是与同伴（即与整体）形成联系的纽带；在比赛情景中运动员的角色是处于动态变化之中的；角色是将个体联系成有机整体的中介；在训练过程中，教练员要注意培养运动员扮演自己角色的能力。

（二）足球比赛中运动员角色的动态变化

运动员的角色行为从某种意义上讲（或从人们日常生活的行为规范而言），可称之为一种行为的异化，是人们普遍认可的行为异化，这是因为比赛这一特定的环境中，有其特殊的行为标准和外在条件。运动员处理球的方式以及无球活动的方式有其特有的行为准则，表现出不同的行为选择，体现着不同的时空特征。它是运动员对足球认识（意识、思维）、身体能力等的一种表达。

足球比赛的目标是获胜，获胜的途径是进更多的球，失更少的球（或不失球）。目标实现的前提是将球推向对方球门区域，反之将球控制在离自己球门较远的安全区域。仅从进攻方面来看，达到目的的首选手段就是将球传向对方的球门附近。但由于比赛对手的存在，在攻守博弈互动过程中，现代足球在球队整体进攻时往往表现出一种迂回的方式，进攻方通过整体的行为不断改变球的位置，调动对手，从而在尽可能不失去球权的情况下将球发展到对方禁区，形成射门、进球。从目标（任务）分级的角度来看，进球是最终目标（任务），而总目标（任务）由若干子目标（任务）构成。随着运动情景的不同（即目标任务的不同），运动员在特定情景下的角色选择必然处于一种动态变化之中。

足球运动员在比赛中的角色变化是比赛本身提出的必然要求，是内外因素作用的必然结果。运动员的角色及角色行为在比赛中必须随着比赛情景的变化而进行动态的变化，运动员比赛情景中角色动态变化有以下几个基本特征：

1. 叠加性

运动员角色的变化不仅随球所在的场区（比赛情景）发生变化，而且场上比分、比赛剩余时间、对手所在的位置、同伴的能力与位置以及各种自然条件因素等也会影响运动员的角色变化。

2. 多角色性

足球比赛水平的提高，以及获胜目的的实现，要求运动员能够承担起不同的角色。如在比赛中的某一特定时刻，运动员即可能担任保护有球队员的角色，也同时担任着一旦进攻受阻同伴将球传给自己，接球后转移进攻方向的角色。运动员在选择位置时就要体现出这两种角色（暂仅假设该运动员只有这两个角色）对其所提出的要求。

3. 高频性

足球比赛球所在的位置处于不断变化之中，球权也在不断改变。有学者指出，一场足球比赛要发生 300 次以上的球权转换；在进攻过程中至少每 6 秒发生一次进攻方向或速度的变化。在这种比赛条件下，运动员的角色变化必然表现出高频性的特征。

（三）比赛情景中运动员角色的相关研究

1. 相关概念

(1) 特定比赛情景

所谓特定比赛情景，就是在比赛特定时刻的时空间能够为运动员提供的决策条件。根据研究的不同需要，研究者可以将比赛情景进行不同的分类。现代足球理论将足球比赛分为 3 种时刻：即进攻、防守、转换（由攻转守及由守转攻的转换）。在某种意义上，我们可以将其认为是 3 种比赛情景。研究者对这 3 种情景下运动员及球队的行动提出了原则性的要求。张廷安（1999）在其《足球运动员战术思维决策活动研究》一文中，对 6 种不同比赛情景下有球队员的战术思维决策活动进行了研究。该文涉及的6种比赛情景为，后场控球无防守、后场得球被对方逼抢、中场控球无人防守、中场控球被对方逼抢、前场控球无人防守、前场控球被对方逼抢。研究发现，决策的外在条件不同（球所在“场区”及其“对抗状态”不同），战术思维决策活动的主导因素是不同的。

(2) 运动员参与程度

运动员的参与程度，即运动员对比赛特定情景目标实现与否的支持程度。在本方控球时，如果一名运动员所选择的站位可以使其完成子阶段（sub-phase）的目标，那么他即为“积极参与”。在抢截球后保护球权的阶段，就是整体进攻的一个子阶段（即，当球队刚刚重获球权并必须立刻设法维持这种状态时，或者由于对手的逼迫存在失球可能，球队必须改变进攻方式或至少将球传到安全区域时）。在这种特定比赛情景下，那些选位于同伴可以将球传给自己的运动员，尤其是那些位于“球位线”之后的运动员为“积极参与”的队员（球位线如图10-3）。

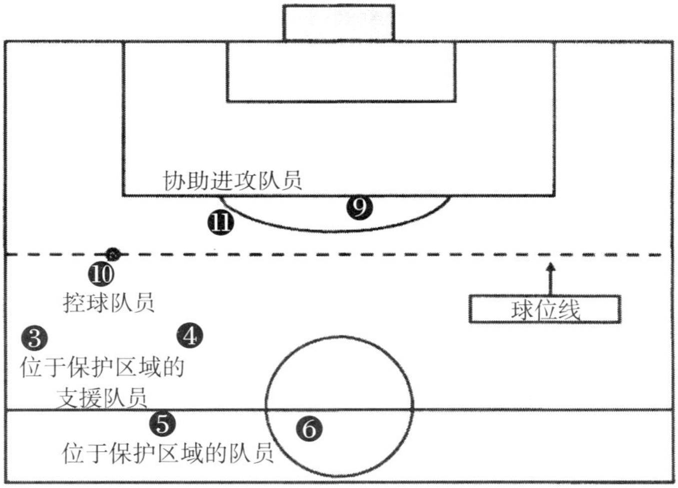

图10-3　球位线示意图

在组织进攻阶段（将球向对方球门推进的阶段），那些选位于有助于球向对方球门推进的运动员即为“积极参与”的运动员。这种条件下，那些位于“球位线”前的运动员即为“积极参与”的运动员。那些即使选位于控球队员身后有助于改变进攻方式，或可以接已经前插队友回传球射门的运动员，不能称之为“积极参与”的运动员。

2. 国外研究成果与进展

依据不同的研究目的可以对角色进行各种各样的划分。根据运动员在场上的基本位置，可以将运动员分为守门员、后卫、前卫、前锋。这是较为传统的足球运动员角色分类体系，客观上规定了运动员在场上的主要职责任务；根据球权的变化，可以将运动员的角色区分为进攻队员、防守队员。这种分类方式可以在客观上强调现代足球整体进攻与整体防守的特点，即获得球权的情况下所有运动员即为进攻队员，都要积极地参与进攻，反之，所有运动员都为防守队员，都要积极参与防守。

出于观察分析对手的需要，教练员要明确在不同的攻守比赛特定情景中对手有多少名运动员积极地参与其中。根据运动员对某特定比赛情景下（时刻）的参与程度，普雷斯蒂贾科莫（Luca Prestigiacomo，2003）认为，可以将运动员的角色分为“积极参与”和“非积极参与”进攻或防守的运动员。此外他还认为，教练员除了要认定哪些对方运动员是在某特定比赛情景时的“积极参与”者外，还要对运动员在比赛中不同攻守情景中所承担的角色进行分类。在进攻阶段运动员可能会承担以下 3 种角色，即保护区域内的间接保护者（Player in preventive coverage）、支援者（Supporting player）、协助进攻者（Player in assistance）。在防守阶段，所有防守队员也可以被分为以下 3 种角色，即干扰控球队员的运动员、盯防对方“支援者”运动员、控制对手组织进攻空间的角色。

显然根据目的的不同，人们可以根据自己的需要进行角色分类。通过分析上述 4 种分类方式，我们认为第三种与第四种分类方式，即，将运动员分为“积极参与”和“非积极参与”者；攻守特定情景下的 3 种角色更有利于教练员分析比赛、指导球队进行整体训练，优化个人行为，提高团队整体的效率。

3. 参与程度角色分类法的实践应用价值

如上文所述，根据运动员在比赛某特定情境下的参与程度，可以将运动员分为“积极参与”和“非积极参与”者。通过这样的分类可以使教练员在观察分析比赛时，能够明确在攻守的不同情景下，了解对手及本队有多少名运动员积极地参与其中。如果在防守阶段，本方处于人数优势，教练员就要判断如果本方将保护区域内的防守队员减少一名，对方是否就能对本方球门形成威胁；如果本方进攻阶段攻势较强，教练员就要判断如果要求本方一名运动员不要过分前压，以防止对手的快速反击，是否会影响球队的进攻效果。但如果本方的组织进攻受到阻碍时，教练员必须在下面两种选择中权衡利弊：第一，本方防守阶段所能表现出来的能力；第二，对手在反击时所能表现出来的能力。经过权衡后，教练员所作的选择就是临场决策。总之，通过运动员参与程度的观察分析，可以为教练员临场决策提供充分的信息支持。

4. 攻守特定情景下3种角色分类法的实践应用价值

足球运动员战术意识思维是其在比赛情景中正确决策的前提条件，运动员战术意识活动过程也是一个有序的过程。高水平足球运动员的战术意识思维、战术行为与低水平运动员相比，更接近于某一具体战术决策活动时运动员所应具有的战术意识的“常模”与“标准”。运动员的角色认知是其战术意识体系中的一个重要组成部分，运动员只有明确地理解自己所选择角色的内涵，才能明确自己的角色任务。而只有在运动员明确了自己的任务之后，才能够选择场上位置以及选择合理的行为。

一般来说，人活动的有序度与其活动的效率成正相关，增序是提高活动效率的方法之一。对于足球这样的团队项目来说，为了提高团队的攻守效率，有必要对球队及运动员行为的有序性进行以下分析。

(1) 高水平运动队特定比赛情景下运动员的角色构成及整体结构。通过对高水平运动队特定比赛情景下角色构成及人数结构的分析，找出特定情景下高水平运动员整体活动的基本“常模”与“标准”，从而为本队的训练提供依据，促进运动员角色认知能力的发展。

(2) 本队比赛分析。通过本队比赛分析，发现球队整体攻守效率发挥情况，即是否存在角色重复、角色缺失、角色单一等情况，从而为改进球队整体战术水平提高指导。

(3) 运动员战术思维能力评价。利用现代计算机技术，根据运动员在比赛中的实际情况，编制实战录像测试带，要求运动员观察比赛特定情景中的个人或团队战术行为，并给出评价或选择。通过得分值以及反应时间评价运动员的战术思维能力。

二、比赛情景中球队整体结构及运动员角色的动态分析

(一) 国外高水平球队比赛情景中的整体结构及队员角色动态变化的案例分析

本文根据2006年世界杯比赛片断进行典型案例分析，以说明比赛情景中运

动员角色的动态变化以及整体结构的变化。

图 10–4 为 2006 年世界杯开幕式德国队与哥斯达黎加队上半时比赛的 4 张视频截图。为了表达更为清晰，对每个队员进行了号码标注（非运动员现场比赛真实号码）。其中第 1 至第 4 张截图的时间和事件分别如下（由于电视镜头的原因，11 号队员一直没有出现在截图中，本文对他的行为暂不作分析）。

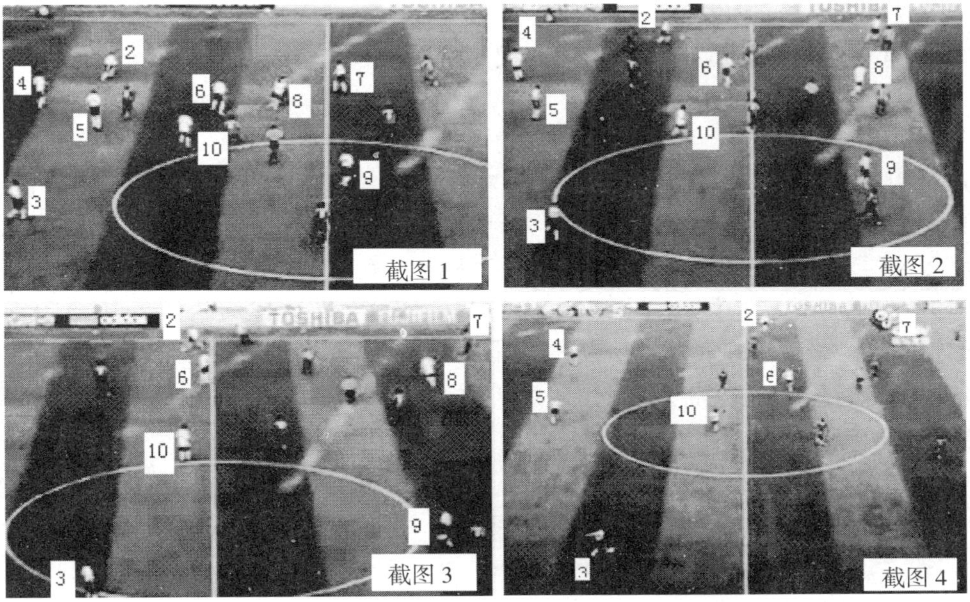

图 10–4　2006 年世界杯德国队与哥斯达黎加队比赛视频截图

第 1 张截图：时间为 3 分 26 秒，当时 8 号运动员与对方运动员争抢头球结束，球的飞行路线已经明确，德国队运动员对球的落点及球权的归属已经有了基本的判断，运动员已经准备重新选择角色与位置。第 2 张截图：时间为 3 分 30 秒，2 号运动员进行了 10 米左右的跑动，并将球调整控制在自己的范围内，其他队员已经找到了自己的新角色与新位置。第 3 张截图：时间为 3 分 34 秒，当时 2 号控球队员发现向前传球受阻（第一选择），决定将节奏控制下来，并已经完成了转身动作。同时其他队员业已进行相应的角色与位置调整（由于电视转播的问题，处于接应区域内的 4 号与 5 号队员暂时没出现在截图 3 中。第 4 张截图：时间为 3 分 38 秒，3 号队员在新的位置上，已经接到由 2 号队员直接转移过来的传球。同时，其他队员业已进行角色与位置变换。

对4名瞬间运动员的角色分析及队形结构分析：

截图1：8号为争抢头顶球队员，其角色为“第一防守人”。2号、4号的角色为“处于保护区域内的队员”，一旦球权被对方得到，即可进入协防位置。5号和10号队员有效地控制了对方引导进攻向前的队员，其角色为“控制对方进攻向前的队员”。6号和9号的角色为“控制争抢球落点的队员”。10号队员虽不是积极参与防守的队员，可一旦球被身后对方得到，可以在第一时间成为该队员的“第一防守人”，一旦本方获得球权，也可以第一时间成为“引导进攻向前的队员”。3号队员在此刻也不是积极参与防守的队员，但如果队员获得球权，且球向自己的区域发展，即可成为“处于保护区域内的队员”。

截图2：2号是控球队员，是“决定进攻发展的队员”。4号及5号是“处于保护区域内的队员”，一旦球权受到威胁，其中4号是2号的直接“支援者”，4号和5号可以将球向其他区域转移——“转移进攻方向的队员”。6号是2号的直接“接应队员”，同时也可以作为“转移进攻方向的队员”，从防守角度上来看，如果2号失去球权，瞬间可以进入保护区域进协防、逼抢（处于保护区域内的队员）。10号在条件允许的情况下，也可以成为“接应队员”，同时也可以作为“转移进攻方向的队员”，从防守角度上来看，如果2号失去球权，瞬间可以进入保护区域进行协防、逼抢的位置（处于保护区域内的队员）。7号与8号运动员为“引导进攻方向向前的运动员”，根据现代足球理论，在可能的情况下他们是2号传球首选的两个点。同时他们也为同伴的活动创造了空间（创造空间的运动员）。9号在这一情景中是非积极参与“引导进攻方向向前的运动员”，并且从活动方向上来看（远离球稍向异侧跑动），并没有想成为这一情景中“积极参与”者，但如果能够向前发展至7号或8号，或发展到3号队员控制的范围内，9号即可成为下一情景中积极参与进攻的“引导进攻向前的队员”，我们将其称为此情景下的“机动队员”。3号运动员在此刻并无防守任务，从行为上来看，也没有想要积极参与的意愿。但随着2号运动员对球的控制方向和节奏的变化，他的选择更倾向反方向侧前方的位置，从而在球一旦被转移至本侧区域，成为“决定进攻发展的队员”。在此刻他属于“机动队员”。

截图3：随着2号作出不将球向前传的决定后，其他队员的角色和位置已经开始重新调整。2号仍然是控球队员，仍是“决定进攻发展的队员”，此刻他认为球向前发展的成功率比较低，因此选择带球转向，重新“决定进攻发展方向”。

4 号及 5 号的角色没有发生变化（由于转播原因，两位队员暂不在画面中）。6 号对于 2 号的角色也没有发生变化（同截图 2），但在意识到 2 号的意图后，已经开始向反方向移动，准备在下一情景中担当同样的角色（这是由他们的位置职责所决定的），即“接应队员”或“转移进攻方向的队员”，潜在的“处于保护区域内的队员”和“协防队员”。7 号也开始向反方向移动，他可能成为下一情景中的不直接参与引导进攻向前的“机动队员”。9 号和 8 号，将成为积极参与进攻的“引导进攻向前的队员”。3 号将接到球，并成为“决定进攻发展的队员”。4 号和 5 号将成为“处于保护区域内的队员”，或“支援队员”或“转移进攻方向的队员”。2 号将转化为“机动队员”。

截图 4：3 号接到来球，且尚未受到对方的防守逼抢。其他队员在短时间内进入新的角色，重新组织进攻。

从以上的分析来看在进攻过程中，首先，队员的角色主要有处于保护区域内的队员、支援者、转移进攻方向的队员、接应队员、引导进攻方向向前的运动员、创造空间的运动员、机动队员、决定进攻发展的队员 8 种。第二，运动员都有一个主导角色，但由于比赛情景变化的必然性、随机性，高水平球队的运动员的行为同时还具有其他潜在角色特征。从行为（选位）上来说，运动员的选位充分考虑了几种进攻发展的可能而作出的综合选择。第三，由于比赛攻守博弈的特点，比赛中运动员的角色选择不能过于趋同，要形成人员合理的配置及相应的结构，从而符合比赛本身的要求。在某一情景中，并不是所有运动员都是积极参与者，还要有部分非积极参与的运动员，他们将根据情景的变化，随时转化为其他情景中的积极参与者。

（二）国外高水平球队比赛的整体结构及队员角色变化特点

高水平运动队在比赛过程中，队员角色及队形结构变化呈现出以下特点：

1. 角色及整体结构转换快

上述对德国队与哥斯达黎加队的比赛情境进行了分析，其中包括一次由守到攻的转换，控球队员有一次向前的选择，一次节奏控制，最终完成一次转移进攻方向。就发生传接关系的 2 号和 3 号队员来说，两人均成功地完成了 2 次、3 个角色转换；从整体上来看，完成了 3 个整体结构、队形的变化。运动员的角色认知能力强，并能以进攻的最终目标为导向在几种角色之间找到平衡点（合理选位）。

2. 运动员角色行为与比赛情景目标一致程度高

运动员对比赛场景及进攻可能发展方向以及成功率各方面因素的判断是他们合理行动的前提，这一过程体现了高水平运动员对情景较强的识别能力。

3. 运动员配置结构合理

球队的整体结构涉及全体人员的位置配置问题。高水平运动员在比赛中的角色选择，首先表现在不过于趋同，以引导进攻向前为例，处于球前的队员，并非所有的队员都是“积极参与”的队员。这种人员配置及相应的结构与比赛本身的要求是相一致的。首先，足球比赛中各种战术方法，都是球队在各种因素的影响下形成的以射门和防止射门为目标导向的手段。各种打法具有各自的优缺点，但由于比赛情景的复杂性（如比分领先或落后、比赛剩余时间、可替换队员的特点与类型等），一支优秀球队必须拥有全面的能力，这是其必须对比赛情景作出高效率回应的客观要求。其次，由于比赛是双方的博弈，所以有利于一方的行为，必然会受到对方的遏制。因此，在高水平运动员的“第一选择”受到限制的时候，会有意识地作出“第二选择”“第三选择”等，在总目标（完成射门）的引导下，运动员首先会选择可以直接完成总目标的子目标（第一选择）；在第一子目标不能完成或完成的可能性/成功率比较小的情况下，会顺序选择其他途径，以实现射门的预期目的。因此在实际比赛中，场上 11 名运动员角色的选择，既要有完成“第一目标”的运动员，也要有完成其他相应目标的运动员。这样的角色分配与选择才符合足球比赛过程的要求。

（三）中国足球队员比赛情境中的整体结构及角色变化常见错误分析

案例一　控球队员传球目标与情景目标不一致

控球队员是决定进攻发展的队员，如果说比赛中队员所有的活动都是围绕球进行的，那么控球队员是决定进攻发展和组织配合质量中的关键人物。图 10-5 所涉及的比赛情景中，3 号队员在对方后防线已经站好位置，而自身受逼抢程度较弱的情况下（截图 1、截图 2），将球直接长传至对方禁区前这一做法显然不是最佳选择，从比赛过程来看，这种行为选择对对方基本没有威胁。

图 10-5　2006 年女足亚洲杯中国队与朝鲜队比赛视频截图

案例二　无球队员个人角色认知能力差，整体结构不合理、结构转换慢

图 10-6 为 2006 年女足亚洲杯中国队与日本队比赛下半时 9 分至 9 分 10 秒的截图。截图 1 的时间为 9 分整，此时 2 号队员控球，并决定不将球直接向前发展。之后球通过后卫队员转移到另外一侧（3 号队员接到球）。这一过程历时约 10 秒钟。从截图 2 来看，球队的整体结构在 10 秒钟之内并未发生质的变化，而形成了 6 号与 10 号接应同一点（即角色重叠）的情况；3 号队员一侧也没有足够的引导进攻向前的队员。而从 6 号或 10 号的原始位置（截图 1 的位置）至边路不足 40 米。10 秒钟的时间，女足队员以中速跑的速度即可到达相应的位置。这说明，队伍整体战术能力不强，不是由于没有体能的保证，而是队员对于自身在结构转变过程中的角色选择、认知存在明显不足。

图 10-6　2006 年女足亚洲杯中国队与日本队比赛视频截图

案例三　角色认知模糊导致角色冲突、结构效率低

图 10–7 为 2006 年 6 月在天津中国女足与朝鲜女足的一场热身赛截图。

截图 1，中国女足刚刚获得球权，球队整体结构相对比较紧密。

截图 2，中后卫得球后，将球传给边后卫，同时整体向球移动，准备接应。

截图 3，边后卫将球传给接应的两中前卫之一。并向前接应传球，形成相应的整体结构。

在这一过程中，边前卫的行为及球队整体结构存在以下问题：

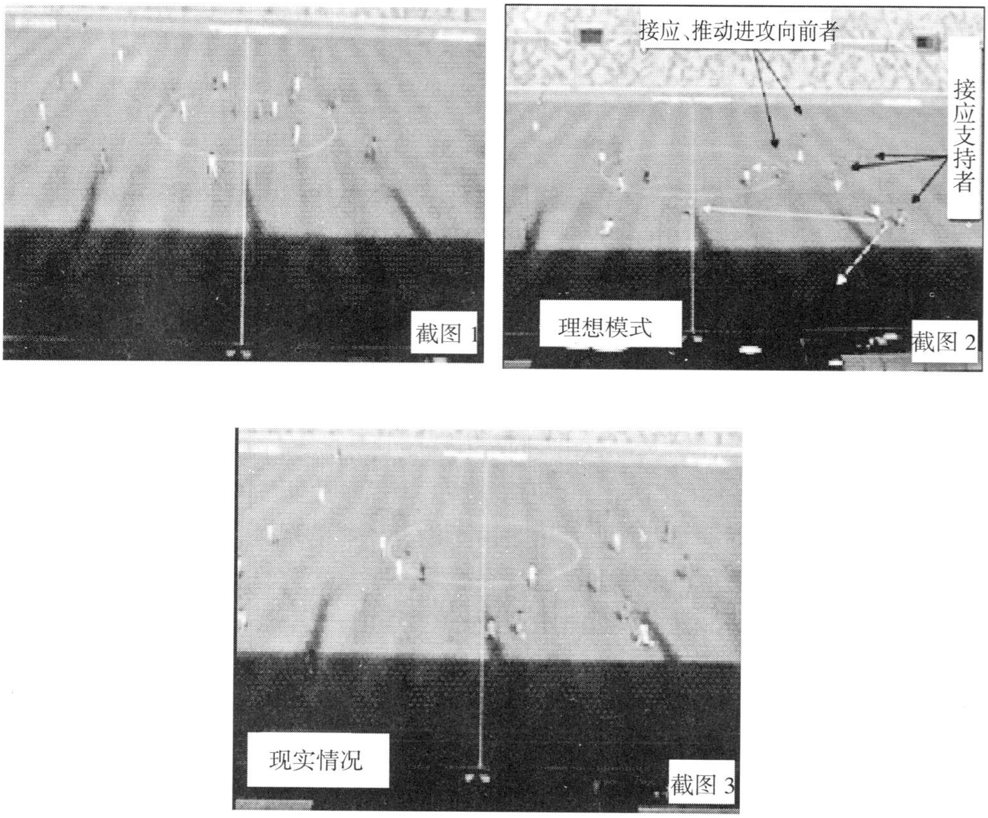

图 10–7　2006 年 6 月中国队与朝鲜队女足热身赛比赛截图

（1）角色重叠

边前卫如果将球传给位置靠前且没有被人盯防的中前卫，无疑是此情景下最优选择。在传球后，接球队员将有 3 名接应、支持者；另有处于球后的队员则将承担接应、引导球向前发展的角色。虽然实施传球后，球后的 5 名队员角色与理想模式相比没有发生变化，但从截图 3 来看，边后卫在传球后选择了向内接球，从而与另一名中前卫处于基本相同的位置，表现为角色重叠。

(2) 结构低效

边后卫传球后选择向内接球，从而产生角色重叠现象。客观上也减少了边路的有效接应点，以至后续发展恰恰是由于中前卫缺少传球点，最后失去球权。

“进攻拉开、防守收缩”是足球比赛的基本原则之一。此情景中边前卫传球后接应位置选择边路，不仅符合这一基本原则，而且也有利于接球后向前传球，同时也避免了与同伴的角色重复。

相对于队员在比赛中采取的接应行为、角色选择和整体结构，截图 2 标示出的“理想模式”是更为合理的整体站位结构。

案例四　队员角色不明晰，进攻效率受影响

图 10-8 为 2007 年中国少年队与乌兹别克斯坦少年队比赛截图。中国队守门员得球后将球发向边路（截图 1）；截图 2，6 名队员，除持球的边后卫外，其他 5 名分别是 4 名前卫队员和 1 名前锋队员（用圈标示，以下称之为 A 队员）。就截图 2 而言，队员的站位结构较为合理，各位置的队员都能各司其职。球继续发展，边后卫将球传至边前卫。边前卫控球后，对手马上上前逼抢，而且身后至少有 2 名对其支援和保护的队员——边后卫和中前卫均处于无人盯防状态，并且都可以接到控球队员的传球。此时，1 名前锋开始前插，寻找在对方身后接球的机会，同时客观上为控球队员创造了空间。另一名前锋（A 队员）开始寻求回接球——截图 4 中该队员已经出现在接球的位置上。截图 5 中控球队员内切，此时球前只有 3 个人——一名边后卫、一名前锋、一名异侧边前卫。

这一过程 A 队员（双前锋之一）过分积极地企图参与进攻，在同伴不存在控球困难的情况下（有 2 名无人盯防的队友）跑到同伴身后接球，最终导致无法完成自己作为前锋的位置职责。其表现看似积极，但实质上存在以下问题：

(1) 角色冲突。他的行为导致了自己的角色与前卫角色的重复。

(2) 降低进攻效率。控球队员之前仅有 3 名队员，相对于 4 名队员（如果他能够达到自己的位置），如截图 6 的设想，进攻效率大大降低。

图 10-8　2007 年中国少年队与乌兹别克斯坦少年队比赛截图

我们认为，截图 6 中（已作标记的）队员附近的位置是该队员相对合理的选位。

首先，控球队员身后的攻防人数之比为 5 对 3，且控球队员基本处于弱逼迫状态，基本不存在失去控权的可能，A 队员应该在对方前卫与后卫线之间寻找接球机会，或与另一名前锋进行无球配合，寻找在对方身后接球的机会。在此设想图中，该队员虽然不是积极参加进攻的队员，但却是引导着进攻方向的队员，他的存在与球队获胜目标相联系，也与其位置赋予自己的角色相一致。

其次，如果控球队员将球转移至异侧边前卫，他可以在第一时间转换为积极参加进攻的队员之一，并积极地引导进攻向前发展。

相对于他在实际比赛中的行动，设想图中的位置更为合理。

在 2007 年日本足协秘书长田岛广三分析日本队在 2006 年世界杯上表现出的优势时指出，日本队队员具有良好的跑动质量和数量。过去反击时，只有 1~3 名球员向前跑；但现在由守转攻时，一般有五六名队员参与进攻。这已经达到了世界水平。

进攻的目标是获得更多的射门机会、更多的进球。当然，人数多并不是进球的重要条件，但人数优势及合理的选位可以提高获得更多射门的几率。反观上述中国国少队的表现，由于队员的无效跑动，大大降低了进攻的效率。

案例五　过分参加进攻，角色认知度低，从而导致结构低效

图 10-9 为中国国奥队与科特布斯国奥队比赛的片断。截图 1，队员准备发中场定位球，之后球被发至边路区域，但随后的比赛本区域攻防人数之比为 4 对 6。这是此过程中的第一个问题。由于局部攻防对比处于人数劣势，球在这一区域向前发展的可能性非常小，所以此时传球队员的选择与情景目标的要求不一致。

图 10-9　2007 年中国国奥队与科特布斯国奥队比赛截图

截图 2 中有 6 名中国队员（4 名后卫、1 名前锋、1 名异侧边前卫），担任球队整体联系角色的中前卫并不在图中出现（他们已同时进入边路区域）。

球被传至边路后，由于人数处于劣势球权被对手获得，对手开始发动快速进攻，对方前锋与中国队中后卫形成 1 对 1 局面，但对手没有利用这一时机传球，而是将球分给对方的边前卫（截图 4）。

这一过程中国队在进攻中存在以下问题：

(1) 角色认知模糊。中前卫队员过分参加进攻，没有根据自己的位置职责和比赛情景要求选择合理位置。

（2）角色缺失。2 名中前卫队员同时出现在边路，这种行为本身虽然增加了边路区域突破的可能性，但球队在此已经失去了引导进攻向异侧发展的队员，导致比赛打得“过死”，不流畅。这是因为失去了这样角色的队员的同时，也失去了球在另一侧发展的可能。

（3）结构脆弱。由于 2 名中前卫队员角色的缺失，导致该结构较为脆弱。正如上文所述，虽然球队增加了在边路突破的可能性（但事实并非如此），可一旦失去球权，由于中路缺乏防守队员，对方队员可以在相对宽松的环境中选择相应的行为（传球或运球），事实上对手正是从这一位置突破、发动快速进攻的。

这些问题的存在不仅导致进攻效率低下，也给防守带来了隐患。

通过上述分析，我们认为截图 2 中的设想图是相对较为合理的结构。如果此位置有队员，虽然在边路区域人数处于较大的劣势，但至少有以下几个优势：

（1）球队整体处于平衡状态。即使球队失去球权，中路区域仍然有队员投入防守，从而阻止、延缓对手快速进攻。

（2）增加球队整体联系。在一侧边路进攻受阻的情况下，队员可以通过中路的“过渡”队员将球发展至异侧或在中路完成配合。

案例六　角色单一，缺乏灵活、应变

图 10–10 为 2007 年中国国奥队与朝鲜国奥队的比赛片断。

截图 1，对方队员犯规后，中国队获得中场边路定位球机会。双方除守门员外，其他队员均在画面中。此时中方有 5 名队员处于球前，另有 1 名中后卫（被圈定的队员，以下称之为 A 队员）正向前跑，根据比赛情景可以判断出他决定到禁区附近接罚球队员直接发向禁区的定位球。对方有 9 名队员处于球后方。

截图 2，罚球队员没有按正常情况将球直接发向禁区，而选择将球传给中前卫准备组织阵地进攻，而此刻 A 队员已经移动至球前。从对方队员的身体姿势来看，其对中国队的短距离定位球也准备不足，在中前卫接球的同时对方几名队员已经开始逼压。但中国队控球队员（中前卫）仍处于弱受迫状态。

截图 3、4，在对方队员压迫防守空间的过程中，中国队另一名中前卫已经处于无人盯防状态，且他与控球队员之间已经出现传球可能（截图 4，截图 3 的局部放大）。同时，截图 4 中 A 队员的身体语言已经清楚地表明，他已经开始选择回撤。

截图 5，控球队员发现另一名中前卫队员处于无人盯防状态，并将球准确地传给该队员。如果此时将球场纵向均分，进攻方右侧区域的攻防人数比相对于左侧来说中国队处于劣势，且处理球的时空间更小。

截图 6，接球队员接球后选择了带球转身，随即失去球权。

图 10–10　2007 年中国国奥队与朝鲜国奥队比赛截图

这一过程中 A 队员（中后卫）至少存在以下几个问题：

(1) A 队员虽然在定位球进攻组织过程中为重要队员，但在进攻组织形势突然发生变化时（定位球直接发至禁区附近变为短定位球），离开进攻核心区域，最终导致整体进攻率下降。

(2) 在不考虑中国队最后触球队员（另一名中前卫）处理球是否合理的前提下，A 队员如果继续选择更为向前的某个位置，即可积极参与进攻，承担阵地进攻时中前卫的角色。这不仅可以增加同伴传球选择点，也可以直接完成射门，或引导球向异侧发展。

部分专家认为，A 队员的选择并没有太大问题，作为中后卫在这种比赛情景中的选择是可以理解的。此外，他们认为另一名边前卫进入更为靠前的位置也许是一个不错的选择。

尽管如此，但从效率的角度考虑，在接球前的瞬间，相对于处于 A 队员下方的边前卫，A 队员的位置离控球队员更近（截图 5），这意味着他离对方球队更近。因此，他参加进攻更有利于进攻目标的完成。

另外，从现代足球发展的角度考虑，比赛中有些位置上的队员具有双重职责。在中场中路、后防线之前通常有一个“转换点”，当对方控球时，2 名中前卫形成一个紧密的整体以保护中路区域。当本队获得球权后，即有 1 名前卫轮换前移至前锋身后，成为进攻组织队员，位置不断转换的前卫队员在进攻与防守线之间形成了一个“连接点”。完成这种双重职责，需要运动员具备良好的战术意识、出色的跑动能力和体能。

由此可见，现代足球比赛要求运动员具有良好的角色转换意识，要具备根据不同的比赛情景和形势承担不同角色的能力。因此从这一角度上来讲，就存在“边前卫向前要球，还是中后卫向前要球”的细微意见差异。我们认为，在此比赛情景条件下，中后卫队员“转换”成中前卫，进入攻击区域，中前卫或边前卫稍回撤从而保持进攻与防守的平衡是一种较为高效的选择。

案例七　角色重复、缺失、结构低效，导致进攻效率低

图 10-11 为中国国奥队 2006 年与卡塔尔国奥队比赛的片断。

图 10-11　2006 年中国国奥队与卡塔尔国奥队比赛截图

截图 1，球被对方队员踢出界后，中国队边后卫（持球队员）准备发界外球。

截图 2，界外球发至接应的中前卫脚下，此时由于拍摄角度问题没有出现另一位队员（中后卫），在此图中，中国队员共有 9 名，对方队员也有 9 名。两队中的另外 2 名队员都处于图片右下角位置，没有进入图片中。这 2 名队员分别是中国队左边前卫和对手右边前卫。而出现在图片右下角的队员及接球队员为中国队 2 名中前卫。

截图 3，中前卫接球后，由于缺乏向前传球的机会，再次将球回传给界外球发球者（边前卫）。

截图 4，边前卫接球后，发现同样没有向前传球的机会，再次将回传给中前卫。

截图 5，中前卫接球后，发现仍无较好的向前传球机会，不得不向后传，最终将球回传至本方守门员。

这一过程进攻中存在以下问题：

(1) 结构低效。从截图 1 至截图 5，中国队除 1 名中后卫和 1 名右边前卫外，其他 8 名队员的站位形成的结构近似一个半径约 20 米的圆圈。

(2) 角色缺失与角色重复。从图中可知，离球最近的 3 名中国队员分别是 2 名中前卫，1 名中后卫。而中国队整体“圈”形结构的中心区域，缺失了引导球向异侧发展或发动中路进攻的队员（中前卫）。而与此同时，离球最近的队员中，中后卫不能充分发挥其作用，角色与接球的中前卫重复。

正是这种角色重复和角色缺失，导致了整体进攻效率的低下。具体表现为，在中前卫的接球过程中，虽然有 7 名队员处于球前，但只有 1 个有效的向前传球点，最终队员不得不将球回传。

综合上述分析整体上看，中国队员在比赛中主要存在以下问题：对比赛情境目标认识不足导致个人行为与情境目标不一致；个人角色认知能力差，导致球队结构不合理；角色认知模糊，经常出现角色单一、角色重复、角色缺失等情况，导致球队结构低效，影响角色与结构的转换速度，最终影响比赛的结果。运动员对特定比赛情境下角色的认知，实际上是意识具体化的过程，因此，在以后训练中应注意加强运动员角色认知能力的培养，以进一步提高运动员的意识。

三、小　结

在现代足球科学研究中，符号分析系统大量运用于运动技战术分析中。计算机技术的发展，更加有利于研究者对比赛过程进行更为复杂、深入的分析。分析的结果对于球队了解本方球队与对手的技战术运用情况有很大的帮助，教练员可以根据分析结果有针对性地制订训练计划或者制订有效的战略战术，这对获取比赛的胜利具有很大的实践意义。

第十一章　高原训练监控实证案例

高原训练是提高专项运动能力的一种训练方法，通常在适宜的自然高原地区或人工模拟高原条件下进行有针对性的低氧训练。高原训练在足球运动中的应用也比较广泛，中国足协组织的足球俱乐部冬训和春训经常在高原地区进行。实践证明，高原训练对足球准备期的体能储备有着良好的效果，同时可以利用高原优势在国际比赛中发挥主场优势。尽管高原训练的研究已经取得一定成果，但是高原环境下的足球训练监控是一个较少涉及的课题。本研究首次对国家队的高原训练实施全程全方位的监控，以期探讨足球高原训练的特征和规律，为今后的训练和其他相关研究提供借鉴和参考。

第一节　高原训练的目标与周期划分

一、高原训练的目标

为了备战 2010 年世界杯预选赛中国男足与澳大利亚男足于 3 月 26 日在昆明举行的比赛，根据中国足协的统一部署，经过中外教练组的多次磋商，充分研究了此次高原训练和比赛的可行性，制订了此高原训练备战方案。

此次昆明高原训练的目标是通过高原低氧条件下的运动训练加大对人体的刺激程度，短期内提高运动员的有氧代谢供能能力、高原作战的专项能力和抗缺氧能力，并将其反映在与澳大利亚队的比赛中。根据高原特点，科学制订训练计划，及时解决高原训练过程中遇到的问题，充分利用高原主场优势取得比赛的胜利。

二、中国队高原训练周期的划分

根据高原环境的特点、足球运动的供能和技战术特点以及本次集训的备战时间，此次备战集训分为四个训练阶段。

第一阶段：3 月 1 日至 9 日，为高原适应期。主要进行适应性的训练，采用中低强度（为上次天津集训期间负荷的 75%~80%）进行训练。其中包括 2 天的机能检查和身体检查。

第二阶段：3 月 10 至 16 日，为基本训练期。主要任务是增加运动强度，逐步达到上期天津集训期间训练的负荷强度，训练既包括有氧训练，又增加无氧训练。阶段训练以对泰国的热身赛结束为标志，检验高原训练的效果。

第三阶段：3 月 17 日至 23 日，为体能提高期。重点是维持强度，同时进行能够帮助运动员达到最高水平的有氧训练。保持和提高高强度跑速的训练时间，使训练负荷达到一定的强度，增加组间的休息时间。此阶段主要是巩固训练效果，使运动员出现高原条件下稳定的竞技状态。

第四阶段：3 月 24 日至 3 月 26 日，为赛前准备期。主要任务是进行赛前调整，并保持一定的强度，准备进行比赛。

整个训练过程的阶段划分见图 11-1。

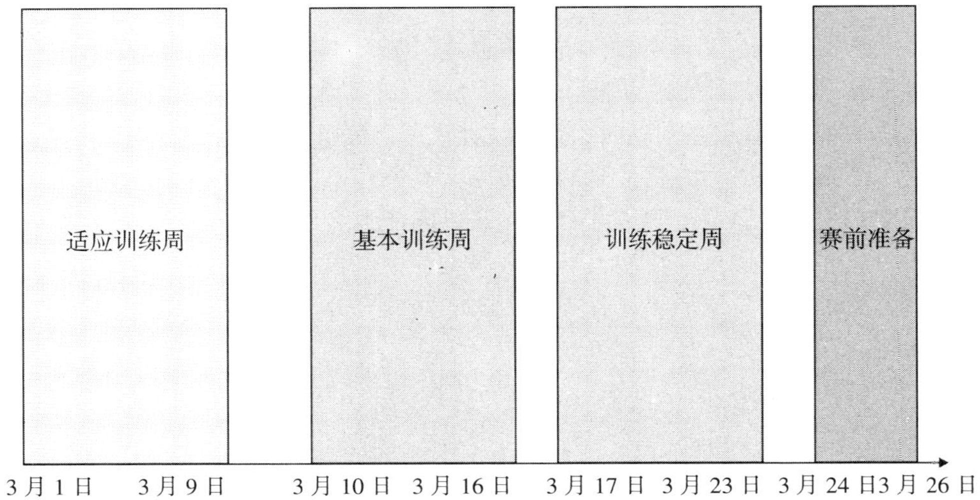

图 11-1　高原训练阶段中训练周期的划分示意图

第二节　高原训练方案的整体设计

根据本次高原训练的时间并结合其他实际情况，本次男足高原训练的方案设计如下。

一、第一阶段　高原适应周

（一）训练目标

(1) 技战术训练目标：在分析东亚四强赛比赛的基础上，根据中国队存在的主要问题进行进攻和防守技战术演练。

(2) 体能训练目标：适应高原环境，为后期训练做准备。

（二）整体设计

本周整体负荷量与强度不大，体能训练以中低强度的有氧训练、核心区肌肉训练及力量耐力训练为主。在进入高原后的第五天安排一次高强度有氧训练，之后调整，为后期高强度训练做好准备。

二、第二阶段　基本训练周

（一）训练目标

(1) 技战术训练目标：在分析澳大利亚队技术比赛特点的基础上，结合自身特点重点强化我队技战术打法。

(2) 体能训练目标：进入基本训练周后，体能训练逐步过渡到专项体能的提高上。训练内容包括反复冲刺能力训练，结合球高强度有氧能力训练，快速力量训练。

（二）整体设计

通过一周的高原适应期，可以恢复到上期天津集训与比赛的训练量和训练强度。

三、第三阶段　训练稳定期

（一）训练目标

（1）技战术训练目标：在充分研究澳大利亚队比赛特点和技战术打法的基础上，针对性地进行战术演练，定位球攻防练习。

（2）体能训练目标：进入赛前强化周，体能训练以专项体能为主。训练内容包括反复冲刺能力训练，结合球高强度有氧无氧混合能力训练，快速力量训练。其中反复冲刺间歇时间逐步缩短，力量训练更加强调速度。

（二）整体设计

训练方法与手段更加专项化，训练的负荷强度与负荷量达到最大。

四、第四阶段　赛前准备期

（一）训练目标

进行针对性更强的技战术训练与定位球战术训练，但负荷强度与量要相应减少。练习内容的设计主要以积极促进运动员体能恢复为主。

（二）整体设计

根据运动员的实际情况进行负荷强度与量的调控，但运动负荷的安排应以促进运动员恢复为主。

为了保证高原训练的效果，科研团队与教练组共同制订了本次高原集训的训练计划，详细规定了本次集训的训练内容、负荷强度、负荷量、训练监控的重点，以及营养恢复的方案。高原训练详细备战方案见表 11-1。

表 11-1　高原训练备战方案

主要需要适应的高原因素（海拔 1900 米）：（1）低压、低氧（比天津约降低 20%）等高原因素对身体机能的影响
（2）空气阻力减小对球感的影响

主要需要解决的问题：（1）保持和提高反复冲刺的能力；（2）保持和提高力量；（3）保持和提高强度；（4）高原球感和配合

昆明备战（3 月 1 日–3 月 26 日）阶段划分

	主要训练内容	训练强度	训练量	监控重点	营养重点
第一阶段（适应阶段） 3 月 1 日–9 日（第 1 周）	前 4 天：以低强度有氧适应性训练为主；适应球感的有球训练、爬山等；安排 2 次小负荷力量耐力训练；安排休息 1~2 个半天	30%~50%为主	平原训练 80%~90%	上高原次日晨的身体反应情况 每天记录晨脉、体重、自我感觉 采血测试日：3 月 2 日	目的：促进机体尽快适应高原，提高免疫力、着重补水和补糖、适当补蛋白
	后 5 天：逐渐过渡到中等负荷有氧训练和专项训练	50%~70% 间歇 200%	平原训练 80%~90%		
第二阶段（体能恢复阶段） 3 月 10 日–16 日（第 2 周）	有氧耐力训练和中等强度的专项训练 次大负荷（80%）力量训练，隔日 1 次	50%~70% 间歇 150%	平原训练 90%~100%	上高原 1 周后的身体机能情况及对训练计划的适应情况 采血测试日：3 月 10 日晨 训练中强度监控 每天记录晨脉、体重、自我感觉	目的：促进肌肉合成、增长力量和促进体能恢复
第三阶段（体能巩固阶段） 3 月 17 日–23 日（第 3 周）	以高强度专项训练为主 力量保持训练，如循环力量训练	70%~90% 间歇 100%	天津的 100%，酌情超量	上高原 2 周后的身体机能情况及对训练计划的适应情况 训练中强度监控 采血测试日：3 月 17 日晨	目的：促进体能提升，在高强度训练阶段促进恢复及避免过度疲劳
赛前阶段（调整阶段） 3 月 24 日–26 日（3 天）	恢复调整性训练	–		评定赛前状态 23 日晚进行 Omega wave 机能状态测试	目的：获得和保持良好的赛前状态，避免赛前感冒

第三节　高原训练监控方案

人体在高原上训练不仅要承受缺氧刺激，还要承受训练负荷的刺激，双重刺激会给运动员的身体机能与状态带来显著的改变。因此，高原训练的监控显得尤为重要。足球比赛的特异性决定了运动员体能的专项性，体能的专项性也决定了运用训练方法、恢复手段以及负荷强度的专属性。基于此，为了判断高原环境下训练方法、手段及负荷的选择合理与否，科研团队与教练组设计规划了本次高原训练的监控方案。

一、训练监控的内容

（一）竞技状态诊断

竞技状态诊断主要是诊断运动员有氧耐力和无氧耐力水平。诊断时间在集训初期和赛前进行，以便掌握运动员训练开始前的实际体能状态，为进行个体化训练提供依据。测试的主要指标包括：YO-YO 测试、7×30 米快速跑、30 米冲刺跑等，并结合血乳酸、心率等指标检查评定运动员机能状态。

（二）训练课的监督评价

通过监控运动量和运动强度对运动员身体产生的刺激程度，了解训练量的执行情况，预防运动疲劳。

1. 即时评价

（1）遥测部分训练课及部分阶段运动员的心率。

（2）身体训练或对抗训练后血乳酸的测定。

（3）训练结束后 15~30 分钟的尿液生化测试。

2. 次晨评价

重点通过检测尿液和晨脉判断运动员身体的疲劳是否已经消除，体能是否恢复到前一天训练前的正常水平，是继续加量还是需要调整。

（三）机能状态诊断与监控

(1) 上高原前做好体检并记录，查血象及有无感冒生病、牙齿检查、伤病情况、晨脉、体重、心电图等。

(2) 上高原第 2 天和 1 周后的身体反应情况（晨脉、体重、血红蛋白、红细胞压积、血睾酮、皮质醇、血尿素等，尿蛋白、尿比重等）。初上高原运动员可能出现兴奋和失眠，注意放松和促进睡眠。Omega Wave 监测和状态控测。

(3) 每个训练周开始日进行血液生化监测，安排在每个训练周的周一早晨，目的是监控身体疲劳情况以及对本周训练负荷的适应情况。

(4) 每天记录队员自我感觉情况以及晨脉、体重变化情况。

(5) 用 Omega wave 监测和诊断训练与赛前状态。

（四）训练医务监督

为队员进行损伤的诊断和治疗，在此基础上有针对性地进行预防工作。定期为队员讲解有关运动损伤方面的基础知识，提高自我保护意识和保护能力。

二、训练负荷的监控指标

（一）心率

对重点训练课进行全程心率记录，帮助判断训练强度水平及完成情况。

（二）血乳酸

重点测定训练单元完成后的血乳酸水平，帮助判断训练强度水平及运动员身体反应。

（三）尿十项

在大强度训练课后 15~30 分钟及次日晨起进行，帮助判断前一日训练强度水平，以及对机体的刺激深度及疲劳消除情况。

三、机能状态的监控指标

（一）血液生化指标

根据高原适应规律及训练周期安排，定期（3月2日，3月13日，3月23日）进行血红蛋白、红细胞压积、血睾酮、皮质醇、血尿素氮、血清铁、免疫等多项指标的检查，诊断运动员在各个阶段的机能状态，以及对高原的适应情况和疲劳程度。

（二）尿十项检查

根据训练进程，不定期进行尿比重、尿蛋白、尿潜血、尿胆原、尿酮体等指标的检测，随时监控运动员的机能状态变化及营养补充情况。

（三）Omega Wave 神经疲劳监测

通过 Omega Wave 仪对心电、脑电及反应速度进行测试，帮助诊断运动员神经肌肉系统及其他器官系统功能状态，预警早期疲劳，诊断赛前状态。

（四）一般指标

每日记录晨脉、体重、血压、自我感觉疲劳程度和睡眠情况，结合血液生化、尿十项及 Omega Wave 测定结果，可以较为准确地把握每名运动员的机能状态情况。

第四节　高原训练监控实施

高原训练会对人体产生强烈刺激，因此对高原训练阶段负荷的总体特征以及不同阶段训练量和训练强度进行了监控。为了最大程度地减少高原训练的负面效应，在加大训练监控的同时，也注重了运动员的营养安排，并设计了高原训练阶段运动员营养的恢复方案。

一、高原训练期间训练负荷总体特点

对整个高原训练期间不同阶段的正常训练日（除调整日和比赛日外）的负荷进行比较，使我们能够对此次高原训练有一个整体的认识。具体见表 11–2、图 11–2、图 11–3。

表 11–2　高原训练不同阶段训练负荷比较表

日期	训练总跑动距离（m）	无氧能力为主的训练跑动距离（m）	技战术训练跑动距离（m）	技战术训练时间（min）	技战术训练跑动距离/时间（m/min）
3 月 3 日	6800	60	1240	55	22.5
3 月 4 日	8465	160	1465	65	22.5
3 月 5 日	7000	290	1850	82	22.6
3 月 7 日	1700	500	1100	25	44
3 月 8 日	6200	1100	2700	65	41.5
3 月 10 日	4600	1500	3100	121	25.6
3 月 11 日	7100	2300	4800	116	41.4
3 月 12 日	4120	1120	3000	51	58.8
3 月 13 日	344	140	204	54	3.8
3 月 14 日	790	150	640	35	18.3
3 月 18 日	5975	2200	2800	75	37.3
3 月 19 日	3350	1170	2120	59	35.9
3 月 20 日	4000	1850	2650	65	40.8
3 月 21 日	2150	750	1600	35	45.7
3 月 23 日	2500	785	2000	64	31.3
3 月 24 日	3810	1150	3000	46	65.2
3 月 25 日	3815	1085	3000	50	60

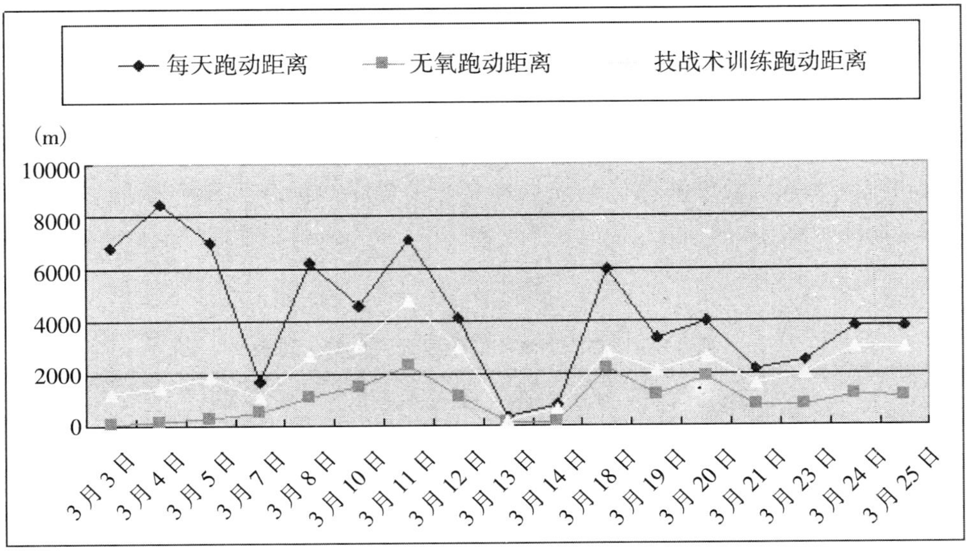

图 11-2 高原训练各种形式跑动距离比较

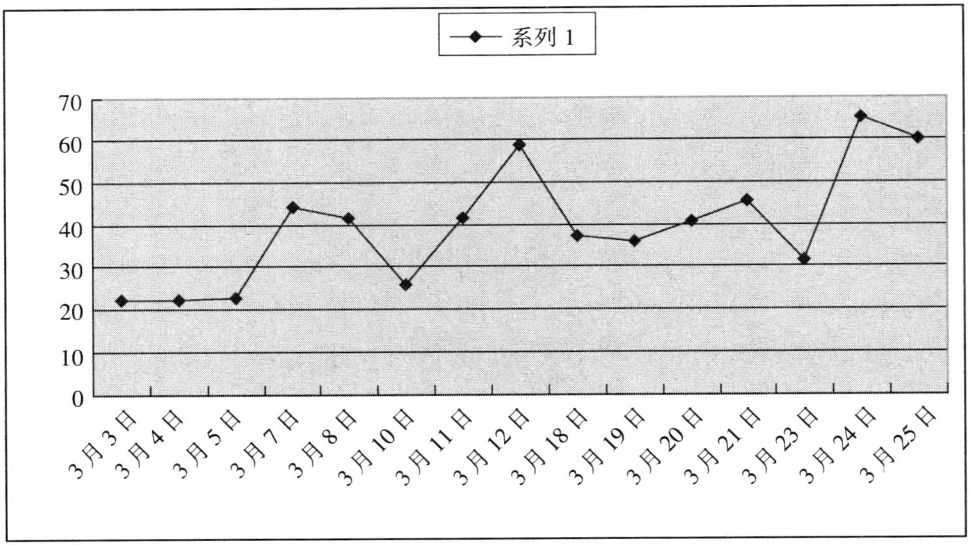

图 11-3 高原训练技战术训练强度比较

从图 11-2 可以看出，高原训练期间运动量呈逐渐下降趋势，在每个阶段处于相对平稳状态，而且大运动量和小运动量总是交替进行，这能够有效调整运动员的身体机能，避免运动疲劳的出现。技战术训练跑动距离开始持续上升，到第二阶段开始后达到最多，而后处于相对平稳状态，到比赛前两天又达到较高水平。无氧训练的跑动距离从开始持续上升，到第二阶段开始达到最高，而后高低交替，最后达稳定状态。

图 11-3 反映了技战术训练强度的发展变化，总体为上升趋势，在整个训练阶段表现出专项化训练程度随着比赛日的接近不断提高。综合以上论述，可以看出高原训练的整体特点，即第一阶段以无球有氧训练为主，逐渐增加有球和无氧训练内容。在第二阶段开始达到最大，而后有氧训练逐渐减少，但有球训练、高强度的对抗训练增加。在比赛前第三、四天进行调整，比赛前两天技战术训练强度达到最大，接近比赛水平，并调整到最佳参赛状态。

二、不同阶段训练量和训练强度监控

（一）第一阶段

1. 监控结果

本阶段主要以无球状态下的低强度有氧练习为主，目的是使运动员身体机能尽快适应高原训练，为后面大强度的身体和技战术训练打下基础，同时加强高原条件下的反应速度训练。本阶段训练的负荷量和强度见表 11-3、图 11-4~图 11-7。

表 11-3　第一阶段训练负荷特点

日期	训练总跑动距离（m）	无氧能力为主的训练跑动距离（m）	技战术训练跑动距离（m）	技战术训练时间（min）	技战术训练跑动距离/时间（m/min）	每天练习数量（次）
3月1日	1000	0	0	0	0	1
3月2日	1800	0	0	0	0	1
3月3日	6800	60	1240	55	22.5	2
3月4日	8465	160	1465	65	22.5	2
3月5日	7000	290	1850	82	22.6	2
3月7日	1700	500	1100	25	44.0	1
3月8日	6200	1100	2700	65	41.5	2
3月9日			调整			

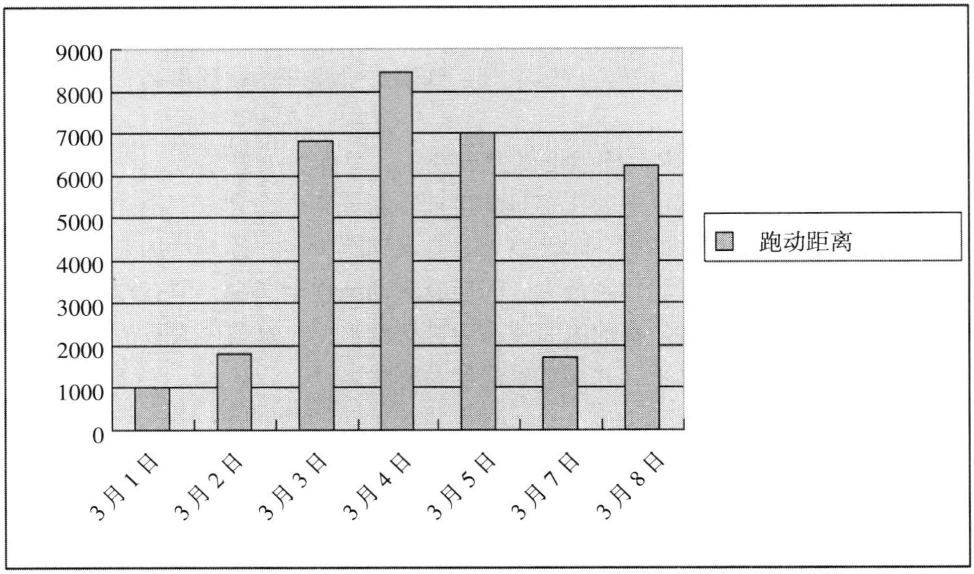

图 11-4　第一阶段每天训练总跑动距离（单位：m）

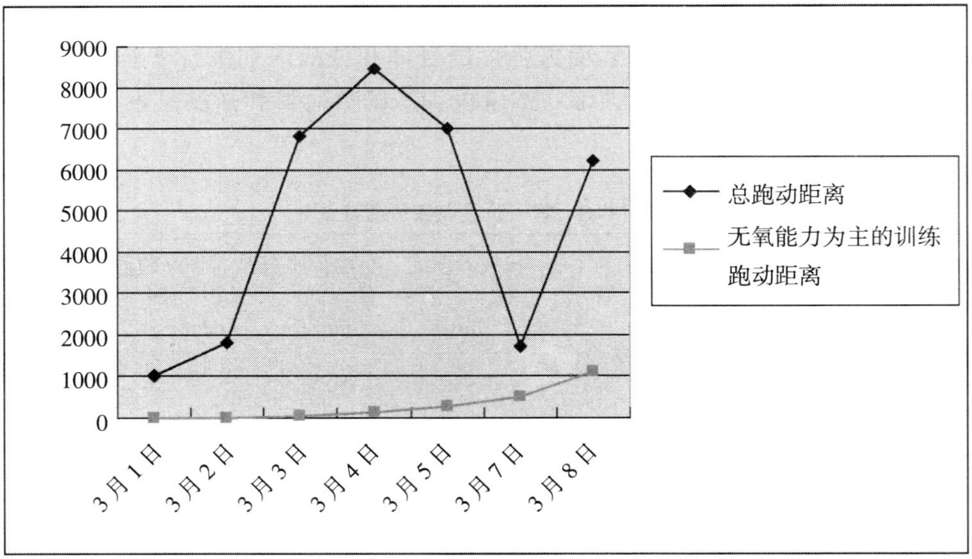

图 11-5　跑动总距离与无氧能力训练跑动距离比较（单位：m）

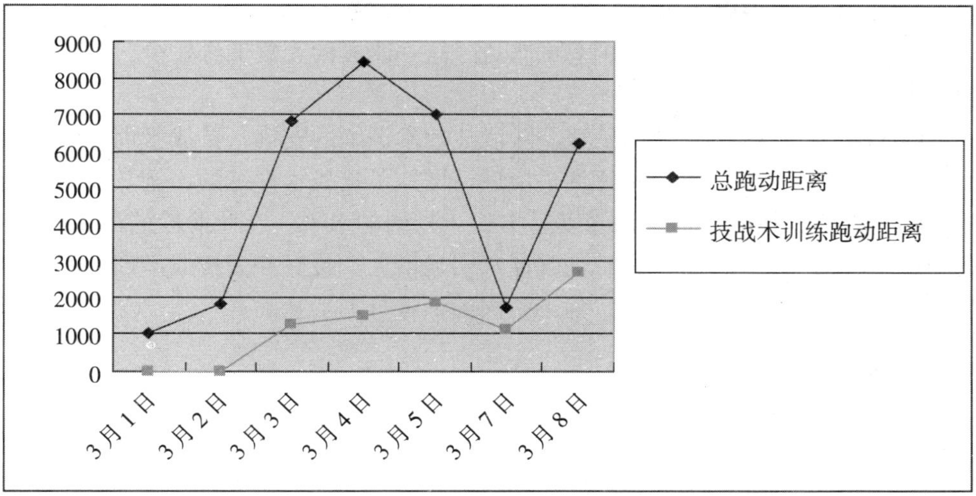

图 11-6　跑动总距离与技战术训练跑动距离比较（单位：m）

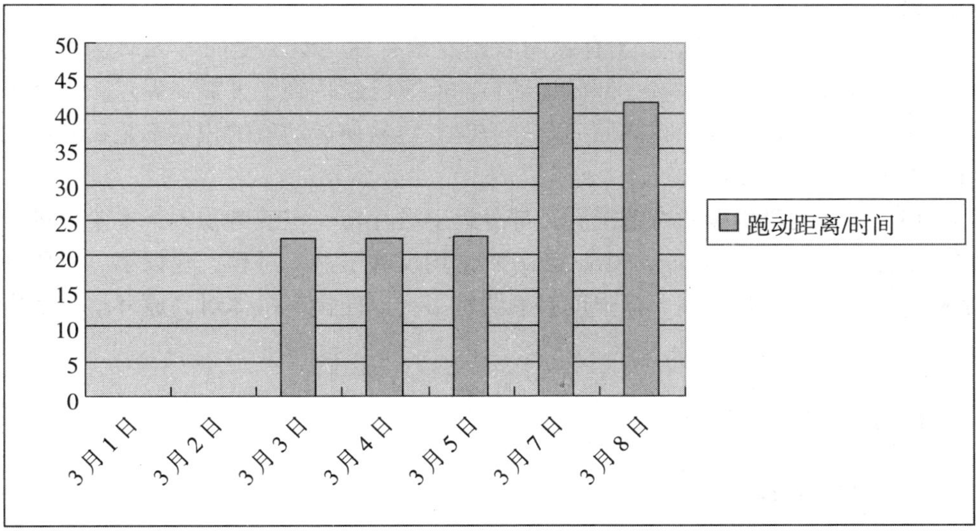

图 11-7　第一阶段技战术训练强度变化（单位：m/min）

图 11-4 反映的是第一阶段运动量安排的变化，上高原的最初两天只安排运动量和运动强度都非常小的有氧训练，使运动员身体能有一个良好的适应。接下来的 3 天运动量达到这一阶段的最大量，然后进入这一阶段的调整期，最后运动量达到第二高峰。总体的运动量安排呈“双波峰”型。

从图 11–5 中可以看出，从第 3 天开始以无氧为主的训练呈上升的趋势，这种上升与运动量的多少无关。但总的来说，这一阶段的无氧训练较少，仍以有氧训练为主。

图 11–6、图 11–7 反映的是这一阶段技战术训练的安排，技战术训练的跑动距离总体呈上升趋势，在身体逐渐适应后，增加了技战术训练的比例。在运动量最大的 3 天中，技战术训练的强度基本处于相同的水平。在此阶段的最后两天，运动量相对减少，但技战术训练的强度却明显增大。最后一天技战术训练的量和强度均达到此阶段的最高水平，为下阶段的训练打下了基础。

2. 训练建议

(1) 在前 2 天的训练中注意安排了有球、适应高原球速以及适应高原反应的内容，缺乏持续时间较长（30~40 分钟）、负荷强度较低的练习内容（强度控制在心率 130beats / min 以下）。根据我国足球及其他优秀运动队高原训练的经验，这种持续时间较长、训练强度较低的方式对加强初上高原运动员的机体适应能力效果更好。

(2) 后 2 天的训练增加了有氧间歇跑并带有冲、跳、变向等无氧练习的内容，从心率反映出的效果看，部分运动员的心率已经达到了无氧临界点，强度上得过快，在运动员尚未获得高原完全适应时，容易使运动量的积累不足，对第二阶段训练产生不利影响。

(3) 从运动员机能状态情况看，部分运动员存在一定疲劳积累，本阶段进行的血生化、尿十项和 Omega Wave 疲劳测试均反映了这一过程，建议第二阶段开始补充一定数量的长时间、低强度有氧跑练习，以便提高机体对高原环境的适应能力。

(二) 第二阶段

1. 负荷结构特征

3 月 10 日开始，中国队昆明备战进入了第二阶段。此阶段应该在第一阶段高原适应的基础上，加大技战术训练和对抗训练的比例，逐步增加训练的强度和量度，本阶段训练负荷量和强度见表 11–4、图 11–8~图 11–11。

表 11-4　第二阶段训练负荷特点

日期	训练跑动总距离（m）	无氧能力为主的训练跑动距离（m）	技战术训练跑动距离（m）	技战术训练时间（min）	技战术训练跑动距离/时间（m/min）	每天练习数量（次）
3月10日	4600	1500	3100	121	25.6	2
3月11日	7100	2300	4800	116	41.4	2
3月12日	4120	1120	3000	51	58.8	1
3月13日	344	140	204	54	3.8	1
3月14日	790	150	640	35	18.3	1
3月15日	与泰国队热身赛					

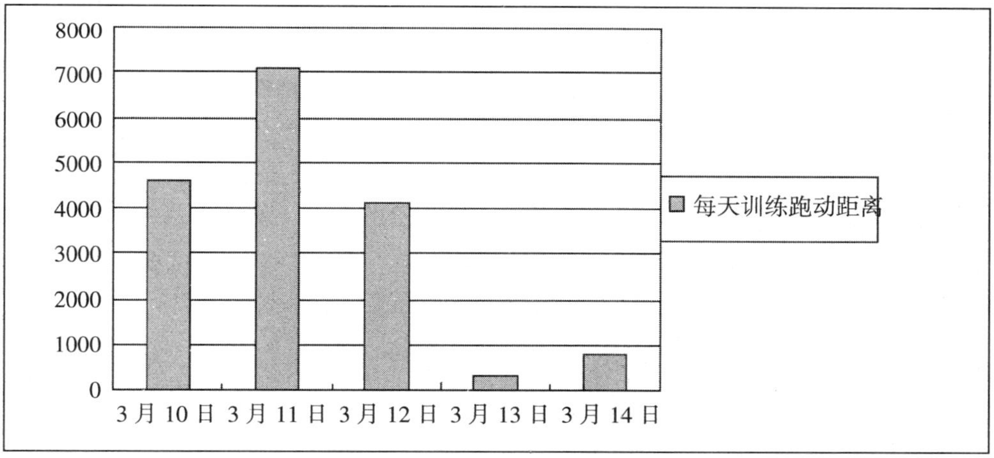

图 11-8　第二阶段每天训练跑动总距离（单位：m）

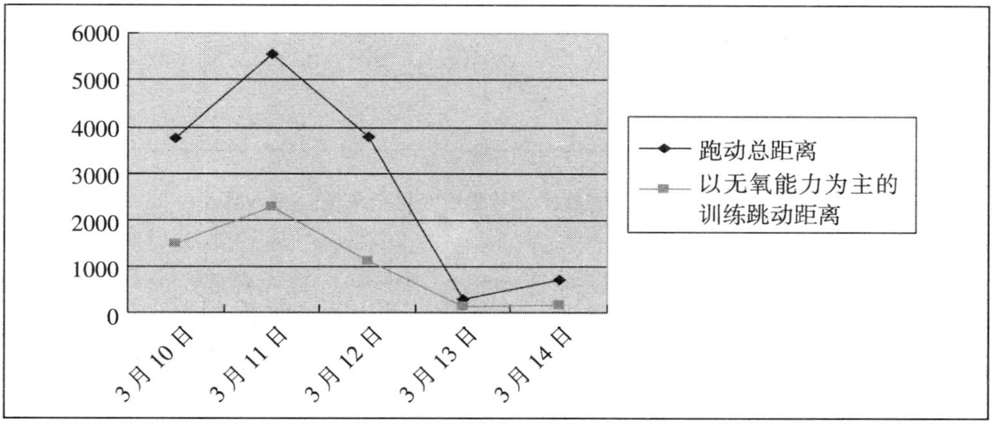

图 11-9　跑动总距离与无氧能力训练跑动距离比较（单位：m）

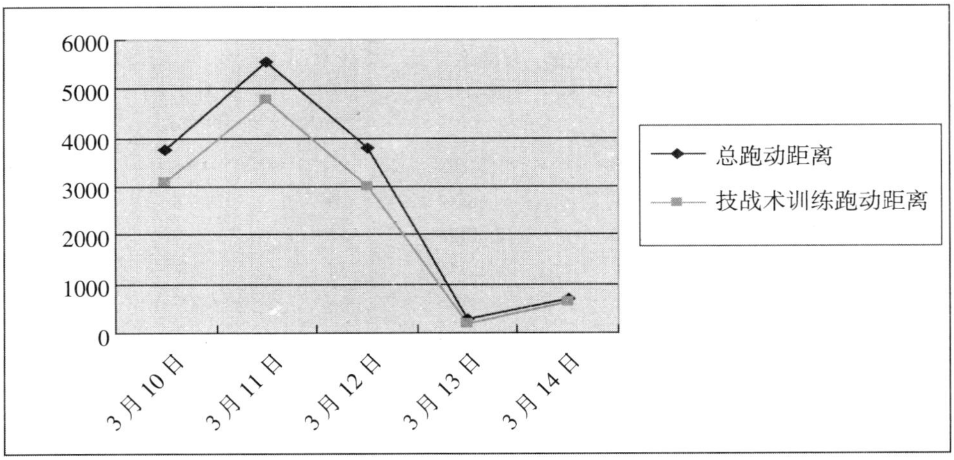

图 11-10　跑动总距离与技战术训练跑动距离比较（单位：m）

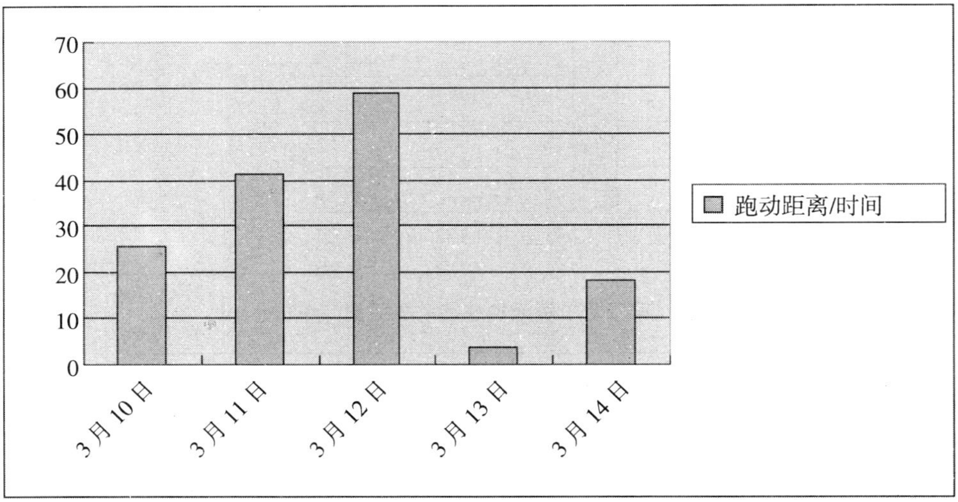

图 11-11　第二阶段技战术训练强度变化（单位：m/min）

从图 11-8 中反映的运动量来看，本阶段前 3 天运动量较大，其中第 2 天（3 月 11 日）运动量最大，第 4、5 天以调整为主，为 15 日与泰国的热身赛做准备。如果把热身作为一堂大运动量和大强度的训练课的话，那么此阶段的运动量安排仍呈“双波峰”型。

从图 11–9、图 11–10 和图 11–11 中可以看出，以无氧能力为主的训练跑动距离和技战术训练跑动距离的变化趋势与总跑动距离的变化趋势完全一致，这是由于此阶段增加了技战术的训练和对抗训练，训练强度增大的原因。图 11–11 中反映的技战术训练强度与运动量的变化略有不同，前 3 天逐渐增加，在第 3 天（3 月 12 日）技战术训练的强度达最大，而后进入调整，备战与泰国的比赛。

2. 生理生化指标监测结果

运动员在上半周负荷量和强度较大的情况下，晨脉有所增加，而体重略有下降，在 12 日后经过训练调整，晨脉降低，说明运动员身体状态恢复良好。从运动员的疲劳感中也可以得到证明，11 日的负荷安排较大，在 12 日晨有 7 人感觉疲劳，经过 2 天的训练调整，在 14 日未见 1 名有疲劳感的报告，全队身体恢复情况良好。

3 月 13 日早晨对国家队男足进行了系统的生化指标测试，测试结果与 3 月 2 日初上高原生化测试指标的比较见表 11–5。

表 11–5　第二阶段运动员生化指标测试结果一览表

日期	肌酸激酶（U/L）	血尿素（mmol/L）	睾酮（ng/dl）	皮质醇（μg/L）	睾酮/皮质醇	铁蛋白（ng/ml）	血红蛋白（g/L）
3 月 2 日	166.88	6.02	641.96	16.54	38.81	128.17	150.38
3 月 13 日	340.95	6.69	715.25	15.45	46.29	106.25	151.35

从上表中可以看出，睾酮平均值高于 3 月 2 日睾酮平均值，上升了 11.4%，皮质醇平均值较 3 月 2 日平均值下降了 6.4%，睾酮 / 皮质醇比值较 3 月 2 日升高了 19.27%，血红蛋白也较 3 月 2 日有所升高，表明运动员的身体机能状况总体较好。

肌酸激酶升高了 104.4%，表明这一阶段运动强度有所加强，对运动员肌肉有一定的刺激，但在正常范围内。个别运动员血清肌酸激酶升高幅度较大、数值相对较高，血清肌酸激酶高于 600U / L，值得关注。

血尿素平均值升高了 11.13%，表明运动负荷量也较第一阶段有所提高，但血尿素值仍在正常范围之内。个别运动员的血尿素升高幅度较大，数值较高，如果能够排除膳食蛋白质摄入过多的影响，可能与负荷量大有关，这需要科研团队的进一步观察。

上述测试结果反映运动员身体机能状况总体较好，训练负荷强度和负荷量较前一阶段升高了，从生化指标和晨脉等指标来看，运动员承受负荷后身体反应基本正常，对于下一个阶段负荷强度和负荷量的安排应根据运动员生化指标变化合理调整。另外运动员在承受较大的负荷强度和负荷量的同时，不但保持了良好的身体状态，并且有所提高，说明运动营养安排科学合理。需要注意的是，尽管运动队在整体上表现出来良好的状态，但是也应该充分注意运动员的个体差异，尽量做到个别队员个别对待。

（三）第三阶段

1. 负荷结构特征

从 3 月 18 日起进入第三阶段。本阶段的任务是保持前二个阶段奠定的体能基础，不断提高整体技战术水平，调控运动员的竞技状态，保障运动员在比赛日最佳竞技状态的出现。因此，训练中应进一步提高训练强度，并逐渐接近实战强度。同时训练量相对减少，以避免出现运动疲劳。本阶段训练负荷量和强度见表 11–6、图 11–12~图 11–15。

表 11–6　第三阶段训练负荷指标监测结果一览表

日期	训练总跑动距离（m）	无氧能力为主的训练跑动距离（m）	技战术训练跑动距离（m）	技战术训练时间（min）	技战术训练距离/时间（m/min）	每天练习数量（次）
3 月 18 日	5975	2200	2800	75	37.3	2
3 月 19 日	3350	1170	2120	59	35.9	2
3 月 20 日	4000	1850	2650	65	40.8	2
3 月 21 日	2150	750	1600	35	45.7	1
3 月 22 日	1000	150	1000	65	15.4	1
3 月 23 日	2500	785	2000	64	31.3	1
3 月 24 日	3810	1150	3000	46	65.2	1
3 月 25 日	3815	1085	3000	50	60.0	1

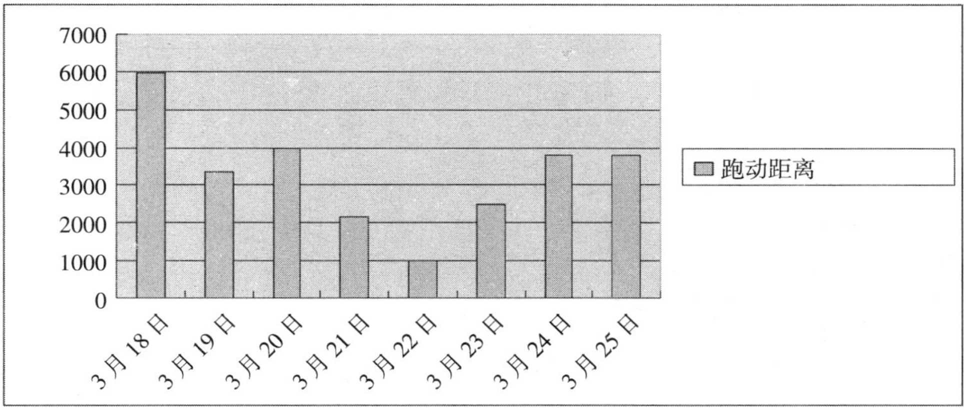

图 11-12 第三阶段每天训练跑动总距离（单位：m）

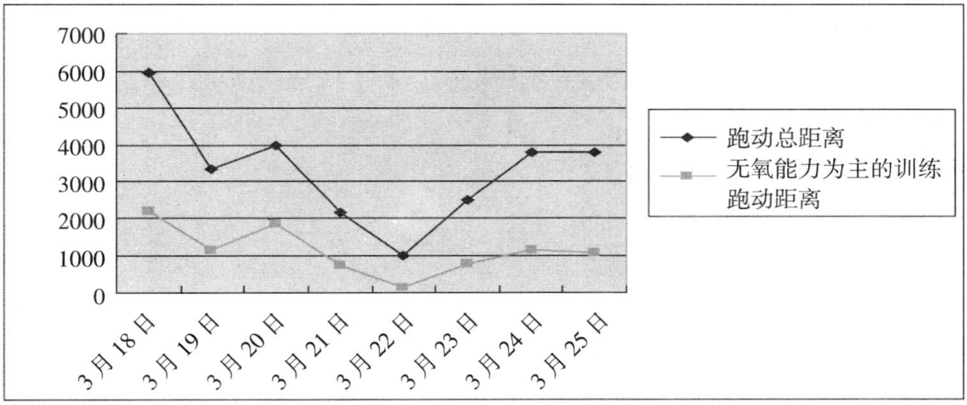

图 11-13 跑动总距离与无氧能力训练跑动距离比较（单位：m）

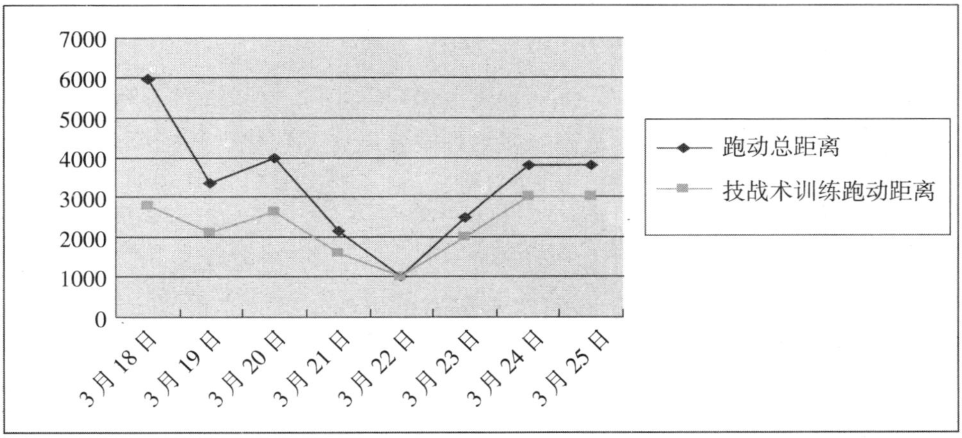

图 11-14 跑动总距离与技战术训练跑动距离比较（单位：m）

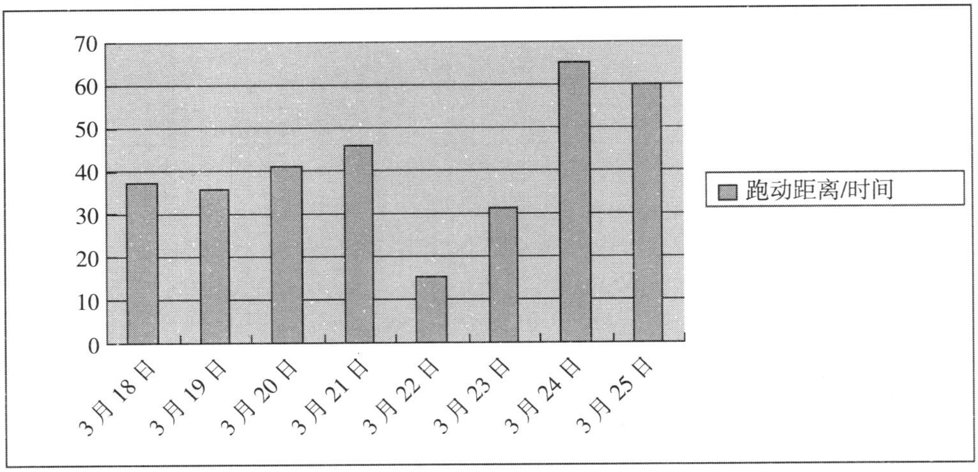

图 11-15 第三阶段技战术训练强度变化（单位：m/min）

从图 11-12 可以看出，18 日训练量最大，跑动总距离达到 6000 米，这是由于当天运动队经过两天休整后的第一天训练，目的是以大运动量刺激运动员的有氧系统。之后，训练量逐渐减少，3 月 22 日调整训练，训练量最低。23 日起训练量逐渐增加至第二个小高峰，跑动总距离达到 4000 米。

从图 11-13 可以看出，无氧能力为主的训练跑动距离与运动量的变化趋势一致，即运动量和运动强度同时增加。有氧训练和无氧训练的比例较为合理。

从图 11-14 可以看出，技战术训练跑动距离与总跑动距离很接近，即技战术训练的比例越来越大。这在比赛前的训练非常重要，赛前训练应该通过技战术训练达到目标运动量和运动强度。

图 11-15 反映的是技战术训练的强度，可以看出除 22、23 日调整外，强度逐渐增加，到比赛前 2 天达到最高，接近比赛强度，专项化训练程度达到最高，以使队员达到最佳状态。

2. 生理生化指标监测结果

3 月 23 日晨对国家队男足进行了系统的生化指标测试，测试结果与 3 月2 日初上高原，以及 3 月 13 日中国–泰国热身赛前的生化测试指标比较，见表 11-7 所示。

表 11-7　3 次机能检测对比表

	肌酸激酶(U/L)	血尿素(mmol/L)	睾酮(ng/dl)	皮质醇(μg/L)	睾酮/皮质醇	铁蛋白(ng/ml)	血红蛋白(g/L)
3 月 2 日	166.88	6.02	641.96	16.54	38.81	128.17	150.38
3 月 13 日	340.95	6.69	715.25	15.45	46.29	106.25	151.35
3 月 23 日	386.6	6.38	660.68	15.95	41.42	125.55	151.91

从上表中可以看出，反映身体机能状态的几个指标基本上都朝着有利方向发展，对 3 次测试结果的分析将在下一节详细论述。

总之，生化的测试结果反映出运动员身体机能状况总体较好。第三阶段的训练负荷强度较前一阶段升高，运动员承受负荷后身体反应良好。通过赛前两天的调整可以更加有效地促进运动员体能的恢复，以保障在与澳大利亚的比赛中运动员具有充沛的体能。

三、高原训练营养恢复方案

（一）合理的营养膳食

在高原训练过程中，膳食中热量和各种营养素必须满足运动员的特殊需要，而且还要注意各种营养素之间的合理比例及足够的数量，按热量计算，每日供给量约 60±5kcal / kg 体重。膳食中动物脂肪要少吃，三大营养素在膳食结构中的供能比例应为碳水化合物占 60%~65%，蛋白质占 13%~15%，脂肪占 20%~30%，同时也应注重蔬菜和水果的摄入量，每天供应量应达到 500g。具体营养配餐建议见表 11-8。

表 11-8　营养配餐建议一览表

	主食	蛋白质类	蔬菜水果
早餐	西式全麦面包、果酱、蜂蜜，中式主食等	火腿、鸡蛋（煮、煎）、奶制品	应时蔬菜、水果、果汁 2~3 种
午餐	各类中西式主食 3~4 种	鱼虾类、嫩牛羊肉、鸡鸭肉菜各 1 式、酸奶	应时蔬菜（凉拌或清炒）、水果 2~3 种
晚餐	各类中西式主食 3~4 种		
训练后加餐	香蕉、酸奶、点心	鱼虾类、嫩牛羊肉、鸡鸭肉菜各 1 式、酸奶	菌类、应时蔬菜（凉拌或清炒）、水果 2~3 种
晚睡前加餐	面条、八宝粥等		
训练中补水	运动饮料 150~200ml 每 20~30 分钟 1次	– –	– –

（二）营养品的使用

高原训练时机体承受高原缺氧和运动负荷双重刺激，会导致机体合成代谢减弱、分解代谢增强、肌肉力量下降、抗氧化能力下降等不良的身体机能反应。使用特殊营养品的目的，就是利用某些营养强力物质对运动机体的代谢和生理机能进行调解，最大限度调动机体的潜能。根据每个训练阶段的身体机能和负荷特点，在营养品的使用上要进行不同的调整，具体方案如下。

1. 第一阶段　以促进机体尽快适应高原为主要目的

第一阶段为运动员对高原的习服阶段，其营养补充方案见表 11-9。

表 11-9　第一阶段营养品补充一览表

时间	营养品
训练前 1 小时	强效抗氧化剂 1 片
训练中	高能固体饮料
训练后	香蕉、酸奶等小吃，高能固体饮料 EAS 分离乳清蛋白粉 1 勺 150ml 冲饮
三餐后	生命红景天 2 粒 leci-PS 1 粒
睡前 1 小时	伟特摘金者 1 袋冲服（失眠的运动员：中枢双胞胎抑制型 1 袋冲服）

注：营养品的实际使用以生化测试结果为依据进行个体调整。以下 3 个阶段相同。

2. 第二阶段　以增长力量、促进体能恢复为目的

第二阶段的主要目的是增长力量，并促进体能的积极恢复，训练强度较第一阶段有所增加，其营养补充方案见表 11-10。

表 11-10　第二阶段营养品补充一览表

时间	营养品
训练前 1 小时	维他保 1 片
训练中	高能固体饮料
训练后	香蕉、酸奶等小吃，高能固体饮料 EAS 分离乳清蛋白粉 1 勺 150ml 冲饮（力量训练后加倍）
3 餐后	leci-PS 1 粒
睡前 1 小时	伟特摘金者 1 袋隔日 1 次，Leci-PA 4 粒（根据测试结果个别使用的营养品）

3. 第三阶段　以促进专项体能提高为目的

第三阶段的主要目的是在第二阶段的基础上继续增大训练负荷，促进体能提升，在高强度训练阶段促进恢复，避免过度疲劳。其营养补充方案见表 11–11。

表 11–11　第三阶段营养品补充一览表

时间	营养品
训练前 1 小时	强效抗氧化剂 1 片
训练中	高能固体饮料
训练后	香蕉、酸奶等小吃，高能固体饮料 EAS 分离乳清蛋白粉 1 勺 150ml 冲饮（力量训练后加倍）
3 餐后	leci–PS 1 粒
睡前 1 小时	伟特摘金者 1 袋隔日 1 次（根据测试结果个别使用的营养品）

4. 第四阶段　以保持和提升赛前状态为目的

第四阶段是比赛前的最后一个阶段，目的是促进机体恢复，保持最佳竞技状态。其营养补充方案见表 11–12。

表 11–12　第四阶段营养品补充一览表

时间	营养品
训练前 1 小时	强效抗氧化剂 1 片
训练中	高能固体饮料
训练后	香蕉、酸奶等小吃，高能固体饮料 EAS 分离乳清蛋白粉 1 勺 150ml 冲饮（力量训练后加倍）
早、晚餐后	leci–PS 2 粒
睡前 1 小时	伟特摘金者 1 袋，leci–PA 4 粒

第五节　高原训练效果评价

高原训练效果的评价在实际操作中考虑了两方面内容，一方面是运动员训练任务的完成情况、训练目标的实现情况，另一方面是运动员承受刺激的能力、身体机能的适应情况。所以对训练效果的评价是基于运动员完成的训练任务。以下是对运动员训练效果的评价内容及结果，需要注意的是，在实际评价过程中是以运动员个体为单位的。

一、晨脉测试结果及评价

每日晨脉的变化可以较早反映出身体疲劳状况，特别是在高原条件下心血管系统负荷增加，对晨脉的监控尤为必要。图 11–16 记录了整个集训周期晨脉的变化情况。上高原后的第 2、3 日明显升高，此为正常高原反应，随后下降表明身体对高原逐渐适应。第一阶段后期再度升高，为此阶段训练强度增加稍快所致。在第二阶段和第三阶段中都出现了伴随训练负荷增加的波动，此为训练上强度后的正常机体反应。总的变化趋势是晨脉逐渐下降，说明高原适应和训练适应良好。

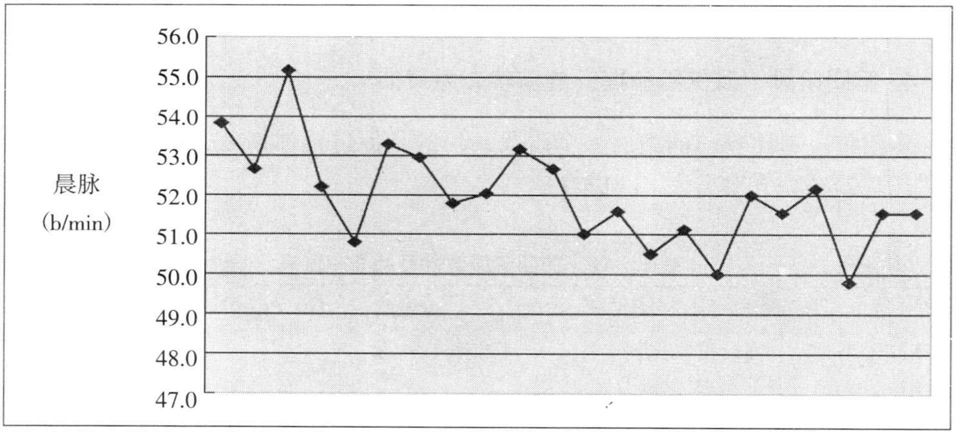

图 11–16　晨脉变化趋势图

二、体重测试结果及评价

图 11–17 表述了整个高原训练阶段体重的变化情况。结果显示，第一阶段体重下降明显，随后保持在较为稳定的水平，但在第三阶段的大强度训练后又出现下降。总的变化趋势是体重平均降低了 2 公斤左右。分析主要原因是：（1）高原上由于消耗大，体重下降属于正常反应。（2）受饮食水平的限制，队员未能补充足够的营养素。（3）按照高原力量训练的原则，此期集训的力量训练略显

不足，对肌肉蛋白合成刺激不够，也可能是体重下降的一个原因。

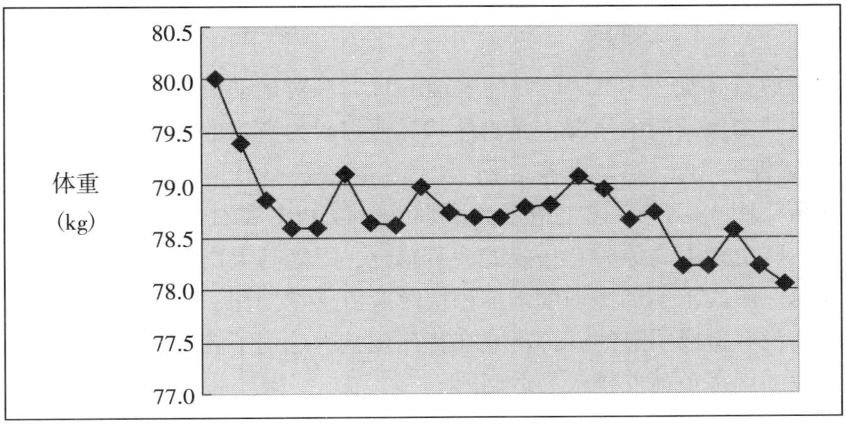

图 11–17　体重变化趋势图

三、血压测试结果及评价

图 11–18 表述了整个高原训练阶段血压的变化情况。对每日晨起血压的监控结果显示，初上高原时收缩压和舒张压均明显升高，此为高原反应血容量增加导致的结果，这种情况随高原适应很快缓解。在第一阶段末期训练强度增加以后，收缩压和舒张压再度上升，并在 15 日热身赛后达到最高，说明此阶段训练负荷对机体的刺激较为深刻。第三阶段中收缩压和舒张压均表现为逐步下降，说明从第三阶段至赛前这段时间，机体对训练负荷的适应情况良好。

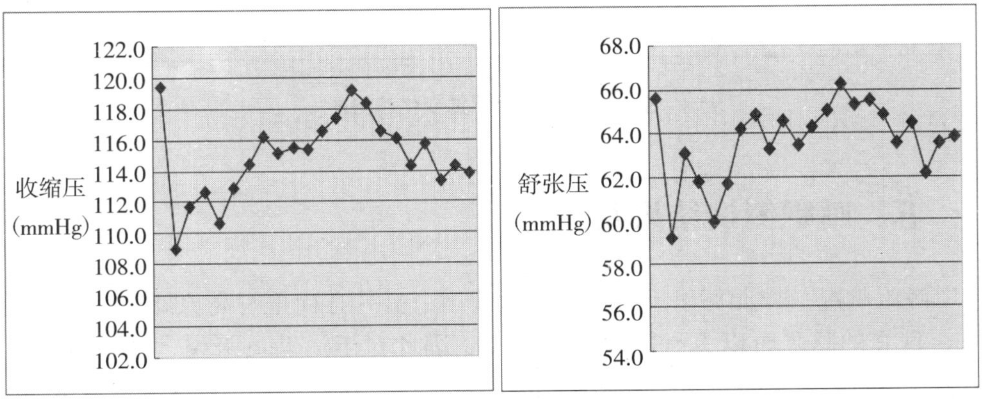

图 11–18　血压变化趋势图

四、主观疲劳感觉测试结果及评价

主观疲劳感觉（RPE）可以反映前一日训练对运动员造成的疲劳程度，也可以侧面反映高原反应的情况，是身体状态监控较为直观的依据和第一手材料。我们将 RPE 评分为：（1）非常轻松、（2）轻松、（3）一般、（4）疲劳、（5）非常疲劳。图 11-19 表述了整个高原训练阶段 PRE 的变化情况。从监控结果可以看出，队员初上高原时有一定的疲劳感觉，可能与上高原前较为密集的联赛有关，在第一阶段末期训练强度增加稍快时疲劳感觉加深。第二和第三阶段中的训练负荷均没有造成明显的疲劳，并在赛前调整后达到了较好的身体状态，说明后两个阶段的训练负荷安排较为适当。

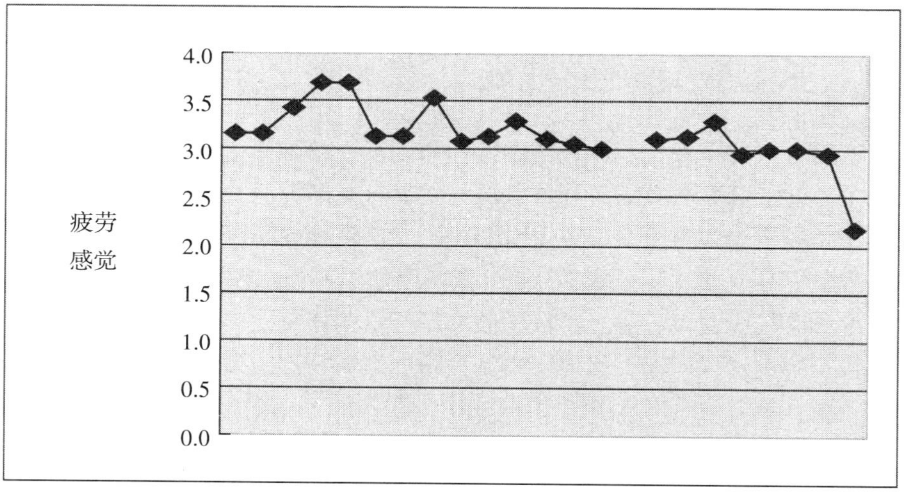

图 11-19　疲劳感觉变化趋势图

五、睡眠测试结果及评价

睡眠状况一方面可以反映训练刺激程度，另一方面也与高原反应有密切关系，良好的睡眠可以更有效地促进恢复，因此对于运动员来说十分重要。图 11-20 表述了整个高原训练阶段睡眠的变化情况。从昆明集训的睡眠状况来看，上高原后的第 4~5 天睡眠情况最差，这与高原反应的时段较为符合。在高原适应以后，睡眠情况总的趋势呈现逐渐良好，在赛前仅有小的波动，再次说明运动员对高原适应和对训练负荷适应整体情况良好。

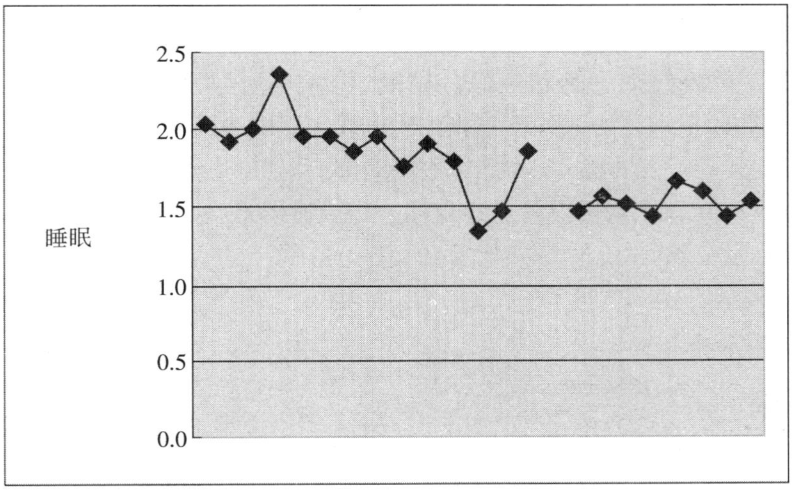

图 11-20　睡眠情况变化趋势图

六、血液生化指标测试结果及评价

在昆明备战集训中，科研团队根据训练阶段安排共进行了 3 次血液生化指标的检测。3 次检测数据基本代表了 3 个阶段的训练效果（参见表 11-7）。

第一阶段 3 月 2 日的检测在初上高原后进行，可以作为队员的初始基础值，此次测试血睾酮偏低与集训前过于密集的联赛造成恢复不足和疲劳积累有关，与部分队员的主观感觉相符合。第二阶段 3 月 13 日的血睾酮检测结果与集训初期比较已有明显升高，达 11.4%，说明高原刺激和训练负荷已经促进身体恢复能力大大提升，机体处于合成代谢的旺盛阶段。第三阶段 3 月 23 日检测是在第三阶段持续大强度对抗训练期间进行的，与前两次比较来看，3 月 23 日血睾酮平均值高于 3 月 2 日基础值，低于 3 月 13 日检测值，说明高原适应和恢复过程已基本完成，身体状态与初上高原时相比较已经处于更高的水平。肌酸激酶和血尿素在 3 次检测中均表现为正常反应，没有异常增高的情况，说明此次集训的训练负荷安排适当，始终没有出现过度的疲劳积累，这种情况对于赛前经过 2~3 天调整后进一步提升身体状态也较为有利。

图 11–21 为高原训练阶段 3 个不同时期血睾酮、血红蛋白的变化图。从图中可以看出，至 3 月 26 日赛前，血睾酮与血红蛋白均比上高原之初时有了提高。反映氧转运功能的指标血红蛋白比初上高原时提高 1.53 克，反映雄性激素水平的指标血睾酮提高了 18.72ng / L。另外，皮质醇是为调节水盐代谢的一种激素，在低压低氧环境下，它的减少对高原训练时人体体内水分的排出，防止高山病有重大意义，皮质醇减少了 0.49μg / dl、血睾酮/皮质醇比值比初上高原提高了 2.61%，表明阶段训练的医务监督收到了成效。肌酸激酶和血尿素都有反映肌肉和机体承受运动强度的能力，肌酸激酶指标不超过 700U / L，表明训练强度适当。血尿素是反映对训练量适应情况的指标，次晨血尿素增加小于 3mmol / L 说明身体适应运动量情况良好。

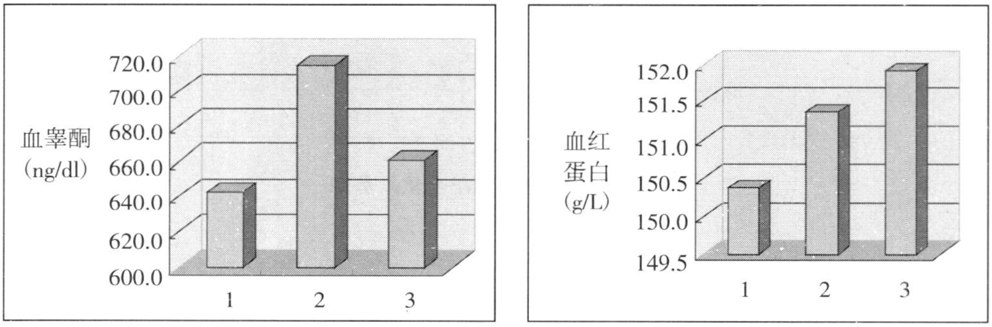

图 11–21 血睾酮、血红蛋白变化趋势图

以上血生化检测结果可以说明全队身体状态在整个高原集训期间变化趋势良好。随着赛前的调整，各项身体机能指标能够进一步提升，从而获得良好的赛前状态。

七、Omega Wave 疲劳测试结果及评价

Omega Wave 测试作为疲劳监控的又一重要手段，是对心电、脑电和神经反应速度的综合评价，可以与血生化检测结果结合分析，共同对个体身体状态作出判断，具有无创性和随时可操作性的优点，同时还能够及早发现潜在的神经疲劳问题。在昆明集训期间，科研团队根据医务监督发现的问题，不定期在各集训阶段共进行了 4 次 Omega Wave 疲劳测试，发现了一些个体情况。例如，在集训初期

发现部分队员由于联赛过于密集存在一定身体疲劳或精神疲劳，以及不同运动员在高原上表现出能量储备不足的问题。在第二阶段和第三阶段大负荷训练后又有部分队员出现了不同程度的疲劳反应，有的仅表现为身体疲劳，但恢复能力良好，这种情况有利于实现超量恢复；有些则表现为深层次的恢复能力问题，这种疲劳程度相对较深，需要积极地调整，恢复起来更为困难。这些检测结果对于及时发现不同的身体状态问题，及时调整和采取营养恢复措施均起到了重要的提示作用。

八、血乳酸测试结果及评价

血乳酸是实施训练负荷监控的重要指标，通过测定一堂训练课、一节或几节练习后的血乳酸浓度，可以帮助评价训练课或各项练习的训练强度，了解运动员在完成练习时有氧无氧供能系统动员的实际情况，检验训练是否达到了预期的目的。在昆明集训期间共安排了 2 次训练课的血乳酸监控。

表 11–13 为 3 月 10 日下午对抗训练血乳酸的检测结果。第一次检测是 4 对 4 对抗第二组结束后采血检测结果，第二次检测是 4 对 4 对抗第三组结束后采血检测结果，第三次检测是 8 对 8 对抗第二组结束后采血检测结果。4 对 4 对抗训练是在宽约 20 米、长约 35 米的场地进行，每组 3 分钟，间歇 3 分钟；8 对 8 对抗训练是在宽约 40 米、长约 75 米的场地进行。第一组 5 分钟，间歇 2 分钟；第二组训练 5 分钟，间歇 4 分钟；第三组训练 5 分钟。

表 11–13　不同形式对抗后血乳酸检测结果一览表

	第一次检测（mmol/L）	第二次检测（mmol/L）	第三次检测（mmol/L）
孙×	7.32	8.04	
冯××	8.52		5.49
朱×	4.08		3.03
刘×	5.82		4.74
汪×	11.97	10.20	
沈××			4.38
平均值	7.54±2.98	9.12±1.53	4.41±1.03

（一）4 对 4 对抗训练

足球是一项对体能要求很高的运动项目，比赛中要求运动员具备反复快速冲刺（奔跑）的能力，高水平比赛中运动员的平均血乳酸值在 10mmol / L 左右。

4对4对抗训练的目的是发展运动员无氧糖酵解能力，提高运动员在较高乳酸下的运动能力。在训练中要求每名运动员少控球，其他进攻队员多跑动接应，防守运动员积极跑动，在每组训练结束后运动员的血乳酸值应该相对较高效果较好。从血乳酸测试结果分析，第一次检测结果平均值为7.54mmol / L，表明运动员整体能够按照教练员的要求完成，强度相对较高。第二次监测结果平均为9.12mmol / L，乳酸堆积效果比较明显。从血乳酸检测结果看，建议在今后的4对4对抗训练中可以采用4分钟训练，4分钟间歇可能效果更好。血乳酸值在3组间歇训练后平均值应在10mmol / L以上。

（二）8对8对抗训练

血乳酸检测结果平均值为4.41mmol / L，说明这种训练强度对于发展运动员的最大有氧能力有力，近似于乳酸阈强度训练法。

以上血乳酸监控结果为后期训练强度的设定提供了科学依据，可作为后期训练强度设定的参考。

九、尿十项测试结果及评价

尿十项检测包括尿比重（评价训练中及训练后水补充情况）、尿蛋白（评价训练课强度）、尿潜血（评价训练课强度及训练量）、尿酮体（评价训练前及训练中碳水化合物补充情况）、尿pH值（评价饮食中酸碱摄入及均衡情况）、尿胆原（评价训练负荷所致的血红蛋白破坏情况）等项指标。在科研工作中既可以用于身体状态和营养状况监控，也可作为训练监控的手段。昆明集训各阶段共进行了3次尿十项检查（3月4日高原适应阶段，3月16日中泰热身赛后次日，3月25日中澳赛前）。分析历次检测结果可以总结出以下几点：

（1）在昆明集训各阶段均未出现过度疲劳，说明训练负荷安排较为适当。

（2）队员中普遍存在训练中和训练后补水不足的问题。

（3）普遍缺乏多吃蔬菜和水果的饮食习惯。

（4）不存在训练前和训练中碳水化合物补充不足的问题。

十、高原训练的效果评价

在高原训练过程中科研团队对训练的全过程进行了监控。通过监控运动员的竞技状态、训练负荷、重点训练课，保证了训练效益的最大化。通过各种血液生化指标的测试、机能状态诊断，保证了运动员在获得训练效益最大化的同时，尽可能地避免了运动疲劳的出现。从监控的过程与效果来看，本次科研团队对训练过程的监控是成功的。

表 11–14 为中澳两队运动员的平均跑动距离对比一览表，通过比较可以看出，中国队员比澳大利队员总跑动距离多 619 米，高强度跑多 196 米，有氧中等强度跑多 36 米，有氧低强度跑多 358 米，表明中国队员的体能状况明显好于澳大利亚队员。

表 11–14　中、澳队员平均跑动距离比较（单位：m）

队别	高强度跑		中等强度跑		有氧低强度跑		活动总距离
	冲刺跑	高速跑	中速跑	低速跑	慢跑	慢跑以下	
中国	231.0	466.6	662.6	1309.3	2513.9	4482.2	9695.3
澳大利亚	173.4	375.8	615.7	1273.0	2226.6	4411.6	9076.1

以上的对比分析，从体能的角度看，此次高原训练的效果显著，达到了预期的目的，为今后的高原训练积累了宝贵的经验。今后的高原训练监控可以将此监控模式作为参考，并在此基础上继续完善足球高原训练监控的理论与实践体系。

参考文献

[1] 刘丹. 足球体能训练 [M]. 北京：北京体育大学出版社，2006.

[2] 刘丹，曹晓东，赵刚. 2007 年女子足球世界杯赛运动员跑动能力研究 [J]. 体育科学，2009，(10).

[3] 刘丹，杨一民，安楠. 中国女足足球队运动员生理、生化指标监测与评价研究 [J]. 体育科学，2009，(8).

[4] 陈超，刘丹，方志军. 中国国家女子足球队运动员比赛心率特征研究 [J]. 体育科学，2010，(5).

[5] Thomas Reilly. Science and soccer [M]. London:E & Spon, 1996.

[6] Christopher Carling，Thomas Reilly，Mark Williams. Performance assessment For field sports [M]. London and New York:Routledge，2009.

[7] Hughes，Franks. Notational analysis of sport [M]. London and New York:Routledge，2009.

[8] Christopher Carling，Mark Williams Thomas Reilly. Handbook of soccer match analysis [M]. London and New York:Routledge，2007.

[9] 刘丹，赵刚，部义峰. 中国男子足球队 2008 年北京奥运会科研成果汇编 [Z]. 2008.

[10] 刘丹，赵刚，曹晓东. 中国女子足球队 2008 年北京奥运会科研成果汇编 [Z]. 2008.

[11] 刘丹，赵刚，曹晓东. 中国女子足球队 2007 年世界杯科研成果汇编 [Z]. 2007.

[12] 曹晓东. 足球团队竞技能力 [D]. 上海：上海体育学院，2008.

[13] 陈超. 基于活运距离和心率对高水平女足运动员比赛负荷特征的研究 [D]. 北京：北京体育大学，2010.

[14] 冯连世，冯美云，冯伟权. 优秀运动员身体机能评定方法 [M]. 北京：人民体育出版社，2003.
[15] 冯连世，张漓. 优秀运动员训练中的生理生化监测使用指南 [M]. 北京：人民体育出版社，2007.
[16] 埃克布洛姆. 运动医学与科学手册一足球 [M]. 陈易章，译. 北京：人民体育出版社，2003.

后 记

1987年我奉调国家体委体育科学研究所从事足球科研工作，很快便选择了女子足球的研究。1988—1989年为丛者余的国家女足作调研，1990年开始为商瑞华执教的国家队进行随队的科研工作。两年的朝夕相处不仅使我学到了很多的训练经验，而且也能用我多年的教学经验和所学的理论知识为这支队伍做些踏踏实实的工作。在最有希望获得首届女足世界杯奖牌的时候，1/4决赛对瑞典我们以0:1告负，我见证了中场哨响全场6万观众鸦雀无声的肃立和呆滞的目光，以及赛后我与商瑞华抱头痛哭的一幕幕。1992年我开始辅佐马元安教练，由此开创了中国体坛科研教练的称呼。我与球队同呼吸共命运，白天和教练员一样站在训练场上，晚上整理训练笔记，设计监控方案，早上测血验尿。3年的艰辛努力换来了1995年女足世界杯1/4决赛在瑞典本土战胜瑞典队的喜悦。1996年我们终于获得美国亚特兰大奥运会的银牌，同时，我的研究课题《中国女足训练控制与身体恢复研究》也获得国家体育总局科技进步一等奖、国家科技进步三等奖。

1997年我开始深入男子足球领域推广研究成果，到四川全兴辅佐余东风、米罗西、迟尚斌，科研与训练的结合、体能训练与恢复、由大周期训练到每周一赛的监控、科研与职业球员的关系等新的课题给我以挑战、勇气、奋斗与成功。2002年后在相继的科技攻关之余，我被聘请为北京体育大学、上海体育学院、东北师范大学等多所院校的教授，并担当起这些学校和我所培养博士研究生的任务，由此也组建了我们的科研团队，先后完成了科技部、国家体育总局十余项研究课题。《集体球类对抗性项目训练理念批判》《优秀足球运动员体能训练》《青少年足球训练大纲》《青少年足球训练纲要与教法指导》等书籍也在我们科研团队的努力下应运而生。

2008年北京奥运会的备战对我和我的团队来说最具挑战性。从2005年开始，我承担了中国男女足球队的科研攻关任务。女子足球积淀的科研监控体系和空前雄厚的科研实力，使我们下队攻关游刃有余。没想到的是，在3年的时间里国家女足经历了4次领队的更迭和5任教练的更换。从马良行、王海鸣到洋教头多曼斯基、伊丽莎白，再到商瑞华，期间科研团队需要摸清每个教练员的执教思路，才能重新设计监控方案，艰辛之处难于言表。中国男足的攻关更是经历了风风雨雨，从最初《大国家队》的设想，杜伊的国奥队和福拉多蒂中国队理念的差异，到两人执教风格的不同，以及外籍教练员与科研攻关思想意识的距离，再到奥运开赛前 19 天由殷铁生接手执教，给科研监控带来前所未有的困难。值得庆幸的是，我们完成了有史以来中国足球规模最大的一次科研攻关任务，上报给国家体育总局和科技部的结题材料多达三百万字。特别复杂的环境为我们发挥无限的知识空间创造了条件，也由此奠基了本书的问世。非常遗憾的是，奥运会男足、女足都没有完成成绩任务目标。

本书的出版带给大家的是极其难得的第一手中国男女足球的科研数据，由此形成的足球科研体系完全可以为我国其他优势项目所借鉴。在中国男足兵败秦皇岛（奥运会最后一役）最后的总结会上，面对多名足协主席，杜伊、福拉多、殷铁生发言讲道“中国足球水平不行，中国足球科研水平并不落后”，或许读者们在阅读此书后会自有公论。奥运会带给所有足球人的是一种悲哀、无奈、不服和思考。两年来我也颇感委屈和失望，所幸的是，我的博士们和科研团队已经站在我倒下的战场，继续为我国足球科学化训练发挥他们的智慧和创造性，相信总有一天中国足球会迎来希望的明天。

图书在版编目(CIP)数据

足球运动训练与比赛监控的理论及实证/ 刘丹主编.
-北京：人民体育出版社，2012
ISBN 978-7-5009-4130-9

Ⅰ.①足… Ⅱ.①刘… Ⅲ.①足球运动-运动训练-研究
②足球运动-运动竞赛-研究 Ⅳ.①G843

中国版本图书馆 CIP 数据核字（2011）第 158687 号

*
人民体育出版社出版发行
三河兴达印务有限公司印刷
新 华 书 店 经 销
*
787×960 16 开本 20.5 印张 370 千字
2012 年 1 月第 1 版 2012 年 1 月第 1 次印刷
印数：1—3,000 册
*
ISBN 978-7-5009-4130-9
定价：39.00 元

社址：北京市东城区体育馆路 8 号（天坛公园东门）
电话：67151482（发行部） 邮编：100061
传真：67151483 邮购：67118491
网址：www.sportspublish.com
（购买本社图书，如遇有缺损页可与发行部联系）